アクセス
税務通達の読み方

酒井 克彦 著
Katsuhiko Sakai

第一法規

推薦のことば

―実務家が知っておくべき「通達」講座―

日本税理士会連合会会長　神津信一

　税理士法1条は、「租税に関する法令に規定された納税義務の適正な実現を図る」ことを税理士の使命と規定しています。租税法律主義の要請の下、この税理士の使命である「納税義務の適正な実現」とは、法律に従った租税負担の適正な実現を意味しているはずです。つまり、租税負担の根拠は法律にしかないのです。しかし、他方で、私たち実務家は課税当局が示す通達の内容を十分に知っておく必要があり、それを知らずして専門的な税務処理も顧客に対するアドバイスもままならないのが実情です。

　だからといって、このことは、通達に全面的に依拠して、通達どおりの税務処理をしなければならないということを意味しているわけではありません。上記のとおり、租税法律主義という憲法上の要請があるからです。

　では、租税専門家は通達をどのように考えるべきなのでしょうか。その点をなおざりにして、通達を安易に処理の拠りどころとすべきではないのではないでしょうか。

　中央大学教授の酒井克彦先生がこのたび上梓された本書は、そのことを私たち実務家によく考えさせてくれる最適な福音書になると思います。本書は、実務家が通達との付合い方を考える際の素材をふんだんに提供してくれているからです。通達には法源性がないばかりでなく、通達をセーフハーバー（安全地帯）と考えることも間違っていると本書は説明しています。

　『税務通達の読み方』という題名の本書は、単に技術的な「読み方」を示すだけではなく、例えば、緩和通達と呼ばれるものがどのようにして出来上がっていくのかというような点についてまでも踏み込むなど、国税庁の実務に精通していないと書けない論点が掲載されています。およそ他の

書籍からは得られない内容がふんだんに盛り込まれています。通達が廃止された場合の旧通達の効果はどうなのか、法人税の通達の内容は所得税の解釈の参考になるのか、通達には遡及適用のようなものがあり得るのかなど、実務に密接に関わる領域に踏み込んだこの本は、税理士にとって大変参考になると思います。

　これほど通達を巡る争いに関する多くの判例を引用し（行政官が通達を杓子定規に適用して訴訟になったケースなど参考となる判例が盛り込まれています。）、様々な角度から通達を論じた書籍を私は知りません。税理士事務所に1冊常備しておき、通達に関して調べものをする際にはぜひこの本を紐解くことをお勧めしたいと思います。

　改めて述べますが、われわれ税の法律家を自負する税理士にとって、租税法律主義を守ることは極めて重要な任務だと思います。したがって、通達のみを頼りにすることは問題です。しかし、単に通達を批判するだけでは意味がないのです。そのような批判精神は重要ですが、その議論の前提には、まず、通達がどのようなものなのかを知らなければなりません。本書は実務家にそう問いかけているようです。

　本書は、租税実務に精通した租税法研究者である酒井克彦先生が私たち税理士に示した『実務家が知っておくべき「通達」講座』だと思います。

はしがき

　法律による行政の原理の下、行政処分は法律によってなされる。とりわけ、租税法律関係においては、租税法律主義（憲84）の要請が働くから、課税や徴収は法律のみによってなされることになる。他方で、平等原則（憲14）の要請から、行政機関は合理的理由なく不平等な行政処分をしてはならないことになる。このような建付けの下、税務当局においては実務における処分の均一性を担保するため、上級官庁は通達によって下級官庁に対して命令を下している。法律を前提とした上で、その解釈・適用にできるだけぶれが生ずることのないよう上意下達の命令手段として通達が発遣されている。また、通達は行政庁内部において拘束力を有することから、下級行政庁職員は、かかる通達の示達事項を原則として優先しなければならない。

　通達が法令から導き出されるものであるとはいっても、時には当該通達に示された解釈に疑義が生ずることもあるし、通達の機械的適用が、個別事例への不適合の事態を招来することもあろう。そのようなケースでは、通達の採用した解釈の妥当性や通達の示す形式性の限界などが論じられることにもなる。また、通達が示す示達事項の法的根拠が必ずしも明確でないケースや、覊束裁量を超える表現がなされているケースもあるように思われる。他方で、通達の租税実務における実質的な意味での影響力というものも同時に考えなければならない。長年にわたって通達の示す内容が、ある種の慣行として定着をしている場合には、一定の要件の下、行政先例法の成立が認められる余地があり得るし、特定の事例についてのみ通達が適用される、あるいは適用されないということが、平等原則違反に繋がるとの主張もあり得る。また、信義則の適用の場面や、加算税の免除規定である「正当な理由」の適用場面でも、通達の実質的支配力が議論され、考慮されることがある。

　租税行政庁職員のみならず、租税専門家も、通達に通暁していることが

要請されるところでもあり、通達を意識せずに租税実務を行うことはあり得ない。しかし、他方で通達に対する過度の依存があるとすれば、租税法律主義の精神を無視したものとなるおそれも惹起され、疑問視されるべきことになる。

　本書はこのような問題意識の下で、実務家が通達に対してどのように向き合うべきかを論じるものである。本書は、税理士、公認会計士、弁護士などの租税専門家のみならず、租税行政に携わる行政職員にもお読みいただきたい。また、租税の専門家や行政を勉強・研究する若い方々にも関心をもっていただきたいと思って執筆した。

　本書の構成は次のとおりである。

　第1章「通達とは」において、国税庁の発遣する通達のもつ意義や機能、第2章「法治行政と通達」では、租税法律主義の下での通達の法源性や法的根拠、裁量基準の設定、通達の拘束力、通達の公表、緩和通達の発遣過程といった点について確認している。第3章「通達の適用の仕方」において、硬直的運用の禁止、通達に示された規定要件、廃止通達の適用、通達の遡及適用、通達適用上の射程範囲などについて論じている。第4章「通達の実際」では、通達において用いられている文言や記号、種類や各種通達関連手続について、実際上のルールや取扱いについて述べている。また、第5章「通達をめぐる重要論点」として、通達の運用をめぐる今日的な重要論点を論じている。

　本書は、第一法規株式会社の宮川結加里さん、井上絵里さん、星浩之さんとの綿密な打合せの下で企画されたものであり、構想から実現までには相当の時間を費やした。そのおかげで類書をみないものとなったのではないかと自負している。もっとも、度重なる長期海外出張などもあって筆者の遅筆が相当編集者を悩ましたことは事実である。ここにご協力の御礼とお詫びを述べさせていただきたい。

　なお、本書の刊行までには、アコード租税総合研究所の事務局長佐藤総一郎氏、同研究所で研究している臼倉真純氏や酒井研究室の泉絢也氏の多大なるご協力を得た。心より御礼申し上げたい。秘書の手代木しのぶさんには、毎回素晴らしい表紙デザイン案をお願いしている。このたびも筆者

の大変満足できる作品をご提供いただいたことに、この場を借りて感謝申し上げたい。

平成28年9月

酒井　克彦

凡　例

　本書では、本文中は原則として正式名称を用い、主に（　）内において下記の略語を使用している。

　また、読者の便宜を考慮し、判決・条文や文献の引用において、漢数字等を算用数字に変え、「つ」等の促音は「っ」と小書きしている。なお、下線部分は特に断りのない限り筆者が付したものである。

〔法令・通達〕

憲	……憲法	所　法	……所得税法
民	……民法	法　法	……法人税法
商	……商法	相　法	……相続税法
会	……会社法	所　令	……所得税法施行令
行手法	……行政手続法	所基通	……所得税基本通達
行組法	……国家行政組織法	法基通	……法人税基本通達
改革法	……税制改革法	評基通	……財産評価基本通達
通　法	……国税通則法		

〔判例集・雑誌等〕

民　集	……最高裁判所民事判例集	税大論叢	……税務大学校論叢
刑　集	……最高裁判所刑事判例集	税　通	……税経通信
集　民	……最高裁判所裁判集民事	税　法	……税法学
裁　時	……裁判所時報	セレクト	……判例セレクト
行裁例集	……行政事件裁判例集	曹　時	……法曹時報
訟　月	……訟務月報	租　税	……租税法研究
税　資	……税務訴訟資料	判　評	……判例評論
判　時	……判例時報	法　教	……法学教室
判　タ	……判例タイムズ	法　協	……法学協会雑誌
シュト	……シュトイエル	法　セ	……法学セミナー
ジュリ	……ジュリスト	ひろば	……法律のひろば
自　正	……自由と正義	民　商	……民商法雑誌
税　弘	……税務弘報		

凡　例

〔文　献〕

杉村・行政法（上）……杉村章三郎『行政法要義（上巻）〔新版〕』（有斐閣 1970）
杉村・行政法（下）……杉村章三郎『行政法要義（下巻）〔新版〕』（有斐閣 1971）
田中・行政法（上）……田中二郎『新版　行政法（上巻）〔全訂第 2 版〕』（弘文堂 1974）
田中・行政法（中）……田中二郎『新版　行政法（中巻）〔全訂第 2 版〕』（弘文堂 1976）
田中・行政法（下）……田中二郎『新版　行政法（下巻）〔全訂第 2 版〕』（弘文堂 1983）
田中・租税法……田中二郎『租税法〔第 3 版〕』有斐閣 1990
塩野・行政法 I ……塩野宏『行政法 I 行政法総論〔第 6 版〕』（有斐閣 2015）
塩野・行政法 II ……塩野宏『行政法 II 行政救済法〔第 5 版補訂版〕』（有斐閣 2013）
塩野・行政法 III ……塩野宏『行政法 III 行政組織法〔第 4 版〕』（有斐閣 2012）
藤田・行政法……藤田宙靖『行政法総論』（青林書院 2013）
原田・行政法……原田尚彦『行政法要論〔全訂第 7 版補訂 2 版〕』（学陽書房 2012）
宇賀・行政法 I ……宇賀克也『行政法概説 I 〔第 5 版〕』（有斐閣 2013）
宇賀・行政法 II ……宇賀克也『行政法概説 II 〔第 5 版〕』（有斐閣 2015）
宇賀・行政法 III ……宇賀克也『行政法概説 III 〔第 4 版〕』（有斐閣 2015）
芝池・行政法……芝池義一『行政法総論講義〔第 4 版補訂版〕』（有斐閣 2006）
佐藤・行政法……佐藤立夫『新版　行政法総論』（前野書店 1978）
金子・租税法……金子宏『租税法〔第 21 版〕』（弘文堂 2016）
清永・税法……清永敬次『税法〔新装版〕』（ミネルヴァ書房 2013）
岡村・法人税法……岡村忠生『法人税法講義〔第 3 版〕』（成文堂 2007）
品川・税務通達……品川芳宣『租税法律主義と税務通達』（ぎょうせい 2003）
酒井・レクチャー……酒井克彦『レクチャー租税法解釈入門』（弘文堂 2015）
酒井・正当な理由……酒井克彦『「正当な理由」をめぐる認定判断と税務解釈』（清文社 2015）
酒井・相当性……酒井克彦『「相当性」をめぐる認定判断と税務解釈』（清文社 2013）
酒井・プログレッシブ I ……酒井克彦『プログレッシブ税務会計論 I 』（中央経済社 2016）
酒井・要件事実論……酒井克彦『クローズアップ課税要件事実論〔第 4 版〕』（財経詳報社 2015）

凡　例

酒井・租税行政法……酒井克彦『クローズアップ租税行政法〔第 2 版〕』（財経詳報社 2016）

酒井・論点研究……酒井克彦『所得税法の論点研究』（財経詳報社 2011）

酒井・スタートアップ……酒井克彦『スタートアップ租税法〔第 3 版〕』（財経詳報社 2015）

酒井・ステップアップ……酒井克彦『ステップアップ租税法』（財経詳報社 2010）

酒井・フォローアップ……酒井克彦『フォローアップ租税法』（財経詳報社 2010）

酒井・ブラッシュアップ……酒井克彦『ブラッシュアップ租税法』（財経詳報社 2011）

酒井・法人税法……酒井克彦『裁判例からみる法人税法』（大蔵財務協会 2012）

酒井・附帯税……酒井克彦『附帯税の理論と実務』（ぎょうせい 2010）

目　次

はしがき
凡　例

第1章　通達とは

第1節　通達の意義……………………………………………………… 3
 1　法律による行政の原理と租税法律主義　3
 2　訓令と通達　4
 3　訓令と通達の違い　4
 4　訓令と職務命令　5
 5　通　達　6
 　(1)　上意下達の命令手段　6
 　(2)　最高裁昭和33年3月28日第二小法廷判決　7
 6　通達に違法性があった場合の訴訟ルート　8

第2節　通達の法的根拠………………………………………………… 11
 1　国家行政組織法14条2項の趣旨　11
 2　国家公務員法・地方公務員法　12
 3　平等原則　14
 　(1)　平等原則の考え方　14
 　(2)　個別事案　18

第3節　通達の機能……………………………………………………… 21
 1　均一的行政の担保　21
 2　行政庁における審査基準の設定　22
 3　行政上の取扱いの公表―予測可能性・透明な行政の確保　22
 4　法令の空白を埋める通達の機能　23

5　通達の逆基準性―会計慣行制定機能　28
　　　6　公務員にとってのセーフハーバー機能　31
　　　7　納税者にとってのセーフハーバー機能　34
　　　8　小　括　35
　第4節　通達の実質的支配力……………………………………………36
　　　1　問題意識　36
　　　2　国税通則法65法4項にいう「正当な理由」　37
　　　3　最高裁平成27年6月12日第二小法廷判決　40
　　　　(1)　事案の概要　40
　　　　(2)　判決の要旨　42
　　　4　通達の実質的支配力　44

第2章　法治行政と通達

　第1節　法治行政………………………………………………………49
　　　1　法律の留保　50
　　　2　行政法の一般原則　51
　　　　(1)　一般原則　51
　　　　(2)　適正手続の原則　52
　　　　(3)　平等原則　54
　第2節　租税法律主義…………………………………………………56
　　　1　法の支配と租税法律主義　56
　　　2　憲法30条と84条　56
　　　3　課税要件法定主義　57
　　　4　課税要件明確主義　59
　　　5　合法性の原則　59
　　　6　遡及立法禁止原則　60
　第3節　行政先例法……………………………………………………61
　　　1　行政先例法としての通達　61

2　学説の対立　61
　　3　行政先例法の成立の余地を判示する裁判例　63
　　4　違法な取扱いの行政先例性　63
　　5　具体的事例　64
　　　(1)　財産評価基本通達の取扱い　64
　　　(2)　親会社ストック・オプションに関する課税上の取扱い　66
第4節　平等原則……………………………………………………　68
　　1　平等原則と租税公平主義　68
　　2　財産評価基本通達と平等原則　70
　　3　組合通達と平等原則　73
第5節　裁量基準の設定……………………………………………　75
　　1　裁量基準　75
　　2　裁量基準の設定と公表が要請される理由　77
　　3　裁量権の判断基準としての性質　79
　　4　行政事件にみる裁量権濫用判断の基準としての通達　80
　　　(1)　通達に反する取扱いをしたことが裁量権の濫用になるとした事例　80
　　　(2)　通達の取扱いは裁量権の範囲内と判断した事例　81
　　　(3)　通達を形式的に適用したことが裁量権の逸脱と判断した事例　81
　　5　通達違反と裁量権　83
第6節　通達の拘束力………………………………………………　84
　　1　行政職員に対する拘束力　84
　　　(1)　国家公務員法による内部的拘束力　84
　　　(2)　違法な通達と公務員の注意義務　85
　　　(3)　平等原則違反ないし信義則による縛り　85
　　　(4)　行政先例法との関係　87
　　2　裁量基準の硬直的取扱いの問題　88
　　3　違法な通達の内部拘束力　89

(1)　第1説：形式的適法性　89
　　　(2)　第2説：実質的適法性　89
　　　(3)　第3説：重大明白説（有力説）　90
　　4　職員への通達の周知徹底　90
　　5　裁判所に対する拘束力　91
第7節　通達の公表……………………………………………………92
　　1　審査基準の公表　92
　　　(1)　透明性・予測可能性と裁量基準　92
　　　(2)　行政手続法　92
　　　(3)　中央省庁等改革基本法　94
　　　(4)　行政手続法と中央省庁等改革基本法の租税法への適用　96
　　2　通達公表のマイナス効果　97
　　3　通達公表と加算税の「正当な理由」　97
　　　(1)　オデコ大陸棚事件　97
　　　(2)　親会社ストック・オプション訴訟　99
第8節　緩和通達……………………………………………………102
　　1　合法性の原則　102
　　2　通達による裁量権の剥奪　102
　　3　緩和通達の生成過程　105
　　　(1)　「保健師、看護師、准看護師」に関する緩和通達　105
　　　(2)　「助産師」に関する緩和通達　110
　　　(3)　個別通達による緩和　111
　　　(4)　緩和通達の要請と問題点　115
　　4　緩和通達の問題　115
第9節　手続通達……………………………………………………117
　　1　手続通達とは　117
　　2　手続通達の例　117
第10節　裁決との衝突 ……………………………………………122
　　1　国税不服審判所と国税庁　122

2　国税通則法99条事案　124

第3章　通達の適用の仕方

第1節　硬直的運用の禁止……………………………………………129
　　1　通達の硬直的運用　129
　　　(1)　車庫前面の道路幅員の裁量基準の適用　129
　　　(2)　年齢制限に関する裁量基準の適用　131
　　2　税務通達の硬直的運用　132
　　3　基本通達前文　133
　　　(1)　基本通達前文の趣旨　133
　　　(2)　基本通達前文と個々の基本通達　134
　　4　小　括　135

第2節　通達規定要件……………………………………………………136
　　1　課税要件法定主義　136
　　2　通達の読み方—医療費控除通達　136
　　3　課税要件法定主義と書面添付要件　139

第3節　廃止通達の影響…………………………………………………143
　　1　通達廃止の背景　143
　　2　通達の取扱いが法令化された場合の解釈論　144
　　　(1)　小規模宅地の特例に係る通達　144
　　　(2)　社会保険診療報酬関連通達　147
　　3　通達の廃止が提起する問題　149
　　　(1)　問題提起　149
　　　(2)　廃止手続についての問題　150
　　　(3)　裁判所において許容された通達の廃止　150

第4節　通達の遡及適用…………………………………………………154
　　1　遡及立法禁止原則　154
　　2　通達の遡及適用　155

　　　　(1) 事案の概要　155
　　　　(2) 借入金利子の取扱いに係る学説　156
　　　　(3) 通達の改正　158
　　3 通達の発遣・通達の廃止　161
　　4 参　考　162

第4章　通達の実際

第1節　通達に使用する用語 …………………………………… 167
　　1 通達に使用する用語　167
　　　　(1) 通　知　167
　　　　(2) 上　申　167
　　　　(3) 進　達　167
　　　　(4) 照　会　167
　　　　(5) 申　告　167
　　　　(6) 申　請　168
　　　　(7) 回　答　168
　　　　(8) 回　報　168
　　　　(9) 報　告　169
　　　　(10) 申　報　169
　　　　(11) 回　送　169
　　　　(12) 規　程　169
　　　　(13) 規　定　169
　　2 通達の記号等　170
　　3 通達に使用される概念　170
　　　　(1) 「他の者」の意義　171
　　　　(2) 「固定資産税」の意義　171

第2節　基本通達の制定 …………………………………… 173
　　1 審理事務の運営　173

2　基本通達の制定　174
　3　改正法関係通達の制定　174
　4　法令・通達の周知徹底　175
　5　改正法案の審議　175

第3節　**法令解釈通達と事務運営指針**……………………………………177
　1　通達の分類　177
　2　法令解釈通達の例　178
　3　事務運営指針の例　181

第4節　**税務運営方針**……………………………………………………184
　1　税務運営方針とは何か　184
　2　税務運営方針の経緯　184
　3　昭和51年税務運営方針　185

第5節　**パブリック・コメント**…………………………………………186
　1　行政民主化とパブリック・コメント　186
　2　パブリック・コメントの仕組み　187
　3　パブリック・コメントの具体例　188

第6節　**文書回答手続**……………………………………………………191
　1　文書回答手続の意義　191
　2　文書回答手続の概要　192
　　(1)　文書回答手続の対象となる事前照会の範囲　192
　　(2)　文書回答手続の対象にならない事前照会の範囲　192
　3　文書回答手続通達　193
　4　文書回答手続の具体例　193

第5章　通達をめぐる重要論点

第1節　通達に反する税理士の指導と説明義務………………………197
　はじめに　197
　1　事案の概要　198

　　　　(1)　事　実　198

　　　　(2)　判決の内容　199

　　2　解　説　200

　　　　(1)　税務に関する専門家としての解釈　200

　　　　(2)　税理士独自の判断と説明義務　203

　　3　まとめ　205

第2節　恣意的な財産評価の排除と評価通達の適用……………… 207

　　はじめに　207

　　1　財産評価における恣意性の排除　208

　　2　裁量と評価　208

　　　　(1)　客観的時価とその評価作業における抽象性　208

　　　　(2)　評価基準の採用に関する裁量問題　210

　　3　行政先例法と評価通達　216

　　4　まとめ　218

第3節　公正処理基準と税務通達………………………………………… 219

　　はじめに　219

　　1　問題点の所在　220

　　2　税務通達の公正処理基準　221

　　　　(1)　租税訴訟にみられる見解　221

　　　　(2)　公正処理基準と商法（会社法）　222

　　3　通達における「課税上の弊害」要件　226

　　　　(1)　法人税基本通達14－1－2と公正処理基準　226

　　　　(2)　「課税上の弊害」　228

第4節　法人税基本通達に示された保険の取扱いが個人課税事案に及ぶか

　　　　………………………………………………………………………… 231

　　はじめに　231

　　1　事案の概要　231

　　2　論　点　232

　　3　検　討　233

(1) 積立保険料の性質　233
　　　(2) 積立保険料の損金該当性　234
　　　(3) 法人税基本通達9－3－4にいう2分の1基準の妥当性─養老保険の二面性　237
　　　(4) 所得税法における必要経費　240
　　4　業務関連性　247
　　5　まとめ　249
　第5節　事前照会に対する文書回答手続をめぐる議論と展望………… 251
　　はじめに　251
　　1　通達行政批判と文書回答手続　252
　　　(1) 租税行政庁の公定解釈を示す制度に対する危惧　252
　　　(2) 文書回答手続の法制化の検討　254
　　2　個別事例の照会と情報共有化　255
　　　(1) 個別照会事例への拡大　255
　　　(2) 通達、Q＆A情報等による情報の積極的共有化の重要性　256
　　　(3) 解釈の付記　257
　　　(4) 手数料有料化と法制化　258
　　3　租税専門家と文書回答手続　259
　　　(1) 税理士の民業圧迫と代理人制度　259
　　　(2) 税理士の使命と文書回答手続　260
　　4　文書回答手続に対する信頼の保護と醸成　261
　　　(1) 確定申告書への照会文書添付制度　261
　　　(2) 回答内容についての不服がある場合の手続　263
　　　(3) 第三者的機関による検討　265
　　5　開かれた文書回答手続に向けて　268
　　　(1) 行政資源の適正配分の問題　268
　　　(2) 回答事例の公表に伴う問題　268
　　6　まとめ　269

目　次

参考資料

　　参考資料１　昭和51年税務運営方針　275

　　参考資料２　「所得税基本通達の制定について」（法令解釈通達）の一部改正（案）（競馬の馬券の払戻金に係る所得区分）に対する意見公募の結果について　286

　　参考資料３　パブリック・コメントの適用はないとの結果公示　291

　　参考資料４　事前照会に対する文書回答の事務処理手続等について（事務運営指針）　292

　　参考資料５　県の津波対策施設等の整備に対して企業等が支出する寄附金に係る税務上の取扱いについて　298

　　参考資料６　通達の基本構成についての解説　303

あとがき　304
事項索引　306
判例・裁決索引　312

第1章

通達とは

第1節　通達の意義

> **ポイント**
>
> 　通達とはいかなるものであるのか。本節では、①法律による行政の原理、なかんずく租税法律主義の下では、通達には法源性がないこと、②通達は行政庁内部における上意下達の命令手段であり、外部に対しては拘束力がないこと、他方、③通達は上級官庁の下級官庁に対する指揮・命令監督権の行使方法の1つであることを確認する。また、裁判において通達の違法性を訴えることはできないが、通達に基づく行政処分の違法性を訴えることはできるという点についても、重要判例を素材として確認しよう。

1　法律による行政の原理と租税法律主義

　国民が法律に拘束されるのは、国民の代表からなる議会の意思が国民の意思であるとの擬制の下で、国民の同意が法律に認められるからである（自己同意）。これは、民事関係において、自己の意思に基づき締結した契約に拘束されるのと同様である（宇賀・行政法Ⅰ27頁）。そして、行政の主要な部分はこの議会の制定した法律によって行われると同時に、行政機関の行為の適法性が裁判所によって司法統制される仕組みが採用されている。この国民の権利利益を保障する仕組みは、法治主義の要請するところである。法治主義の基幹的法理としての「法律による行政の原理」は、行政活動は議会の制定した法律に基づき、法律に従って行われなくてはならないとする基本原理で、国民に行政活動に対する予測可能性を与える。

　とりわけ、租税法律主義（憲84）の要請が働く租税法律関係も自己同意の思想の下に、議会の制定した法律又は法律の定める条件によってのみ国民が納税義務を負うことになる（酒井・スタートアップ160頁）。ここでは、法律こそが納税者の租税負担の基礎となる法源であると考える。したがって、議会において制定されたものではない通達は租税法の法源たり得ないという結論が導出される。

2　訓令と通達

　上級官庁から下級官庁に対する指揮命令や監督方法にはいくつかある。

　租税行政を中心に考えると、例えば、国税庁が上級官庁で、国税局・税務署・国税不服審判所・税務大学校などが下級官庁となる。そして、上級官庁は、指揮監督権という権限に基づき下級官庁に対し様々な指揮命令を行う。上級官庁の指揮監督権の発動の形態には、監視権、許可認可権、指揮権、取消し・停止権等がある（塩野・行政法Ⅲ40頁）。このうち、指揮権は、上級官庁が下級官庁の権限の行使を指揮する権限をいい、指揮権を行使するために発する命令を訓令（通達）という（田中・行政法（中）37頁）。

図表1－1

3　訓令と通達の違い

　訓令は、上級官庁がその指揮権に基づき下級官庁に対して発する命令をいうが（杉村・行政法（上）80頁、田中・行政法（中）37頁、塩野・行政法Ⅰ114頁）、そのうち、とりわけ文書に基づくものを通達という（山内一夫「訓令と通達」田中二郎＝原龍之助＝柳瀬良幹編『行政法講座(4)行政組織』166頁（有斐閣1965））。つまり、通達は訓令の一部である。

> 　訓令、通達という文言は、内閣府設置法7条《内閣総理大臣の権限》6項、国家行政組織法14条2項で用いられているが、両者の異同については定説があるわけではない（実務上は、書面により通知される場合でも、「訓令」という標題の下に発出されている例も多い（松永邦男「政令、府省令、訓令・通達」大森政輔＝鎌田薫『立法学講義〔補遺〕』232頁（商事法務2011）。書面で行われる訓令が通達であると形式的に理解する立場もあるし、訓令は基本的・大綱的事項を定め、通達は細目的事項・運用指針を定めるというように内容により区分する立場もある（宇賀・行政法Ⅰ286頁）。一応、ここでは、前者の形式的な分類を示している。

図表1-2 訓令と通達の関係

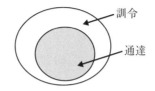

　訓令に関しては様々な論点がある。例えば、違法な訓令の行使（指揮権の行使）があった場合、下級行政官はそれに従わなければならないのかという問題などである。この点については、学説上、必ずしも一致しているわけではない。

4　訓令と職務命令

　訓令は、上級官庁から下級官庁に対する指揮権の行使に基づく命令であり、下級官庁は上級官庁からのこの命令に従わなければならない。

　これをもう少し丁寧にみてみると、命令の領域の中に訓令と職務命令があるが、2つは次のような点で明確に異なるものである。

　すなわち、訓令は上級官庁が下級官庁に対しその所掌事務に関して発する命令であるのに対し、職務命令は上司がその部下である公務員個人に対しその職務に関して発する命令であるという点である（田中・行政法（中）37頁）。訓令は、均一的な行政を担保することを目的として発せられるものであるから、行政庁全体としての統制が必要となるのに対し、特定の行政官に対して発せられる職務命令は、その行政官に対してのみ拘束力を有するにすぎない。なお、職務命令は、特定の行政官個人を対象とする「狭義の職務命令」と、それよりも対象を広く捉える「広義の職務命令」の2つに分けることができる。狭義の職務命令は、特定の行政官の生活規範にまで及ぶことがあり、極めて個別性が高い。

　もっとも、上級官庁の訓令は下級官庁を拘束するだけでなく、それを構成する行政官をも拘束するものであるから、訓令は職務命令としての性質を有するものともいえる（田中・行政法（中）37頁）。

図表1－3　訓令と職務命令の関係

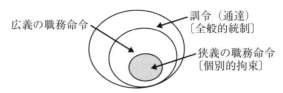

5　通　達

(1)　上意下達の命令手段

　訓令のうち書面で示されるものが通達であるが、通達には法源性がないとされている。法源とは、裁判所が法律上の判断をするに当たってその根拠とすべきものをいい、法律・政令・省令・条約等が該当し、通説は判例も含まれるとしている。このように、通達は、法律の範囲外であり、法源性がないと解されている（ただし、「事実たる慣習」（会計慣行）（65頁、224頁参照））や行政先例法（61頁参照）として法源になり得る余地はある。）。

　前述のように、通達は上級官庁の下級官庁に対する指揮権に基づく行政庁内部の上意下達の命令手段といわれるが、これはあくまでも行政庁内部における問題である。すなわち、通達は、行政庁の内部においてのみ拘束力があるのに対し、行政庁の外部にいる納税者・税理士・裁判所などに対しては拘束力がないのである（かつて大蔵省が証券業界に対して顧客への損失補填の中止を「通達」したが、これは正確には一種の行政指導であり、ここにいう講学上の「通達」ではない（原田・行政法38頁））。

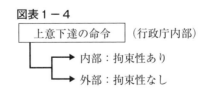

図表1－4

　通達が外部拘束力を有しないということは、ある通達に示された解釈に従って行政処分がなされ、その処分の適法性が裁判所で争われたときには、裁判所は通達の内容にかかわらず、独自の立場で法令を解釈・適用し

て、処分の適法・違法を判断すべきであって、通達に示されたところを考慮する必要はなく、むしろ考慮してはならないということも含意される（塩野・行政法Ⅰ114頁）。

このように、基本的に通達は行政庁内部を拘束するにすぎないことから、通達そのものの違法性を納税者が争うルートはないと解されている。

(2) 最高裁昭和33年3月28日第二小法廷判決

通達に基づく課税の違法性が争われた事件としてつとに有名な事例に、パチンコ球遊器事件最高裁昭和33年3月28日第二小法廷判決（民集12巻4号624頁）[1]がある。この事例では、パチンコ球遊器が物品税法上の課税対象である遊戯具に該当するかが争われたのであるが、最高裁は次のように判示している。

> 「物品税は物品税法が施行された当初（昭和4年4月1日）においては消費税として出発したものであるが、その後次第に生活必需品その他いわゆる資本的消費財も課税品目中に加えられ、現在の物品税法（昭和15年法律第40号）が制定された当時、すでに、一部生活必需品（たとえば燐寸）（第1条第3種1）や『撞球台』（第1条第2種甲類11）『乗用自動車』（第1条第2種甲類14）等の資本財もしくは資本財たり得べきものも課税品目として掲げられ、その後の改正においてさらにこの種の品目が数多く追加されたこと、いわゆる消費的消費財と生産的消費財との区別はもともと相対的なものであって、パチンコ球遊器も自家用消費財としての性格をまったく持っていないとはいい得ないこと、その他第一、二審判決の掲げるような理由にかんがみれば、社会観念上普通に遊戯具とされているパチンコ球遊器が物品税法上の『遊戯具』のうちに含まれないと解することは困難であり、原判決も、もとより、所論のように、単に立法論としてパチンコ球遊器を課税品目に加えることの妥当性を論じたものではなく、現行法の解釈として『遊戯具』中にパチンコ球遊器が含まれるとしたものであって、右判断は、正当である。
> なお、論旨は、通達課税による憲法違反を云為しているが、本件の課税がたまたま所論通達を機縁として行われたものであっても、通達の内容が法の正しい解釈に合致するものである以上、本件課税処分は法の根拠に基く処分と解するに妨げがなく、所

---

[1] 判例評釈として、今村成和・租税判例百選〔第2版〕28頁、白石健三・曹時10巻5号163頁、金子宏・憲法判例百選Ⅱ〔第4版〕338頁、須貝脩一・民商38巻4号175頁、高柳信一・行政判例百選Ⅰ130頁、平岡久・行政判例百選Ⅰ〔第6版〕114頁、大橋洋一・租税判例百選〔第5版〕16頁、大橋洋一・租税判例百選〔第6版〕16頁、甲斐素直・憲法判例百選Ⅱ〔第6版〕430頁、酒井・ブラッシュアップ82頁など参照。

論違憲の主張は、通達の内容が法の定めに合致しないことを前提とするものであって、採用し得ない。」

　本件は、パチンコ球遊器について、従前は課税対象としない実務が行われていたにもかかわらず、あるときパチンコ球遊器は遊戯具に該当するという通達が発遣され、それに基づいて課税が行われたというものである。本件において、納税者は、通達は法律ではないにもかかわらず、通達を根拠に課税が行われるのは租税法律主義に反すると主張していた。これに対して、最高裁は、①パチンコ球遊器に物品税法上の課税を行うことは、もともとこれが遊戯具に該当するという法律の根拠に基づいて行われたものであり、通達に従って行われたわけではないこと、②これまで課税されてこなかっただけで、通達は課税の根拠ではなく単なる機縁にすぎないこと、③したがって、これは通達に基づく課税ではなく法律に基づく課税であることから、租税法律主義に反するものではないとしたのである。

　また、この事件では、行政先例法の成立の有無の問題も議論された。納税者は、課税が行われてこなかったことについて、行政先例法が成立しており、この取扱いを変更して課税するのであれば、立法をもってすべきと主張していた。これに対し、最高裁は、行政先例法は成立していないとして、納税者の主張を排斥した。

6　通達に違法性があった場合の訴訟ルート

　例えば、ある通達の取扱いについて不服があった場合、納税者はその通達が違法であるとして裁判において争うことはできるのであろうか。この点について、納税者には通達の違法性を直接争うルートはないと解されている。

　現行の行政事件訴訟法の下において、取消訴訟の対象となるのは、直接に国民の権利義務を変動させる法的効果を有するものに限定されていることから、通達自体の取消訴松は一般的には認められないことになる（宇賀・行政法Ⅰ287頁）。したがって、納税者は、当該通達の違法性を争うのではなく、通達に基づいて行われた課税処分の違法性を争うしかない。も

ちろん、その課税処分の違法性に関する訴えが認められれば、行政庁は課税処分の根拠となっている通達の改正を行うかもしれないが、いずれにしても通達の違法性そのものを直接訴訟の対象とすることはできない。

この問題については、最高裁昭和43年12月24日第三小法廷判決（民集22巻13号3147頁）の事例が参考となろう。

この事例では、宗教団体の経営する墓地の管理者は埋葬等を請求する者が他の宗教団体の信者であることのみを理由としてその請求を拒むことはできないとする通達（昭和35年3月8日付衛環発8号都道府県等衛生主管部局長宛て厚生省公衆衛生局環境衛生部長通知）について、宗教法人である上告人が、その取消訴訟を提起し得るかどうかという点が争点とされた。

上告人は、上記通達について、従来、慣習法上認められていた異宗派を理由とする埋葬拒否権の内容を変更し、新たに上告人に対して一般第三者の埋葬請求を受忍すべき義務を負わせたものであって、同通達によれば、爾後このような理由による拒否に対しては刑罰を科せられるおそれがあり、また、同通達が発せられてからは現に多くの損害、不利益を被っており、したがって、同通達は上告人ら国民をも拘束し、直接具体的に上告人らに法律上の効果を及ぼしているものであると主張した。これに対して、最高裁は次のように論じて、上告人の主張を排斥している。

「元来、通達は、原則として、法規の性質をもつものではなく、上級行政機関が関係下級行政機関および職員に対してその職務権限の行使を指揮し、職務に関して命令するために発するものであり、このような通達は右機関および職員に対する行政組織内部における命令にすぎないから、これらのものがその通達に拘束されることはあっても、一般の国民は直接これに拘束されるものではなく、このことは、通達の内容が、法令の解釈や取扱いに関するもので、国民の権利義務に重大なかかわりをもつようなものである場合においても別段異なるところはない。このように、通達は、元来、法規の性質をもつものではないから、行政機関が通達の趣旨に反する処分をした場合においても、そのことを理由として、その処分の効力が左右されるものではない。また、裁判所がこれらの通達に拘束されることのないことはもちろんで、裁判所は、法令の解釈適用にあたっては、通達に示された法令の解釈とは異なる独自の解釈をすることができ、通達に定める取扱いが法の趣旨に反するときは独自にその違法を判定することもできる筋合である。」

「本件通達は従来とられていた法律の解釈や取扱いを変更するものではあるが、そ

> れはもっぱら知事以下の行政機関を拘束するにとどまるもので、これらの機関は右通達に反する行為をすることはできないにしても、国民は直接これに拘束されることはなく、従って、右通達が直接に上告人の所謂墓地経営権、管理権を侵害したり、新たに埋葬の受忍義務を課したりするものとはいいえない。」
> 「そして、現行法上行政訴訟において取消の訴の対象となりうるものは、国民の権利義務、法律上の地位に直接具体的に法律上の影響を及ぼすような行政処分等でなければならないのである」

　本件通達は、厚生省公衆衛生局環境衛生部長から都道府県指定都市衛生主管部局長に宛てて発せられたもので、その内容は、墓地、埋葬等に関する法律に関し、諸機関に対する埋葬等に関する一定の事務処理をするように求めたものであった。最高裁は、行政組織及び法律の施行事務に関する関係法令を参酌し、本件通達を、行政機関がその権限に基づいて関係行政機関に対し所掌事務に関する法律の解釈、運用の方針を示してその職務権限の行使を指揮したものと位置付けた上で、取消訴訟の対象は、「国民の権利義務、法律上の地位に直接具体的に法律上の影響を及ぼすような行政処分等でなければならない」として、通達の違法性を直接争うルートを否定する判断を行った。

　このように、通達の違法性を根拠に行政処分の取消訴訟を提起することはできず、また、通達の発遣自体が行政処分ではないから、通達の発遣を取消訴訟の対象とすることもできないと解されているのである。

第2節　通達の法的根拠

> **ポイント**
>
> 通達の有する内部拘束力の法的根拠はどこに求められるべきであろうか。本節では、国家行政組織法やその法律に関する公務員の法令遵守義務だけではなく、より実質的には平等原則によって、通達適用に係る内部拘束力の法的根拠を説明することが可能であるという点について、確認をすることとしよう。

1　国家行政組織法14条2項の趣旨

　国家行政組織法14条2項は、各庁の長官等は、その機関の所掌事務について、命令又は示達をするため、所管の諸機関及び職員に対し、通達を発することができる旨規定している。

> **国家行政組織法14条**
> 　各省大臣、各委員会及び各庁の長官は、その機関の所掌事務について、公示を必要とする場合においては、告示を発することができる。
> 2　各省大臣、各委員会及び各庁の長官は、その機関の所掌事務について、命令又は示達をするため、所管の諸機関及び職員に対し、訓令又は通達を発することができる。

　この規定により、国税庁長官は、その所掌事務について、命令等をするため、各国税局長（沖縄にあっては沖縄国税事務所長）や国税不服審判所長、税務大学校長等に対して、通達を発遣することができる。具体的には、国税庁長官は、租税法の解釈や取扱いの統一性を図ることを目的として、国税局長等に対し法令解釈通達等を発遣している。

　このような上級行政庁の解釈基準定立権は、行政組織法論上、上級行政機関の有する指揮命令権ないし指揮監督権に当然含まれるものと解されている（塩野・行政法Ⅰ114頁）。

　なお、前節でみたとおり、通達は指揮監督権のうち指揮権の行使に基づき発する命令である（塩野・行政法Ⅲ40頁）。通達は、上級行政庁から下級行政庁に対して発遣されるものであるので、行政機関相互の関係として、

第1章　通達とは

下級行政庁が不服でも機関として訴訟することは認められない。他方、当該行政機関の構成員たる公務員に対しては職務命令としての性格を有するのであるが、上級機関から違法な命令が発せられた場合、その職務命令に従わないことが認められるかどうかについて学説上争いがあることは前節で述べたところである。

> ✍ 国家行政組織法14条2項の確認的規定としての性質
> 　国家行政組織法14条2項は、学説上は確認的規定と解されている（塩野・行政法Ⅰ114頁）。なお、通達発遣の法的根拠の1つである内閣府設置法7条6項も同様に確認的規定と解されている。

```
内閣府設置法7条《内閣総理大臣の権限》
　内閣総理大臣は、内閣府の事務を統括し、職員の服務について統督する。
6　内閣総理大臣は、内閣府の所掌事務について、命令又は示達をするため、所管の諸機関及び職員に対し、訓令又は通達を発することができる。
```

2　国家公務員法・地方公務員法

通達は、行政庁内部における上意下達の命令であるが、当然ながら、国家公務員・地方公務員は職務遂行に当たって、命令に違反することは許されない。

```
国家公務員法98条《法令及び上司の命令に従う義務並びに争議行為等の禁止》
　職員は、その職務を遂行するについて、法令に従い、且つ、上司の職務上の命令に忠実に従わなければならない。
```

```
地方公務員法32条《法令等及び上司の職務上の命令に従う義務》
　職員は、その職務を遂行するに当って、法令、条例、地方公共団体の規則及び地方公共団体の機関の定める規程に従い、且つ、上司の職務上の命令に忠実に従わなければならない。
```

また、国家公務員法・地方公務員法は、このような命令に違反した場合について懲戒処分を用意している。

> **国家公務員法82条《懲戒の場合》**
> 　職員が、次の各号のいずれかに該当する場合においては、これに対し懲戒処分として、免職、停職、減給又は戒告の処分をすることができる。
> 　一　この法律若しくは国家公務員倫理法又はこれらの法律に基づく命令…に違反した場合
> 　二　職務上の義務に違反し、又は職務を怠った場合

> **地方公務員法29条《懲戒》**
> 　職員が次の各号の一に該当する場合においては、これに対し懲戒処分として戒告、減給、停職又は免職の処分をすることができる。
> 　一　この法律若しくは第57条に規定する特例を定めた法律又はこれに基く条例、地方公共団体の規則若しくは地方公共団体の機関の定める規程に違反した場合
> 　二　職務上の義務に違反し、又は職務を怠った場合

　これらの規定から、税務通達によって租税法解釈等について指示を受ける税務職員に対しては、税務通達の厳しい遵守義務が課せられている（品川・税務通達48頁）。

　ところで、通達はあくまでも、国税庁長官が各国税局長等に宛てて発遣するものや、国税局長が所轄の各税務署長宛てに発遣するものである。当然のことながら、国民を名宛人としているわけではない。このように通達の名宛人が誰であるのかという点は非常に重要である。

　この点について、教職員国旗国歌訴訟上告審最高裁平成24年2月9日第一小法廷判決（民集66巻2号183頁）[2]をみてみよう。

> 「本件通達は、…地方教育行政の組織及び運営に関する法律23条5号所定の学校の教育課程、学習指導等に関する管理及び執行の権限に基づき、学習指導要領を踏まえ、上級行政機関である都教委が関係下級行政機関である都立学校の各校長を名宛人としてその職務権限の行使を指揮するために発出したものであって、個々の教職員を名宛人とするものではなく、本件職務命令の発出を待たずに当該通達自体によって個々の教職員に具体的な義務を課すものではない。また、本件通達には、…各校長に対し、本件職務命令の発出の必要性を基礎付ける事項を示すとともに、教職員がこれに従わない場合は服務上の責任を問われることの周知を命ずる旨の文言があり、これらは国歌斉唱の際の起立斉唱又はピアノ伴奏の実施が必要に応じて職務命令により確

2　判例評釈として、山本隆司・論究ジュリスト3号117頁、石崎誠也・行政判例百選Ⅱ〔第6版〕440頁、村上裕章・判時2178号140頁、野呂充・民商148巻1号72頁など参照。

> 保されるべきことを前提とする趣旨と解されるものの、本件職務命令の発出を命ずる旨及びその範囲等を示す文言は含まれておらず、具体的にどの範囲の教職員に対し本件職務命令を発するか等については個々の式典及び教職員ごとの個別的な事情に応じて各校長の裁量に委ねられているものと解される。…したがって、本件通達をもって、本件職務命令と不可分一体のものとしてこれと同視することはできず、本件職務命令を受ける教職員に条件付きで懲戒処分を受けるという法的効果を生じさせるものとみることもできない。」

　上記の事件を、国税当局における通達の発遣になぞらえて考えてみよう。通達の発遣者、名宛人、その名宛人の部下職員との関係をみると、次のように分析することができる。

① 　国税局長が税務署長宛てに通達を発遣する。
② 　税務署長が部下職員に対し①の通達を踏まえた命令を発する。
③ 　個々の税務職員がその命令に違反した場合に、懲戒処分がされると、その時点で初めて職員個人の身分や勤務条件に係る権利義務に直接影響を及ぼす行政処分がされる。

　このような経緯を経て、結局において、通達が命令[3]としての機能を有して個々の職員に拘束力を有することになるのである。

3　平等原則

(1) 平等原則の考え方

　行政機関が合理的理由なく国民を不平等に取り扱ってはならないことは当然である（平等原則。第2章第4節（68頁）も参照）。そうであるとする

---

[3]　職務命令については、例えば、地方公共団体職員の事例であるが、いわゆる徳島県議会野球大会旅費事件上告審最高裁平成15年1月17日第二小法廷判決（民集57巻1号1頁）が参考となる。同事件では、地方公共団体の職員は上司の職務上の命令に忠実に従う義務があり、議会事務局職員が職務命令である旅行命令に従って旅行をした場合、命令に重大・明白な瑕疵がない限り同職員は旅費の支給を受けることができるし、かかる受領は不当利得には当らないと判示している。同判決の判例評釈として、福井章代・曹時56巻6号145頁、西鳥羽和明・判時1837号173頁、木村琢磨・民商131巻6号103頁、内田義厚・平成15年度主要民事判例解説〔判タ臨増〕256頁、飯島淳子・平成15年度重要判例解説〔ジュリ臨増〕38頁、宇賀克也・地方自治判例百選〔第4版〕118頁など参照。

と、ある特定の事柄や対象者に対してのみ特定の行政処分がなされる、あるいはなされないということが平等原則に反することにもなり得る。ここにも、通達の法的根拠が認められるといえよう。なお、平等原則は憲法14条の要諦である。

憲法14条
　すべて国民は、法の下に平等であって、人種、信条、性別、社会的身分又は門地により、政治的、経済的又は社会的関係において、差別されない。

行政法一般を眺めてみると、公の施設の利用についての不当な差別的取扱いを禁止した地方自治法244条《公の施設》3項など、平等原則が明文化されている例があるが、租税法においても、例えば、次のような規定がある。

税制改革法は、公平な租税負担の実現を、同法の趣旨（改革法2）、税制改革の基本理念（改革法3）、税制改革の方針（改革法4）などに規定している。同法2条は、次のように「不公平」感の払拭を税制改革の趣旨としている。

税制改革法2条《今次の税制改革の趣旨》
　今次の税制改革は、現行の税制が、産業構造及び就業構造の変化、所得の水準の上昇及び平準化、消費の多様化及び消費におけるサービスの比重の増加、経済取引の国際化等を反映して著しく変化してきた現在の経済社会との間に不整合を生じている事態に対処して、将来の展望を踏まえつつ、国民の租税に対する不公平感を払しよくするとともに、所得、消費、資産等に対する課税を適切に組み合わせることにより均衡がとれた税体系を構築することが、国民生活及び国民経済の安定及び向上を図る上で緊要な課題であることにかんがみ、これに即応した税制を確立するために行われるものとする。

そして、税制改革法4条は、明確に租税負担の「公平」の確保を税制改革の方針とうたっている。

税制改革法4条《今次の税制改革の方針》
　今次の税制改革は、所得課税において税負担の公平の確保を図るための措置を講ずるとともに、税体系全体として税負担の公平に資するため、所得課税を軽減し、消費に広く薄く負担を求め、資産に対する負担を適正化すること等により、国民が公平感をもって納税し得る税体系の構築を目指して行われるものとする。

第1章　通達とは

　税制改革法はこのように規定し、所得税法については、税制改革法7条《所得税の負担の軽減及び合理化等》2項に、「所得税の負担の公平の確保を図るため」、法人税法については、8条《法人税の負担の軽減及び合理化等》2項に、「法人税の負担の公平の確保等を図るため」、相続税法については、9条《相続税及び贈与税の負担の軽減及び合理化等》2項に、「相続税の負担の公平の確保を図るため」の諸規定を用意している（地方税法については、13条《個人住民税の負担の軽減及び合理化等》2項参照）。また、消費税法については、10条《消費税の創設》1項に「現行の個別間接税制度が直面している諸問題を根本的に解決し、税体系全体を通ずる税負担の公平を図るとともに、国民福祉の充実等に必要な歳入構造の安定化に資するため、消費に広く薄く負担を求める消費税を創設する。」などとして消費税の創設を規定している。

　このほか、租税特別措置の適用状況の透明化等に関する法律は、公平な課税の実現をその目的の1つにしている。

租税特別措置の適用状況の透明化等に関する法律1条《目的》
　この法律は、租税特別措置に関し、適用の実態を把握するための調査及びその結果の国会への報告等の措置を定めることにより、適用の状況の透明化を図るとともに、適宜、適切な見直しを推進し、もって国民が納得できる公平で透明性の高い税制の確立に寄与することを目的とする。

　このように、いくつかの法規において「公平」の実現がうたわれているのは、平等原則の具体的規定への表れであるとみることができよう。

　また、租税行政の執行当局も「公平」な課税の実現を行うことがその任務とされているのである。

財務省設置法3条《任務》
　財務省は、健全な財政の確保、適正かつ公平な課税の実現、税関業務の適正な運営、国庫の適正な管理、通貨に対する信頼の維持及び外国為替の安定の確保を図ることを任務とする。

財務省設置法19条《任務》
　国税庁は、内国税の適正かつ公平な賦課及び徴収の実現、酒類業の健全な発達及び税理士業務の適正な運営の確保を図ることを任務とする。

第2節　通達の法的根拠

🖉　国税庁の事務の実施基準及び準則に関する訓令（財務省訓令12号）3条《事務の実施基準》は、「国税庁は、その所掌する事務の実施に当たり、納税者の自発的な納税義務の履行を適正かつ円滑に実現するため、納税環境を整備し、適正かつ公平な税務行政を推進することにより、内国税の適正かつ公平な賦課及び徴収の実現を図るとともに、酒類業の健全な発達及び税理士業務の適正な運営の確保を図ることを基準とする。」と規定する。

　すなわち、国税庁は、適正公平な課税及び徴収の実現を図るための組織であるといえるが、そのほかにも、酒類行政や税理士業務の適正性を担保するための行政を司る組織であるといえよう。

　国税庁の事務の実施基準及び準則に関する訓令4条《準則》は、「国税庁は、前条の基準にのっとり、次の各号に掲げる事項を準則とし、透明性と効率性に配意しつつ事務を行うものとする。」とし、具体的に各号において次のように定める。

　内国税の適正かつ公平な賦課及び徴収の実現を図ることについては、次に掲げるところによる。
　イ　納税環境の整備
　　㈲　申告及び納税に関する法令解釈及び事務手続等について、納税者に分かりやすく的確に周知すること。
　　㈺　納税者からの問い合わせ及び相談に対して、迅速かつ的確に対応すること。
　　㈻　租税の役割及び税務行政について幅広い理解及び協力を得るため、関係省庁及び国民各層からの幅広い協力及び参加の確保に努めていくこと。
　ロ　適正かつ公平な税務行政の推進
　　㈲　関係法令を適正に適用すること。
　　㈺　適正申告の実現に努めるとともに、申告が適正でないと認められる納税者に対しては的確な調査及び指導を実施することにより誤りを確実に是正すること。
　　㈻　期限内収納の実現に努めるとともに、期限内に納付を行わない納税者に対して滞納処分を執行するなどにより確実に徴収すること。
　　㈮　納税者の正当な権利利益の救済を図るため、不服申立て等に適正かつ迅速に対応すること。

🖉　国税庁の行動規範
　国税庁は、「納税者の自発的な納税義務の履行を適正かつ円滑に実現する」という使命を負い、次のような行動規範に基づいて任務を遂行することとされている。
⑴　任務遂行に当たっての行動規範
　①　納税者が申告・納税に関する法令解釈や事務手続などについて知ることができるよう、税務行政の透明性の確保に努める。
　②　納税者が申告・納税する際の利便性の向上に努める。
　③　税務行政の効率性を向上するため事務運営の改善に努める。

17

④　調査・滞納処分事務を的確に実施するため、資料・情報の積極的な収集・活用に努める。
　　　⑤　悪質な脱税・滞納を行っている納税者には厳正に対応する。
　(2)　職員の行動規範
　　　①　納税者に対して誠実に対応する。
　　　②　職務上知り得た秘密を守るとともに、綱紀を厳正に保持する。
　　　③　職務の遂行に必要とされる専門知識の習得に努める。

(2)　個別事案

　ここで、個人タクシー事件最高裁昭和46年10月28日第一小法廷判決（民集25巻7号1037頁）[4]をみておきたい。

> 「道路運送法においては、個人タクシー事業の免許申請の許否を決する手続について、法122条の2の聴聞の規定のほか、とくに、審査、判定の手続、方法等に関する明文規定は存しない。しかし、同法による個人タクシー事業の免許の許否は個人の職業選択の自由にかかわりを有するものであり…多数の者のうちから少数特定の者を、具体的個別的事実関係に基づき選択して免許の許否を決しようとする行政庁としては、事実の認定につき行政庁の独断を疑うことが客観的にもっとも認められるような不公正な手続をとってはならない」
>
> 「右6条は抽象的な免許基準を定めているにすぎないのであるから、内部的にせよ、さらに、その趣旨を具体化した審査基準を設定し、これを公正かつ合理的に適用すべく、とくに、右基準の内容が微妙、高度の認定を要するようなものである等の場合には、右基準を適用するうえで必要とされる事項について、申請人に対し、その主張と証拠の提出の機会を与えなければならない。」
>
> 「申請人はこのような公正な手続によって免許の許否につき判定を受くべき法的利益を有する」

　当時、個人タクシー免許の申請に係る審査については、聴聞の具体的な手続や方法について明文の規定がなかった。それにもかかわらず、最高裁は、公正手続確保の観点から、①行政庁はあらかじめ具体的な審査基準を定立すべきことを論じ、また、②かかる審査基準の適正な運用を求める判断を示したのである。このうち①はいわば通達の発遣を裁判所が求めたか

4　判例評釈として、中川哲男・曹時24巻10号199頁、保木本一郎・ジュリ509号13頁、原田尚彦・判タ274号74頁、東平好史・民商67巻1号132頁、小高剛・行政判例百選Ⅱ〔第2版〕258頁、熊本信夫・憲法判例百選Ⅰ〔第2版〕198頁、小高剛・行政判例百選Ⅱ〔第3版〕250頁、恒川隆生・行政判例百選Ⅰ〔第6版〕252頁など参照。

のような意味を見出すことができよう。最高裁は、行政庁内部における審査基準の措定を論じているのであるから、いわば、行政庁の所管事項であるはずの通達の発遣にまで踏み込んだ判断を示したものともいえる。そのような意味で、同判決は極めて学術的に注目され多くの研究の素材ともされている。

はたして、このような免許申請手続においては、行政組織の内部的な判断基準として設定された審査基準を法規と同視して、常にこれを厳格に機械的に適用して免許の許否を決定すれば事足りると解してよいのかという点では、疑義が残る。

もっとも、個人タクシーの免許申請の大量性を前提に行政における手続の煩雑性等に鑑みて、申請の許否を公平に行うためには審査基準なるものを一律に適用すべきであるから、個別ケースに応じて特殊事情をいちいち考慮に入れることは実務上困難であるという意見もあり得よう。しかしながら、このような考え方には疑問もある。なぜなら、審査基準が適正なものであったとしても、あくまでも、その審査基準は単なる内部的なルールにすぎないのであるから、行政庁の裁量権による審査基準適合性をもって法的適法性の判断基準とすることには躊躇を覚えるところである。

この点、例えば、いわゆる馬券訴訟上告審最高裁平成27年3月10日第三小法廷判決（刑集69巻2号434頁）[5]は、「画一的な課税事務の便宜等をもって一時所得に当たるか雑所得に当たるかを決するのは相当でない。」と論じており、所得税法上の所得区分の判断に当たり、行政上の事務の困難性などを考慮すべきでないとしている。法律上の要件にない考慮要素を持ち込むべきでないことは、租税法律主義の観点からすれば妥当なものといえよう。

もっとも、機械的一律的な行政を行うことが、行政処理の均一性を保ち、ひいては行政の平等取扱いを担保することになるという構成はあり得

5　この事例を取り扱った論稿として、酒井克彦「いわゆる馬券訴訟における一時所得非該当性―最高裁平成27年3月10日第三小法廷判決と東京地裁平成27年5月14日判決―」税通70巻7号97頁など参照。同「馬券の払戻金に係る所得の所得区分（上～下―2）―札幌国税不服審判所平成24年6月27日裁決（札裁（所）平成23年第9号）の検討―」税務事例45巻6号、7号、8号、9号も参照。

るところである。これは、一般法理としての平等原則を通じて、内部ルールたる通達に法源性を見出すものといえる。

原則として通達に法源性を認めない通説的理解に立脚した上で通達の法的必要性を論じるためには、このように平等原則たる一般法理によらずして説明することはできないのではなかろうか。換言すれば、平等原則に反して不公正であると解される場合に、裁量権の適法性が否定されるならば、通達の法源性を認める余地があると思われる。すなわち、平等原則に反して不公正であるとみられる場合に、裁量権の法的適法性が否定されると説明することになる（原田尚彦「個人タクシー事業の免許申請の審査と公正手続」判タ274号77頁。この点、原田尚彦教授は、「けっして審査基準に違反することそれ自体によって違法とされるものではないと解さざるをえない」のであって、「いいかえれば審査基準は裁判所が行政庁の裁量的判断過程の公正を認定する補助手段として存在するものであってそれ自体を法源とみることには問題があろう。」とされる。）。

図表１－５

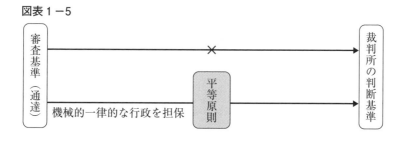

反論はあり得るところではあるが、理論的構成としては、平等原則の要請を通達発遣の理論的根拠として捉えることもできよう。

すなわち、具体的には、国家行政組織法や財務省設置基準等の個々の組織規定やこれを基礎とした公務員の遵守義務をよりどころとしつつも、組織論とは別のアプローチとして、平等原則的側面から、通達の必要性を法的に説明することは十分にあり得ると思われる。この辺りは、次にみる通達の機能論との関わりが重要である。

第3節　通達の機能

> **ポイント**
>
> 　通達が実質的な支配力を有する場合もあることからすれば、通達の機能として、通常いわれている①均一的行政の担保、②審査基準の設定、③予測可能性・透明な行政の確保などのほかにも、直接的あるいは間接的に様々な機能が想定される。本節では、通達の機能について概観することとする。
> 　考え得る通達の機能としては、次のようなものがある。
> ① 　均一的行政の担保
> ② 　行政庁における審査基準の設定
> ③ 　行政上の取扱いの公表－予測可能性・透明な行政の確保
> ④ 　法令の空白を埋める通達の機能
> ⑤ 　通達の逆基準性－会計慣行制定機能
> ⑥ 　公務員にとってのセーフハーバー機能
> ⑦ 　納税者にとってのセーフハーバー機能
> ⑧ 　その他（ベンチマークなど）
> これらの機能があるが、それぞれの機能の評価には議論のあるところである。

1 　均一的行政の担保

　通達が均一的行政に資するものであることに疑いを差し挟む余地はないと思われる。この点については、行政に求められる平等原則の見地からしても判然とする（第1章第2節参照）。

　例えば、相続税法22条《評価の原則》にいう「時価」の意義について、財産評価基本通達が発遣されているが、この点につき、東京地裁平成7年4月27日判決（判タ921号178頁）は、次のように説示する。

> 「課税時期において、それぞれの財産の現況に応じ、不特定多数の当事者間で自由な取引が行われた場合に通常成立する価額をいうものであるが、相続財産の客観的交換価格は必ずしも一義的に確定されるものではなく、納税者の公平、納税者の便宜、徴税費用の節減という見地から、あらかじめ定められた評価方式により、これを画一的に評価する方が合理的であるとして、右時価の具体的な算定については、国税庁長官が各国税局長あてに発した財産評価通達の定めに従い行われているところである。」

　ここにいう「画一的に評価」をすることの合理性は、行政事務の煩雑を

避けるためという意味もあるが、他方で、上記説示にもあるように、「納税者の公平」という見地が考慮されていることはいうまでもない。

このことは、同判決が次の説示に述べているとおりである。

> 「右のように財産評価通達によりあらかじめ定められた評価方法によって、画一的な評価を行う課税実務上の取扱いは、納税者の公平、納税者の便宜、徴税費用の節減という見地からみて合理的であり、一般的には、これを形式的にすべての納税者に適用して財産の評価を行うことは、租税負担の実質的公平をも実現することができ、租税平等主義にかなうものであるというべきである。」

✐ 財産評価基本通達1は、次のように定め、「時価」を「不特定多数の当事者間で自由な取引が行われる場合に通常成立すると認められる価額」としながらも、「この通達の定めによって評価した価額による。」としている。

財産評価基本通達1《評価の原則》
1　財産の評価については、次による。
　⑵　時価の意義
　　財産の価額は、時価によるものとし、時価とは、課税時期…において、それぞれの財産の現況に応じ、不特定多数の当事者間で自由な取引が行われる場合に通常成立すると認められる価額をいい、その価額は、この通達の定めによって評価した価額による。

2　行政庁における審査基準の設定

通達が内部審査基準として機能する局面がある。上記の均一的な行政の担保という視点とも関係するが、通達の審査基準によって均一な行政処分が担保されるだけでなく、通達には、不安定な行政処分がなされることを防止する機能もある。すなわち、行政官が通達に従うことは、行政庁処分の安定性に繋がるものである。

この点については、前述の個人タクシー事件最高裁昭和46年10月28日判決（18頁参照）がこのような審査基準の重要性を説示しているところを想起したい。

3　行政上の取扱いの公表——予測可能性・透明な行政の確保

通達の機能の1つとして、それが公表されることによって、行政庁によ

る処分に対する国民の予測可能性を担保することができるという点がある。行政上の取扱いが公表されることは、それが外部拘束力を有しないものとの建前があるとしても、行政庁の処分を受ける可能性がある者にとって重要な情報となり得る。通達の公表は、このように予測可能性を担保するという機能を有するものではあるが、他方で、行政庁による法令の解釈が示されることは、行政庁がどのような判断を行っているのかという点についての外部からの検証を一定程度可能とし、そのような検証を経て、国民に対して、ときには、行政庁の行う処理の違法性を主張する素材を提供することにもなり得る（このような意味から、行政庁もすべての法令解釈につき、その考え方をつまびらかにしたくないという、公表に対するディスインセンティブが働くことも考えられるが、通達の非公表は、行政手続法の趣旨や中央省庁等改革基本法の趣旨に反するものともなり得る（97頁参照）。）。

　✎　いわゆる親会社ストック・オプション訴訟上告審最高裁平成18年11月16日第一小法廷判決（税資256号順号10574）は、「このような問題〔筆者注：親会社ストック・オプションの権利行使益が何所得に区分されるべきかという問題〕について、課税庁が従来の取扱いを変更しようとする場合には、法令の改正によらないとしても、通達を発するなどして変更後の取扱いを納税者に周知させ、これが定着するよう必要な措置を講ずべきものである。」と説示している（45、99頁も参照、酒井・正当な理由154頁）。

4　法令の空白を埋める通達の機能

　所得税法上の一時所得の金額の計算が争点となった事例に、いわゆる養老保険事件控訴審福岡高裁平成22年12月21日判決（税資260号順号11578）がある。同事件では、法人が支払った保険料（支払保険料の2分の1で当該法人において保険料として損金経理された部分）が、同法人の役員である原告が支払を受けた満期保険金に係る一時所得の金額の計算上、控除できる「その収入を得るために支出した金額」（所法34②）に当たるか否かが争点とされた。

　原告は、次のような主張をした。

　①　所得税法34条《一時所得》2項は、一時所得の金額の計算上、「そ

の収入を得るために支出した金額」を控除できる旨規定しており、その文言上、収入を得た本人が負担したものしか控除できないという限定はされていない。
② 所得税法34条2項を受けた所得税法施行令183条2項2号は、「生命保険契約等に係る保険料又は掛金の総額」が一時所得の計算上控除できる旨規定しており、「総額」との文言からすれば、本人負担分か法人負担分かにかかわらず、文字どおり支払保険料の総額を指すものと解される。
③ 所得税基本通達34－4は、一時所得の計算上控除できる保険料等の額には「満期返戻金等の支払を受ける者以外の者が負担した保険料又は掛金の額も含まれる」ものと極めて明確に記載している。

なるほど、当時の所得税基本通達34－4は次のように通達していた。

> **旧所得税基本通達34－4《生命保険契約等に基づく一時金等に係る所得金額の計算上控除する保険料等》**
> 　令第183条第2項第2号…に規定する保険料又は掛金の総額には、その一時金又は満期返戻金等の支払を受ける者以外の者が負担した保険料又は掛金の額…も含まれる。
> 　㊟　使用者が負担した保険料又は掛金で36－32により給与等として課税されなかったものの額は、令第183条第2項第2号…に規定する保険料又は掛金の総額に含まれる。

福岡高裁は、通達について次のように説示している。ここでは、通達が法令の空白部分を埋める機能を有するとしている。

> 「一般に、通達は、上級行政機関がその所掌事務について下級行政機関に対して行う命令ないし示達であって（国家行政組織法14条2項)、行政機関内部の規範にすぎず、国民に対して拘束力を有する法規ではない。そして、前記のとおり、租税法律主義の下では、法律の根拠なしに課税要件に関する定めをすることはできず、法律の定めに違反する通達は効力を有しないのであり、通達によって、国民に対し、法令が要求している以上の義務を課すことも、また、納税義務を免除したり軽減したりすることも許されないものと解される。
> 　もっとも、法令に空白部分があり、通達に立法者の意思が示されている場合において、空白部分が立法者の意思で補充されることによって、法令の趣旨・目的と整

> 合する適切妥当な解釈が導かれるときには、通達に示された立法者の意思が法令解釈に影響を及ぼすことはあり得るものと解される。」

　福岡高裁は、「法令に空白部分があり、通達に立法者の意思が示されている場合」に「通達に示された立法者の意思が法令解釈に影響を及ぼすことはあり得る」とするが、ここにいう「立法者の意思」とは何を示しているのであろうか。立法者とは立法の提案者を指すとすれば、ここにいう「立法者の意思」が行政府の意思であるという理解があり得なくはない。しかしながら、我が国憲法は唯一の立法機関を国会とし、あくまでも国民の代表者による議会意思を前提として「立法者の意思」が考慮されるべきであると考えると、上記説示には違和感を覚える。ましてや、立法者の意思が通達に影響を及ぼすことは当然にあり得るとしても、その意思が通達に示されるという点についてはどのように理解すべきであろうか。疑問の残るところである。

　もっとも、同高裁は、当てはめにおいて、次のように続けて、そもそも法令に空白部分はないと論じている。

> 「これを本件についてみるに、まず、法34条2項及び令183条2項2号の解釈は前記説示のとおりであり、これらに空白部分があるということはできない。一時所得の金額の計算上、総収入金額から控除することができるのは、一時所得の所得者本人が負担した金額に限られ、それ以外の者が負担した金額は含まれないことは、所得税法の根幹をなす基本原則であり、たとえ法文上明示されていないとしても、そこに空白部分があるとは解し難い。」

　仮に、法令に空白域がある場所には、解釈によってこれを補うのは当然であるが、その解釈の指針を通達に求めることについては、通達が立法者の意思を反映している場合に限られるという意味で消極的な態度を示しているものと、この判決を位置付けることができるとも思われるが、そもそも、そのような「場合」は想定しづらいように思われる。

　この点につき、福岡高裁は次のように通達を解釈したのである。

> 「次に、基本通達34－4には、上記の本文のほかに注書きが置かれているところ、注書きは、『使用者が負担した保険料又は掛金で36－32により給与等として課税されなかったものの額は、令第183条第2項第2号…に規定する保険料又は掛金の総額に

含まれる。』と規定する。これは、使用者の負担する保険料又は掛金が月額300円以下である場合には非課税とされ（基本通達36－32）、同金額は、令183条2項2号に該当し、一時所得の金額の計算上、総収入金額から控除することができるとするものであるが、仮に、本文が、使用者の負担する保険料のすべてについて、同号に該当し、一時所得の金額の計算上控除することができるという趣旨のものであるとすれば、あえて注書きを置く意味はないから、このような注書きが置かれたのは、本文が上記の趣旨のものではないことを示している。

　そして、基本通達36－32は、例外的に給与課税をされない金額を規定したものであり、基本通達34－4注書きは、上記金額が本文に該当することを特に明示したものといえるから、これを反対解釈すれば、本文は、所定の金額が給与課税をされていることを前提とするものと解することができる。」

　「このように、基本通達34－4は、本文のみならず注書きも併せて実質的に解釈すれば、形式的文言はともかく、一時所得の金額の計算上控除することができる金額は、給与課税等をされることにより所得者本人が負担した金額とする趣旨のものと解するのが相当である。これによって、法34条2項及び令183条2項2号の解釈とも整合するのであって、基本通達34－4に、上記各法令の解釈と異なる立法者の意思が示されているということはできない。

　そうすると、基本通達34－4によって、法34条2項についての前記解釈が修正を受けることはないから、同項所定の『その収入を得るために支出した金額』は、一時所得の所得者本人が負担した金額に限られ、それ以外の者が負担した金額は含まれないということとなる。」

　福岡高裁は、所得税基本通達34－4を上記のとおり解釈して、同通達が所得税法34条2項についての解釈を修正するというものではないから、通達の解釈が法令の解釈をオーバーライドすることはないと説示している。この結論は妥当であると思われるが、その理由として、同通達に所得税法34条2項にいう「法令の解釈と異なる立法者の意思が示されているということはできない。」などとしている点についての疑問は前述したとおりである。所得税法上、一時所得の金額の計算において控除し得る部分は、本人が負担した金額に限られ、それ以外の者が負担した金額は含まれないと解されるのであれば、それを前提として通達は読み解かれなければならないという態度を貫く必要があるのにもかかわらず、同判決はその点が曖昧であるように思われるのである。

　なお、その後、上記判決を受けて、所得税基本通達は次のように改正された（平24課個2－11、課審4－8改正）。すなわち、一時所得の金額の計算

上控除し得る金額は、「(1)支払を受ける者が自ら支出した保険料又は掛金」であり、「(2)支払を受ける者以外の者が支出した保険料又は掛金であって、当該支払を受ける者が自ら負担して支出したものと認められるもの」であると明確にされたのである。

> **所得税基本通達34－4《生命保険契約等に基づく一時金又は損害保険契約等に基づく満期返戻金等に係る所得金額の計算上控除する保険料等》**
> 　令第183条第2項第2号…に規定する保険料又は掛金の総額…には、以下の保険料又は掛金の額が含まれる。
> (1)　その一時金又は満期返戻金等の支払を受ける者が自ら支出した保険料又は掛金
> (2)　当該支払を受ける者以外の者が支出した保険料又は掛金であって、当該支払を受ける者が自ら負担して支出したものと認められるもの
> (注)1　使用者が支出した保険料又は掛金で36－32により給与等として課税されなかったものの額は、上記(2)に含まれる。
> 　　2　相続税法の規定により相続、遺贈又は贈与により取得したものとみなされる一時金又は満期返戻金等に係る部分の金額は、上記(2)に含まれない。

　法の解釈の場面でしばしば問題となるのが法の欠如のケースである。すなわち、法の規定がないという場合にその直接の法の規定が存在しない部分についての法規範が何かを確定するために様々な解釈技術が持ち出されることになる。もちろん、解釈技術は規定がない場面だけの話ではなく、解釈上の疑義が起こり得る場面においても駆使されることになる（酒井・フォローアップ3頁）。

　ところで、法の欠如とは、法の空白と法の欠缺の両方を指す。「法の空白」とは、もともと当該法律に規定する必要のない事柄であるから規定がないとするものであり、「法の欠缺」とは区別される。一方で、「法の欠缺」とは、あるべき規定が欠けていることをいう。立法者は全能ではないから失念しているということもあり得るし、法律を提案した段階では想定し得ない社会状況の変化もあろう。したがって、成文法に法の欠缺があるのは当然といってもよい（酒井・フォローアップ4頁）。

　このように法の欠缺の場面において、法令解釈として通達が示されるこ

とは十分にあり得るところであって、それは、法の空白ではないのである。理論上、法の空白域とは、法律が必要とされていない部分をいうので、上記福岡高裁判決が「法の空白」としているのは、ここでいう「法の欠缺」と理解すべきであろう。

5　通達の逆基準性―会計慣行制定機能

　しばしば通達には逆基準性機能があるといわれる。

　この機能は、特に法人税法との関係においてみられるものである。ある取引について、企業会計上、複数の会計処理が認められている場合、企業は自ら適切と判断するものを継続適用を条件に選択する。そして、法人税法22条《各事業年度の所得の金額の計算》4項は、法人税法上別段の定めがあるものを除き、法人の所得計算の基礎となる収益及び費用等の額は「一般に公正妥当と認められる会計処理の基準に従って計算されるもの」とし、「一般に公正妥当と認められる会計処理の基準」（以下「公正処理基準」ともいう。）に従った企業の選択した会計処理を尊重する姿勢をとっている。これを企業会計準拠主義という。

　しかし、企業が選択した会計処理が課税上適切でないと判断された場合には、課税庁は、残された会計処理の中から法人税法上適切なものを選択し課税処分を行う。このように、法人税法の観点から会計処理が取捨選択されることにより、法人税法がリードする形で会計慣行が形成されることがあり得る。これは企業会計準拠主義とは逆に、租税法が企業会計に影響を与えることを意味する。その要因は、納税者は課税庁との摩擦を避けるために、企業会計においても法人税法上の会計処理や基準をそのまま取り入れることが多いからである（岡村・法人税法39頁）。また、別段の定めによる会計処理とその強制も、企業会計や会計慣行を大きく左右している。そして、その別段の定めについては各種の通達が発遣されており、企業会計や会計慣行に影響を与えている。このようなことから、企業は通達に従った会計処理をとる傾向にある。こうした租税法による企業会計の実質的な支配を「逆基準性」と呼ぶ。

第3節　通達の機能

　金子宏教授は、①一定の支出又は損失の損金算入については損金経理が要件とされているため、租税会計が法人会計に影響を及ぼすことが少なくないこと、②企業会計の基準の明確でない問題について、租税の世界で形成された基準が企業会計に影響を及ぼす例が少なくないこと、の２つの理由から、逆基準性が生ずることが少なくないとされる（金子・租税法322頁）。

　金子教授の見解に従えば、企業会計原則は、多くの重要な事項について定めているが、その内容は、どちらかといえば原理的・基本的な事項に限られている。また、確立した会計慣行の範囲もそれほど広くはない。むしろ、法人税法の解釈適用上、収益・費用等の意義と範囲並びにそれらの年度帰属をめぐって生ずる問題については、企業会計原則には定めがなく、また、確立した会計慣行も存在していない場合が非常に多い。仮に、企業会計原則に何らかの定めがある場合でも、その内容が明確ではないことが少なくない。その意味では、企業会計の網の目は極めて粗いといわなければならない。しかも、企業経営における法人税の重要性の増大と租税争訟の増加に伴って、新しい問題が次々と生じているのである。結局、これらの場合に、何が公正妥当な会計処理の基準であるかを判定するのは、国税庁や国税不服審判所の任務であり、最終的には裁判所の任務である。したがって、この点に関する通達・裁決例・裁判例等は、企業会計の内容を補充する機能を果たしており、租税会計が逆に企業会計に影響を与えているというのである（金子・租税法323頁）。

　この点に関して、いわゆる興銀事件控訴審東京高裁平成14年３月14日判決（民集58巻９号2768頁）の説示に関心を寄せる必要があろう。

> 「同条〔筆者注：法人税法22条〕４項は、当該事業年度の収益の額及び損金の額に算入すべき金額は、一般に公正妥当と認められる会計処理の基準に従って計算されるものとする旨を定めている。これは、法人所得の計算が原則として企業利益の算定技術である企業会計に準拠して行われるべきことを意味するものであるが、企業会計の中心をなす企業会計原則（昭和24年７月９日経済安定本部企業会計制度調査会中間報告）や確立した会計慣行は、網羅的とはいえないため、国税庁は、適正な企業会計慣行を尊重しつつ個別的事情に即した弾力的な課税処分を行うための基準として、基

第1章　通達とは

> 本通達（昭和44年5月1日直審（法）25（例規））を定めており、企業会計上も同通達の内容を念頭に置きつつ会計処理がされていることも否定できないところであるから、同通達の内容も、その意味で法人税法22条4項にいう会計処理の基準を補完し、その内容の一部を構成するものと解することができる。」

　東京高裁は、このように説示して法人税法22条4項にいう「一般に公正妥当と認められる会計処理の基準」が通達によって形成される可能性を示している。同規定にいう「一般に公正妥当と認められる会計処理の基準」とは必ずしも会計学上の処理基準のみを指すものではないと解されているが、そうであるからといって、通達がはたして、「一般に公正妥当と認められる会計処理の基準」としての適格性を有するものと解するべきか否かについては議論のあるところである（酒井・プログレッシブⅠ98頁）。

　東京高裁は上記のように説示した上で、金銭債権について、貸倒れによる損金算入の時期を人為的に操作し、課税負担を免れるといった利益操作の具に用いられる余地を防ぐためにも、全額回収不能の事実が債務者の資産状況や支払能力等から客観的に認知し得た時点の事業年度において損金の額に算入すべきものとすることが、一般に公正妥当と認められる会計処理の基準に適合するものというべきであり、以下に示す法人税基本通達9－6－2も、このことを定めたものということができるとして通達の取扱いを妥当とする。

法人税基本通達9－6－2《回収不能の金銭債権の貸倒れ》
　法人の有する金銭債権につき、その債務者の資産状況、支払能力等からみてその全額が回収できないことが明らかになった場合には、その明らかになった事業年度において貸倒れとして損金経理をすることができる。この場合において、当該貸金等について担保物があるときは、その担保物を処分した後でなければ貸倒れとして損金経理をすることはできないものとする。

　また、以下に示す法人税基本通達9－6－1(4)等についても妥当とした上で、「その場合の損金算入時期についても、これを恣意的に早め、あるいはこれを遅らせるなどして、課税を回避するための道具として利用することは、法人税法の企図する公平な所得計算の要請に反し、一般に公正妥

当と認められる会計処理の基準に適合するとはいえないのであって、その許されないことは当然である。」とする。

> **法人税基本通達９－６－１《金銭債権の全部又は一部の切捨てをした場合の貸倒れ》**
> 　法人の有する売掛金、貸付金その他の債権（以下この節において「貸金等」という。）について次に掲げる事実が発生した場合には、その貸金等の額のうち次に掲げる金額は、その事実の発生した日の属する事業年度において貸倒れとして損金の額に算入する。
> 　㈣　債務者の債務超過の状態が相当期間継続し、その貸金等の弁済を受けることができないと認められる場合において、その債務者に対し書面により明らかにされた債務免除額

　もっとも、この東京高裁の判断は、上告審最高裁平成16年12月24日第二小法廷判決（民集58巻9号2637頁）[6]において否定されている。最高裁は上記のような説示を行っていないため、同様の見解を最高裁が採用しているとはいえないが、東京高裁の説示のインパクトは大きく、通達をめぐる議論が湧出することになった。

6　公務員にとってのセーフハーバー機能

　法令解釈について見解や実務上の取扱いに複数の可能性があり、通達と異なる判例がない場合に、公務員が通達を正当なものとして通達に従い公務を遂行したときには、後にその執行が違法と判断されたとしても、公務員に国家賠償法上の過失があったとはされないという理解が定着している。

6　判例評釈として、品川芳宣・税研121号103頁、福家俊朗・判時1906号195頁、佐藤英明・ジュリ1310号180頁、谷口勢津夫・民商133巻3号120頁、阪本勝・曹時58巻5号186頁、大淵博義・税通61巻12号36頁、13号47頁、14号53頁、中里実・租税判例百選〔第4版〕106頁、吉村政穂・租税判例百選〔第6版〕108頁、酒井克彦・会社法務A2Z 67号60頁など参照。

第1章　通達とは

　最高裁平成16年1月15日第一小法廷判決（民集58巻1号226頁）[7]は、次のように判示して、通達に従った処理を行った行政官の過失を否定している。

> 「在留資格を有しない外国人が国民健康保険の適用対象となるかどうかについては、定説がなく、下級審裁判例の判断も分かれている上、本件処分当時には、これを否定する判断を示した東京地裁平成6年（行ウ）第39号同7年9月27日判決・行裁集46巻8・9号777頁があっただけで、法5条の解釈につき本件各通知と異なる見解に立つ裁判例はなかったというのであるから、本件処分をした被上告人横浜市の担当者及び本件各通知を発した被上告人国の担当者に過失があったということはできない。そうすると、被上告人らの国家賠償責任は認められない」

　最高裁は、このように判示し、在留資格を有しない外国人を国民健康保険の適用対象として認めない厚生省通知に従ってなされた被保険者証交付拒否処分は違法であるが、当該通知（通達）には相当の根拠があり、在留資格を有しない外国人が適用対象となるかどうかについて定説がなかった状況からすると、当該通知を発した国の公務員及び処分をなした地方公共団体の公務員に過失があったとはいえないとしたのである。

　また、通達ではないが、省令が法の委任を超えるものか否かが争われた事例である面会不許可処分取消等請求事件上告審最高裁平成3年7月9日第三小法廷判決（民集45巻6号1049頁）[8]は、次のように判示している。

7　判例評釈として、福井章代・曹時58巻12号124頁、同・平成16年度最高裁判所判例解説〔民事篇〕〔上〕70頁、同・ジュリ1281号153頁、近藤敦・法セ49巻5号112頁、高藤昭・法セ49巻5号70頁、早川智津子・季労205号195頁、稲森公嘉・民商131巻1号127頁、高杉直・ジュリ1282号220頁、三木恵美子・法セ50巻2号36頁、又坂常人・平成16年度重要判例解説〔ジュリ臨増〕40頁、杉山正己・平成16年度主要民事判例解説〔判タ臨増〕256頁、梶哲教・行政判例百選Ⅱ〔第5版〕454頁、国京則幸・社会保障判例百選〔第4版〕34頁、太田匡彦・地方自治判例百選〔第4版〕21頁など参照。

8　判例評釈として、吉田敏雄・ジュリ988号51頁、増井和男・曹時43巻10号186頁、田中舘照橘・法令解説資料総覧121号84頁、平岡久・判時1424号154頁、大浜啓吉・平成3年度重要判例解説〔ジュリ臨増〕35頁、加藤就一・平成3年度主要民事判例解説〔判タ臨増〕282頁、岡崎勝彦・行政判例百選Ⅰ〔第3版〕104頁、横田光平・法協110巻7号1065頁、村田尚紀・憲法判例百選Ⅱ〔第4版〕462頁、岡崎勝彦・行政判例百選Ⅰ〔第5版〕98頁、筑紫圭一・行政判例百選Ⅰ〔第6版〕106頁など参照。

> 「思うに、規則〔筆者注：監獄法施行規則〕120条（及び124条）が被勾留者と幼年者との接見を許さないとする限度において法〔筆者注：監獄法〕50条の委任の範囲を超えた無効のものであるということ自体は、重大な点で法律に違反するものといわざるを得ない。しかし、規則120条（及び124条）は明治41年に公布されて以来長きにわたって施行されてきたものであって…、本件処分当時までの間、これらの規定の有効性につき、実務上特に疑いを差し挟む解釈をされたことも裁判上とりたてて問題とされたこともなく、裁判上これが特に論議された本件においても第一、二審〔筆者注：第一審東京地裁昭和61年9月25日判決・民集45巻6号1069頁、控訴審昭和62年11月25日判決・民集45巻6号1089頁〕がその有効性を肯定していることはさきにみたとおりである。そうだとすると、規則120条（及び124条）が右の限度において法50条の委任の範囲を超えることが当該法令の執行者にとって容易に理解可能であったということはできないのであって、このことは国家公務員として法令に従ってその職務を遂行すべき義務を負う監獄の長にとっても同様であり、監獄の長が本件処分当時右のようなことを予見し、又は予見すべきであったということはできない。…右に説示したところによれば、所長が右の接見を許可しなかったことにつき国家賠償法1条1項にいう『過失』があったということはできない。」

このように、最高裁は、規則が長きにわたって施行され、その間これらの規定の有効性に実務上特に疑いを差し挟む解釈がされなかったなどの事情があるときは、拘置所長が未決勾留により拘禁された者と14歳未満の者との接見を許さない旨の違法な処分をしたことにつき国家賠償法1条1項にいう過失があったということはできないと判断している。

　🔎　そもそも、法令解釈につき争いがある場合などのケースにおいて、公務員が採用した法解釈が明らかに違法なものであるとされない限り、一定の努力の下で、争われている解釈論を採用したことにつき、国家賠償法上の「過失」が肯定されることに、最高裁は消極的であるように思われる。最高裁昭和46年6月24日第一小法廷判決（民集25巻4号574頁）[9]は、次のように論じて、通達に従って処理をした公務員の「過失」を否定している。

　「未登記立木に対する強制執行の方法については、有体動産の執行手続によるとする説、立木伐採権を執行の対象として民訴法625条の特別換価手続によるとする説ならびに不動産の執行手続によるとする説の三様の見解が存し、全国の裁判所の実務上の取扱いとしても、立木伐採権に対する執行手続による例が多数ではあるが、有体動産の執行手続による例も少なくないことが認められ、A執行吏は、本件強制執行の委任を受けた際、参考書等に基づき一応の調査を

---

[9] 判例評釈として、中野貞一郎・民商66巻4号142頁、古崎慶長・判タ267号72頁、野田宏・曹時24巻3号180頁、石川明・民事執行法判例百選128頁、齋藤哲・民事執行・保全判例百選118頁など参照。

したうえ、有体動産の執行手続によるのを正当と判断してその執行をしたというのである。そして、右の有体動産の執行手続によるべきものとする見解についてみるに、その論拠とするところには、一応首肯するに足りるものが認められる。このように、ある事項に関する法律解釈につき異なる見解が対立し、実務上の取扱いも分かれていて、そのいずれについても相当の根拠が認められる場合に、公務員がその一方の見解を正当と解しこれに立脚して公務を執行したときは、のちにその執行が違法と判断されたからといって、ただちに右公務員に過失があったものとすることは相当でない。」

　これらの判決の態度からも分かるように、公務員は通達（面会不許可処分取消等請求事件では規則）に従っている以上、そこに明らかな違法がない限り責任を問われないものと解され、通達は公務員の立場からすれば、いわばセーフハーバー（安全地帯）となっているともいえよう。

7　納税者にとってのセーフハーバー機能

　通達は公務員にとってのセーフハーバーである反面、納税者にとってもセーフハーバーとなることがある。すなわち、通達で示されているとおりに処理を行っていれば、あるいは通達の考え方に従って処理を行っていれば、更正処分等の行政庁からの国家権力による処分を受けることがないという意味におけるセーフハーバーである。

　もっとも、通達はこれまで述べてきたとおり、法律ではないから、税務処理の法的根拠としては十分ではない。そのことは、通達のとおりに処理を行っていることが必ずしも行政処分を受けないという意味を有しないということも意味している。通達に従った処理を行っていたのにもかかわらず、行政処分を受けたという場合には、信義則違反や平等原則違反を主張して処分の違法性を行政庁に対して訴えることが可能ではあるが、これらの主張が必ずしも通る保証はない。

　松江地裁平成13年10月24日判決（税資251号順号9010）の事例において、原告（納税者）は、法人税基本通達に明示された要件が、企業会計上の重要性の原則及び継続性の原則を前払費用の税務上の処理の場合に具体化したものであり、その文言以上の要件を付け加えることは、租税法律主義

（課税要件明確主義）に反し、許されないと主張した。

これに対して裁判所は、「課税処分の適法性を判断すべき基準（裁判規範）となり得るのは、あくまでも課税処分の根拠となる法規であって、通達である本件法人税法基本通達〔ママ〕が直ちにこの判断基準となり得ない」とし、「法人税法は、当該事業年度の損金の額は、特別の規定のない限り、一般に公正妥当な会計処理の基準に従って計算すべきである旨規定しているから（同法22条4項）、損金の額に算入すべき否かの判断も、上記公正妥当な会計処理の基準とされている企業会計原則等に従って判断すべきは当然であり、本件法人税法基本通達〔ママ〕にこれが明文で規定されていないからといって、課税要件明確主義に反するとはいえない。」として原告の主張を排斥している。

また、原告は、本件法人税基本通達の要件に関する自己の主張が正しい根拠として、同通達の解釈に関する諸文献、通達改正の経緯を縷々主張した。しかし、裁判所は、「本件処分の適否を判断する基準となり得るのは、あくまで根拠法規であり、仮に、原告の主張が、税務当局の発する通達の解釈として正しいとしても、それに反する課税処分が違法であるとは直ちにいえない」とした上で、「本件法人税法基本通達〔ママ〕は、前払費用について、同通達どおりの会計処理がなされる場合には通常、重要性の原則や継続性の原則を充たすことから、…大量回帰的な税務行政を統一的、効率的に処理をするために、その取扱いを下級行政機関に示したものにすぎないのであり、これをもって、直ちに課税処分の違法性を判断する基準とすることはできないのである。」と断じた。

8　小　括

通達の機能としては、本節で確認した7つのほかにも、ある種のベンチマーク機能などその他の諸機能を挙げることもできるが、総じて通達は、各行政庁やその職員である公務員に対する影響のみならず、行政の外部者である国民にも大いなる影響を及ぼしているといえるだろう。

この点は、次の「通達の事実上の支配」において詳しく述べたい。

第4節　通達の実質的支配力

> **ポイント**
>
> 通達は国民や裁判所に対する拘束力を有しない。しかし、例えば、加算税通達は、加算税の賦課を免除することができる「正当な理由」の解釈において、通達の示した見解に変更があった場合を例に挙げている。すると、この通達は、通達が外部拘束力を有しないという点を無視したものなのかという疑問が浮上する。ここでは、国税庁が自らの発遣する通達をどのように捉えているのかという点について考えてみたい。国税庁はどのような「通達観」を有しているのであろうか。

1　問題意識

　古い判決には、通達が規範的性格を有することは否めないとしたものがある。

　例えば、福岡地裁昭和32年2月4日判決（税資39号219頁）は、通達の意義について、次のように説示し、規範的性格を有することを否定していない。

> 「税務官庁において、訓令、指令、示達、通牒、通達、回答などの名称を以ってだされるいわゆる取扱通達は、税務官庁の系統的組織内において、租税法規、財政会計法規、行政組織法規と共に、具体的な執務の基準を示すことを目的として出されているものであって、法令として上級機関から下級機関を拘束するものとして出されているものに属しないから一般の第三者に対しては勿論法的拘束力を有することはない。しかしながら純然たる税務官庁自体の事務規程としての取扱通達はともかくとして、右通達は一般に公用されており、官庁内部の秘密事項ではないのであって税務諸官庁は一応その通達に依拠して実務を処理する現状である以上、納税者その他外部関係者との交渉をもつ事項、特に租税法規の具体的解釈を内容としているものなどについては、租税法規の補充として、それ自体事実上規範的性格を有する面があることは認めざるをえない。」

　このような判断は最近では見られないものの、それでも、通達が国民生活に多大なる影響を及ぼすであろうことは想定し得るところである。

　国税庁長官は、通達制定に関し、原則として個別の国民の権利に対応し

た関係での法的義務を負うものではなく、通達制定行為が国家賠償法１条１項に違法とされるのは、その内容が租税法の一義的な文書に違反し、全く根拠のないのに制定されたような例外的な場合に限られるとした事例として、大阪高裁平成９年４月15日判決（訟月44巻８号1461頁）がある。

> 「通達、なかでも、国税庁長官の制定する基本通達は、租税法律主義の下において、事実上、重要な対外的機能を有している。すなわち、右通達に示される解釈、取扱い基準によって課税が行われ、国民の権利義務に直接変動を及ぼしているのである。このような通達の重要性に鑑みれば、租税法律主義に照らし、通達の制定に当っては、法律の範囲内で、これに反することのないように慎重かつ適正に制定すべき注意義務がある。そして、その違法性は、国税庁長官として、租税基本通達を出すという職務行為をするに際しての基準に照らし判断すべきである。」

同高裁は上記のように説示した上で、「国民の権利義務に直接変動を及ぼしている」との判断を示している。

通達はそれなりの「重み」を持って取り扱われる場合（松永邦男「政令、府省令、規則、訓令・通達」大森政輔＝鎌田薫涌『立法学講義〔補遺〕』232頁（商事法務2011））が少なくないので、以下では、国民の権利義務に影響を及ぼす通達の実質的支配力について考えてみたい。

一例として、過少申告加算税の免除要件の一つである「正当な理由があると認められる場合」に係る国税庁の通達を素材としよう。

２　国税通則法65条４項にいう「正当な理由」

国税通則法65条《過少申告加算税》１項及び２項に規定する「正当な理由があると認められる場合」について、国税庁がどのようにこの「正当な理由」を捉えているのかについて、平成12年７月３日付け（改正平成24年10月19日）国税庁長官通達「申告所得税及び復興特別所得税の過少申告加算税及び無申告加算税の取扱いについて（事務運営指針）」（以下「申告所得税に係る加算税通達」という。）を素材に概観しておきたい。

同通達は次のように示している。

第1章　通達とは

> 課所 4 − 16
> 課資 3 − 5
> 課料 3 − 9
> 査察 1 − 25
> 平成12年 7 月 3 日
> 改正　平成24年10月19日
>
> 国税局長　殿
> 沖縄国税事務所長　殿
>
> 　　　　　　　　　　　　　　　　　　　　　　　国税庁長官
>
> **申告所得税及び復興特別所得税の過少申告加算税及び無申告加算税の取扱いについて（事務運営指針）**
>
> 　標題のことについて、国税通則法（以下「通則法」という。）第65条及び第66条の規定の適用に関し留意すべき事項等を下記のとおり定めたから、今後処理するものからこれにより取り扱われたい。
>
> （趣旨）
> 　申告所得税及び復興特別所得税の過少申告加算税及び無申告加算税の賦課に関する取扱基準の整備等を図ったものである。
>
> 　　　　　　　　　　　　　　　　記
>
> 第1　過少申告加算税の取扱い
> （過少申告の場合における正当な理由があると認められる事実）
> 1　通則法第65条の規定の適用に当たり、例えば、納税者の責めに帰すべき事由のない次のような事実は、同条第4項に規定する正当な理由があると認められる事実として取り扱う。
> 　⑴　税法の解釈に関し、申告書提出後新たに法令解釈が明確化されたため、その法令解釈と納税者の解釈とが異なることとなった場合において、その納税者の解釈について相当の理由があると認められること。
> 　　(注)　税法の不知若しくは誤解又は事実誤認に基づくものはこれに当たらない。

　上記申告所得税に係る加算税通達の引用部分は、申告書提出後、新たに法令解釈が明確化されたことにより、新たに明確化された法令解釈と申告

時に納税者が採った解釈とが異なることとなった場合に、納税者がそのような解釈を採用したことに相当の理由があると認められる場合には、加算税免除要件としての「正当な理由」があると認定するというものである。

さて、ここにいう「法令解釈が明確化された」とは何を意味するのであろうか。法令解釈とは誰が行うものであろうか。納税者が行うものも法令解釈であり、租税行政庁が行うものも法令解釈である。また、裁判所が行うものも法令解釈である。

この点、上記通達が念頭においている法令解釈には2つの意味があると思われる。すなわち、「法令解釈が明確化された」とは、①新通達の発出と、②新判例の登場のことである。そして、それに基因して、これまでの取扱いと大きく変わった場合、当初の取扱いに基づいて行った申告には正当な理由があるものとして加算税の適用はないとするのである。もっとも、新判例の登場（②）とはいっても、何をもって新判例の登場というのかという問題も惹起されることからすれば、ここでは、租税行政庁が新たな「判例」と理解すべきとする裁判所による法律上の判断をいうのであろう。したがって、上記通達にいう「法令解釈」とは、租税行政庁が判断した「法令解釈」と解される。

> ✎ ある租税法の条文の解釈について、A説、B説、C説と解釈が分かれる場合、各税務署長がそれぞれ独自に解釈したのでは不統一となり、平等原則に反することになる。そこで、上級行政官庁である国税庁長官が下級行政官庁である国税局長等に対して通達という形式で解釈基準を示すことが多いが、このように解釈基準を示す通達は、上級行政官庁の下級行政官庁に対する指揮権の一環として発せられるもので、上級行政官庁の下級行政官庁に対する訓令としての性格をもつ（宇賀・行政法Ⅰ286頁）。すなわち、事務運営上の命令のみならず、法令解釈通達も指揮権に基づくものである。

図表1－6　法令解釈が明確化された場合

第1章 通達とは

　すると、当然ながら、法令解釈通達とされている基本通達はその1つであり、法令解釈通達が発出されたということが加算税免除要件としての「正当な理由」を考える契機になるということである。すなわち、ここでは、納税者が「通達」に相当の影響を受けて申告を行うことを前提としているということになる。これが、上記申告所得税に係る加算税通達における「通達観」である。申告所得税に係る加算税通達は「通達」というものをこのようにみているのである。換言すれば、納税者は通達に従った処理を行うであろうということがある程度想定されているといえよう。そうであるからこそ、納税者が、例えば、旧通達に従って誤った申告をしたとしても、その場合には納税者の責めに帰すべき事由がない場合に当たるとして、加算税免除要件としての「正当な理由」に該当する事実として掲げているのである。

　そうすると、これまでに述べてきた内容と少しずれが生じてはいないか。すなわち、通達は、あくまでも上級官庁が下級官庁に対して指揮権の行使として発遣するものであるから、その拘束力は行政庁内部にとどまり、納税者や裁判所を拘束するものではないと行政法の教科書には必ず書いてあるわけであるが、実態としては国税庁自身も自らの発遣する通達に従って納税者が申告を行うことを前提にして、通達を発遣しているのである。

　はたして、法律による行政の原理を貫くべき租税行政庁が、納税者が通達に従ってあるいは影響を受けて法の解釈適用を行っているということを前提とした行政執行することに問題はないのであろうか。

　この点について、最近の裁判例を取り上げてさらに深くみていきたい。

3　最高裁平成27年6月12日第二小法廷判決

(1)　事案の概要

　本件は、原告である亡A（控訴提起後に死亡したため、相続人X（控訴人・上告人）らが訴訟を承継）が航空機リース事業を営む匿名組合から受けた利益（損失）の分配の所得区分が問題となった事件である。

本件では、申告当時、匿名組合員が営業者から受ける利益の分配の所得区分は営業者の営業の内容に従うものとする旨の通達があったため、亡Aは、同通達に従い不動産所得として申告したものであり、国税通則法65条4項の「正当な理由」に当たると主張していた。このように本件は申告当時と申告後で通達の取扱いが変更されたか否かについて争われたのである。ここでは、この加算税免除要件としての「正当な理由」該当性の問題についてのみ取り上げることとする。
　ここで、通達の取扱いを確認しておこう。
　匿名組合契約に基づき匿名組合員が営業者から受ける利益の分配に係る所得区分について、平成17年12月26日付け課個2－39ほかによる改正（以下「平成17年通達改正」という。）前の所得税基本通達36・37共－21（以下「旧通達」という。）においては、原則として、営業者の営む事業の内容に従い事業所得又はその他の各種所得に該当するものとされ、例外として、営業の利益の有無にかかわらず一定額又は出資額に対する一定割合により分配を受けるものは、貸金の利子と同視し得るものとして、その出資が匿名組合員自身の事業として行われているか否かに従って事業所得又は雑所得に該当するものとされていた。つまり、営業者から受ける分配金は、原則として営業者の行う事業内容に従って事業所得又はその他の所得に分ける。ただし、例外として出資の額に応じて一定の割合で受けるものは貸金の利子と同様のため、雑所得とするとしていた。ところが、通達が大幅に改正され、原則と例外が入れ替わる内容となった（旧通達に対する改正提案は、酒井克彦「匿名組合契約に基づく分配金に係る所得区分―いわゆる航空機リース事件の検討を契機として―」税大ジャーナル2号96頁参照）。つまり、原則は雑所得、例外を事業内容に応じて、事業所得又はその他の所得になるとされたのである。

第1章 通達とは

図表1-7　匿名組合通達の解釈変更

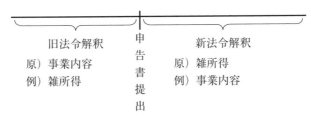

　上記のとおり、申告所得税に係る加算税通達では、「税法の解釈に関し、申告書提出後新たに法令解釈が明確化されたため、その法令解釈と納税者の解釈とが異なることとなった場合」には「正当な理由」に該当するとされており、本件はこの通達にいう「正当な理由」に該当するかが争われた。しかし、通達がいかなる内容であろうと通達は法令でないため、納税者はそれに拘束されないはずである。判決をみてみよう。

(2)　判決の要旨
ア　東京高裁平成24年7月19日判決
　原審である東京高裁平成24年7月19日判決（税資262号順号12004）は、次の2つの理由から、更正処分及び加算税賦課決定処分は適法であり、正当な理由に当たらないと判断した。

> 「(1)　本件リース事業につき生じた損失のうち本件匿名組合契約に基づくAへの損失の分配として計上された金額は、同人の所得の金額の計算において、所得税法26条1項に定める不動産所得に係る損失に該当せず、同法69条に定める損益通算の対象とならない。
> 　(2)　新通達をもって、匿名組合契約に基づき匿名組合員が営業者から受ける利益の分配に係る所得区分の判断につき従前の行政解釈が変更されたものと評価することはできず、旧通達の下においても、本件匿名組合契約に基づく利益の分配は雑所得として取り扱われることになると解されるのであるから、Aの本件各申告に国税通則法65条4項にいう『正当な理由』があるということはできない。」（最高裁判決による要旨）

イ　最高裁平成27年6月12日第二小法廷判決
　これに対して、上告審最高裁平成27年6月12日第二小法廷判決（裁時

1629号16頁）は、原審の上記(1)の判断は是認することができるが、同(2)の判断は是認することができないとした。すなわち、本件は申告所得税に係る加算税通達にいう「正当な理由」に当たると判断したのである。その理由は、次のとおりである。

> 「匿名組合契約に基づき匿名組合員が営業者から受ける利益の分配に係る所得区分について、旧通達においては、…その利益の分配が貸金の利子と同視し得るものでない限り、個別の契約において匿名組合員に営業者の営む事業に係る重要な意思決定に関与するなどの権限が付与されているか否かを問うことなく、匿名組合員が実質的に営業者と共同して事業を営む者としての地位を有するものといえるという理解に基づいて、当該事業の内容に従い事業所得又はその他の各種所得に該当するものとされていたものと解される。これに対し、新通達においては、…当該事業の内容に従い事業所得又はその他の各種所得に該当し、それ以外の場合には、匿名組合員にとってその所得が有する性質に従い雑所得に該当するものと解する見解に立って、前記…の取扱いが示されるに至ったものと解される。このように、旧通達においては原則として当該事業の内容に従い事業所得又はその他の各種所得に該当するものとされているのに対し、新通達においては原則として雑所得に該当するものとされている点で、両者は取扱いの原則を異にするものということができ、また、当該契約において匿名組合員に…意思決定への関与等の権限が付与されていない場合（当該利益の分配が貸金の利子と同視し得るものである場合を除く。）について、旧通達においては当該事業の内容に従い事業所得又はその他の各種所得に該当することとなるのに対し、新通達においては雑所得に該当することとなる点で、両者は本件を含む具体的な適用場面における帰結も異にするものということができることに鑑みると、平成17年通達改正によって上記の所得区分に関する課税庁の公的見解は変更されたものというべきである。」

最高裁は、上記のように通達を位置付けている。通達をどのように解釈するのかが、ここで着目をしたい点である。最高裁は次のように続ける。

> 「少なくとも平成17年通達改正により課税庁の公的見解が変更されるまでの間は、納税者において、旧通達に従って、匿名組合契約に基づき匿名組合員が営業者から受ける利益の分配につき、これが貸金の利子と同視し得るものでない限りその所得区分の判断は営業者の営む事業の内容に従ってされるべきものと解して所得税の申告をしたとしても、それは当時の課税庁の公的見解に依拠した申告であるということができ、それをもって納税者の主観的な事情に基づく単なる法律解釈の誤りにすぎないものということはできない。」

すなわち、最高裁も、税務当局が発遣した通達に従って納税者が申告を行うと考えているのである。言い換えると、教室事例では通達に法的根拠はないとされているが、実際には納税者は通達に従って申告をしていると

いう実態があり、最高裁はそこに着眼しているのである。通達にはもちろん法的拘束力はないのであるが、実態をみると多くの納税者は税務通達に従った申告をしており、そのような実態がある限りにおいては、これを単なる法令解釈の誤りにすぎないとすることはできないと論じているのである。

まさに申告所得税に係る加算税通達が、実は納税者が通達に従って申告をしていることを前提とした通達観を基礎として発遣されていると述べたが、本件の最高裁の通達観にも近いものがあるといえよう。その結果、本件は「正当な理由」に該当するという結論に至ったわけである。

4 通達の実質的支配力

通達は、法規としての外部効果をもつものではないが、関係する私人に対しても実際上の効果を有するし、その効果の存在は学説も認めるところである（塩野・行政法Ⅰ117頁）。租税法の学説も、実際には、日々の租税行政が通達に依拠して行われ、納税者の側で争わない限り、租税法の解釈・適用に関する大多数の問題が、通達に即して解決されることになるという点から、現実的問題として、通達の機能には法源と同様のものがあるとする（金子・租税法110頁）。

また、判例においてもその点を認めているものがある。

例えば、いわゆる在ブラジル被爆者健康管理手当不支給事件上告審最高裁平成19年2月6日第三小法廷判決（民集61巻1号122頁）がある。これは信義則の適用が争われた事例であるが、事実の概要は次のとおりである。

被上告人（原告・控訴人）らは、原子爆弾による被爆者であり、戦後ブラジルに移住していた。その後、日本に一時帰国し、旧「原子爆弾被爆者に対する特別措置に関する法律」及び「原子爆弾被爆者に対する援護に関する法律」（被爆者援護法）に基づき健康管理手当の支給を申請し、5年間の期間指定のある健康手当受給権を認められた。その後、被上告人らはブラジルに出国したため、広島県知事は、被爆者が日本の領域を越えて居住地を移した場合、健康管理手当受給権は失効する旨の通達（昭和49年7月

22日付け通達「原子爆弾被爆者の医療等に関する法律及び原子爆弾被爆者に対する特別措置に関する法律の一部を改正する法律等の施行について」(402号通達))に基づいて、同人らに対する健康管理手当の支給を打ち切った。しかし、被爆者援護法には、被爆者が国外に居住地を移したことをもって健康管理手当受給権を失権させる旨の規定を置いていなかったことから、402号通達は廃止された。そこで、広島県知事は、被上告人らに健康管理手当の支給を再開したが、支給月の末日から起算して5年を経過した分に関しては、地方自治法の規定により時効消滅しているという理由で支給を行わなかった。これに対して、被上告人らは、広島県（被告・被控訴人・上告人）を相手取り、未支給の健康管理手当の支給を求める訴訟を提起した。

　最高裁は、次のように判示して、通達の発遣があったことが信義則の適用の根拠となるとしているのである。

> 「以上のような事情の下においては、上告人が消滅時効を主張して未支給の本件健康管理手当の支給義務を免れようとすることは、違法な通達を定めて受給権者の権利行使を困難にしていた国から事務の委任を受け、又は事務を受託し、自らも上記通達に従い違法な事務処理をしていた普通地方公共団体ないしその機関自身が、受給権者によるその権利の不行使を理由として支払義務を免れようとするに等しいものといわざるを得ない。そうすると、上告人の消滅時効の主張は、402号通達が発出されているにもかかわらず、当該被爆者については同通達に基づく失権の取扱いに対し訴訟を提起するなどして自己の権利を行使することが合理的に期待できる事情があったなどの特段の事情のない限り、信義則に反し許されないものと解するのが相当である。」

　上記判示部分は通達をめぐる最高裁の判断として極めて重要なポイントを示すものであり、このような考え方は様々なところで論じられてきたところでもある。

　租税訴訟を例にとれば、いわゆる親会社ストック・オプション訴訟最高裁平成18年10月24日第三小法廷判決（民集60巻8号3128頁）[10]が、次のように述べて、通達が有する納税者への影響を重視して、納税者に向けて通達

---

[10] 判例評釈として、増田稔・平成18年度最高裁判所判例解説〔民事篇〕〔下〕1116頁、同・曹時60巻11号275頁、藤谷武史・平成19年度重要判例解説〔ジュリ臨増〕42頁、高須要子・平成19年度主要民事判例解説〔別冊判タ〕282頁、小林博志・判時1978号168頁、酒井・正当な理由151頁など参照。

第1章　通達とは

を明らかにすべき措置を講ずべきとまで論じたのである。

> 「課税庁が従来の取扱いを変更しようとする場合には、法令の改正によることが望ましく、仮に法令の改正によらないとしても、通達を発するなどして変更後の取扱いを納税者に周知させ、これが定着するよう必要な措置を講ずべきものである。」

　このように通達の事実上の効果や影響力を前提とした最高裁判断が示されている点は、通達の影響力を考える上で極めて注目すべき点であるといえよう。

　そして、このような影響力は実質的には支配力といってもよいであろう。上記にみたとおり、通達の実質的支配力は、判例や学説が認めるところである。国税庁は、このような通達の支配力を前提として、上記加算税の免除に関する取扱いを行っているということを確認することができる。

第2章

法治行政と通達

第1節　法治行政

> **ポイント**
>
> 　行政活動が法律に基づき行われなくてはならないことは当然の理である。特に租税法は国民の財産権に対する侵害規範であることから、租税法律主義の下、より一層の法治行政が求められる領域ともいえる。本節では、行政法における最も重要な基本原則である「法律による行政の原理」について概観するとともに、租税法分野に特に関わりの強い法の一般原則として、「適正手続の原則」及び「平等原則」についても確認してみたい。なお、これらは、本章の主題である「法治行政と通達」の関係を理解するに当たってその根底を基礎付けるものである。

　行政法において最も重要な基本原則が「法律による行政の原理」である。この原理は、行政活動が「法律に基づき」、「法律に則して」行われなくてはならないことをいう。これを「法治主義」と言い換えることもできる。

☞　「法治主義」と「法の支配の原理」
　「法治主義」とは、権力は法律に基づいて行使されなければならないという命題である。このことから、国民の代表者が決めた法律に基づく行政がなされなければならないという意味で使われることがあるとおり、法を至上のものと位置付ける考え方に接近していく。このような理解が、時には、悪法もいわば法であるとの認識の下で、無批判無限定に法の適用が行われるということもあり得るわけである。他面、法の支配の原理は、このような形式的な法の適用に対して、法の趣旨に基づく法の適用を念頭におく命題であるともいえる。法の支配の原理の下では、法が正義を伴って、多くの人に受け入れられるものであって初めて（正統性をもって初めて）適用されるものとの考え方に近づく。

　法律による行政の原理は、行政権が国民の自由や財産を侵害することを防止するという近代自由主義の思想から生まれ、国家は無制限な権力を有するものではなく、法律によらずしては国民の自由や財産を侵すことはできないとするものである。この点は、憲法30条や84条の要請する租税法律主義に大きなかかわりをもつ。この考え方は、権力分立主義と民主主義の結合によって成立したといわれている。

第2章　法治行政と通達

🖉　旭川市国民健康保険料事件の最高裁平成18年3月1日大法廷判決（民集60巻2号587頁）[1]は、「憲法84条は…国民に対して義務を課し又は権利を制限するには法律の根拠を要するという法原則を租税について厳格化した形で明文化したものというべき」と判示している。このように、同最高裁は、租税法律主義は、法律によらずして国民の財産を侵すことができないとする考え方を租税について厳格化したものとしての意味を有すると解するのである。

🖉　権力分立主義の見地からは、立法が一般的内容をもった法規を定め、行政がその法規を具体的事実に適用し執行するものとして行われ、立法、行政両機関が互いにその権限を守って侵さないことにより、初めて立法は恣意的でなくなり、行政は予測可能なものとなる（佐藤・行政法5頁）。

🖉　民主主義の見地からは、国民代表機関により定立される法律に従って行政が行われることになって、初めて治者と被治者の同一性が期待され得ることになる（佐藤・行政法5頁）。

法律による行政の原理の内容としては、①法律の法規創造力、②法律の優位、③法律の留保の3つが挙げられる。

☞　法律の法規創造力とは、法律によってのみ法規を創造することができるということを意味し、憲法41条の実質的内容にかかわる重要な原理である。

☞　法律の優位とは、国の立法機関によって定立される法律が行政機関の命令、規則又は処分に優位することをいう。

☞　法律の留保とは、国民の自由権や財産権への干渉については必ず立法事項とするというように、憲法は特定の事項について必ず法律によって規律せられるべきことを明らかにしているということをいう。

1　法律の留保

法律の法規創造力や法律の優位については目立った争いはさほどないが、法律の留保については学説上の大きな論争がある。すなわち、いかなる性質の行政活動について法律の根拠が必要とされるべきかという点についての議論であるが、ここでは、代表的な①侵害留保説、②全部留保説、③権力留保説、④重要事項留保説について概観しておくこととしよう。

---

[1]　判例評釈として、阪本勝・平成18年度最高裁判所判例解説〔民事篇〕〔上〕312頁、碓井光明・社会保障判例百選〔第4版〕14頁、原田大樹・行政判例百選Ⅰ〔第6版〕56頁、藤谷武史・租税判例百選〔第6版〕8頁、斎藤誠・地方自治判例百選〔第4版〕52頁、斎藤一久・憲法判例百選Ⅱ〔第6版〕432頁など参照。

① 侵害留保説…侵害行政についてのみ法律の根拠を要するとし、侵害行政以外の給付行政については法律の根拠を要しないとする考え方である。そもそも、自由主義的見地から法律の根拠を必要とすると考えると、便益を与える行政活動についてまで法律でしばる必要はないとするものであり、実務はこの考え方に従っている。
② 全部留保説…憲法が国民主権主義を採用している以上（憲前文1）、あらゆる行政活動は民主的正当性をもたなければならないのであるから、行政活動のすべてについて法律の根拠が必要と考えるのを相当とするという立場である。すべての行政活動に法律的手当てが必要となると、行政活動の自由度がなくなるため、現実問題としては、国民の要求に行政が迅速かつ柔軟に対応することができないという点が弊害として指摘されることになる。
③ 権力留保説…侵害留保説と全部留保説との間の中間説ともいうべき立場であり、権力的な行政活動については法律の根拠が必要と考えるものの、権力的でない場合には法律の根拠を要しないと考える立場である。したがって、この立場に従えば、給付行政かどうかというよりも、権力的行為である限り補助金交付のような場合でも法律的根拠を必要とすることになる。
④ 重要事項留保説…権力留保説と同様、いわば中間説に位置付けられる考え方であるが、重要な事項あるいは本質的な事項については法律の根拠を要するという考え方である。

2　行政法の一般原則

(1)　一般原則

　法律による行政の原理が行政法において最も重要な一般原則であるが、それ以外にも重要な一般原則がある。例えば、信義則の原則や権利濫用の禁止原則といったものは、民法上の原則にとどまることなく、およそ法律全般に適用されるべき考え方であるということもできよう。また、適正手続の原則、説明責任の原則、平等原則、比例原則、補完性の原則、効率性

の原則などが重要である。

なお、その他、公正性・透明性の原則や国民参加原則という一般原則もしばしば取り上げられるところであるが、これらは前述の諸原則に内包されるものといえよう。ここでは、租税法においても特に重要と思われる一般原則のうち、適正手続の原則及び平等原則について概観することとしたい。

> ☞ 比例原則とは、達成すべき目的に対して、その達成のために採られる手段たる制約の程度が過大であってはならないという目的と手段のバランスを要請する原則である。例えば、この原則の要請を受け、警察行政は目的のために必要な最小の限度で用いられるべきであるとされている。すなわち、警察行政は、①警察作用の発動は目的達成のために必要な場合でなければならないとする「必要性の原則」と、②警察作用の発動につき必要性が認められたとしても、その目的と手段とが相応している必要があり、これを逸脱した過剰な規制は許容されないとする「過剰規制の禁止」の両面から成り立っているが、これは比例原則の考え方に由来している。

(2) 適正手続の原則

行政活動は、内容的な適正性だけではなく、その手続面においても、適正なプロセスを経たものでなければならないという原則を適正手続（デュープロセス）の原則という。この根拠法は憲法31条に求められるところ、同条は刑事手続を中心に考えられてきたため、行政手続にこの条文の適用はないのではないかとする見解も有力であった。

ところが、新東京国際空港の規制区域内に所在する通称「横堀要塞」につき成田新法3条1項1号又は2号の用に供することを禁止した運輸大臣の処分が違憲無効とはいえないとされた、いわゆる成田新法事件上告審最高裁平成4年7月1日大法廷判決（民集46巻5号437頁）[2]は、憲法31条の規

---

2 判例評釈として、田中舘照橘・法令解説資料総覧128号94頁、野中俊彦・ジュリ1009号27頁、永田秀樹・法セ37巻11号122頁、飯村敏明・ひろば45巻12号32頁、渋谷秀樹・法教148号108頁、中谷実・セレクト'92 16頁、千葉勝美・曹時45巻3号187頁、田村和之・判評411号164頁、渡辺久丸・民商108巻4＝5号712頁、熊本信夫・平成4年度重要判例解説〔ジュリ臨増〕51頁、太田幸夫・平成4年度主要民事判例解説〔判タ臨増〕290頁、市川正人・法教206号34頁、同207号42頁、手島孝・憲法判例百選Ⅱ〔第4版〕252頁、木佐茂男・行政判例百選Ⅰ〔第5版〕244頁など参照。

定は必ずしも刑事手続にのみ適用されるものではないと判示したのである。

> 「憲法31条の定める法定手続の保障は、直接には刑事手続に関するものであるが、行政手続については、それが刑事手続ではないとの理由のみで、そのすべてが当然に同条による保障の枠外にあると判断することは相当ではない。
> しかしながら、同条による保障が及ぶと解すべき場合であっても、一般に行政手続は、刑事手続とその性質においておのずから差異があり、また、行政目的に応じて多種多様であるから、行政処分の相手方に事前の告知、弁解、防御の機会を与えるかどうかは、行政処分により制限を受ける権利利益の内容、性質、制限の程度、行政処分により達成しようとする公益の内容、程度、緊急性等を総合較量して決定されるべきものであって、常に必ずそのような機会を与えることを必要とするものではないと解するのが相当である。」

行政手続が適正であるべきことは、すでに行政手続法1条において明文化されている。

行政手続法1条《目的等》
　この法律は、処分、行政指導及び届出に関する手続並びに命令等を定める手続に関し、共通する事項を定めることによって、行政運営における公正の確保と透明性（行政上の意思決定について、その内容及び過程が国民にとって明らかであることをいう。…）の向上を図り、もって国民の権利利益の保護に資することを目的とする。

この行政手続法1条の規定は国税関係事務に適用されるのであろうか。そこで、この点を明らかにするためには、国税通則法74条の14を確認しておく必要がある。

国税通則法74条の14《行政手続法の適用除外》
　行政手続法…第3条第1項《適用除外》に定めるもののほか、国税に関する法律に基づき行われる処分その他公権力の行使に当たる行為…については、行政手続法第2章《申請に対する処分》（第8条《理由の提示》を除く。）及び第3章《不利益処分》（第14条《不利益処分の理由の提示》を除く。）の規定は、適用しない。
2　行政手続法第3条第1項、第4条第1項及び第35条第4項《適用除外》に定めるもののほか、国税に関する法律に基づく納税義務の適正な実現を図るために行われる行政指導…については、行政手続法第35条第3項《行政指導に係る書面の交付》及び第36条《複数の者を対象とする行政指導》の規定は、適用しない。

国税通則法74条の14第1項の規定に従えば、行政手続法3条《適用除

外》1項に定めるもののほか、国税に関する法律に基づき行われる処分その他公権力の行使に当たる行為については、行政手続法第2章《申請に対する処分》及び第3章《不利益処分》の規定は、適用しないとするだけであるから、同法1条の規定の適用はあると考えられる（なお、国税通則法74条の14第2項は、理由の提示に関するものである。）。

すなわち、国税に関する法律に基づき行われる処分その他公権力の行使に当たる行為についても、適正手続の原則は適用されると解されよう。

(3) 平等原則

清永敬次教授は、「通達に反する課税処分がそのことの故に直ちに違法となるわけではない」とした上で、「しかし、課税処分が通達に反するときは、平等原則又は信義則などの観点から、その課税処分の違法性が問題とされることがあることに注意しておく必要がある」と論じられる（清永・税法22頁）。また、塩野宏教授も、「裁量権の公正な行使の確保、平等取扱いの原則、相手方の信頼保護といった要請からすると、準則と異なった判断をするには、そのための合理的理由が必要であると解される」とされる（塩野・行政法Ⅰ118頁）。

これらの指摘のように平等原則や信義則の観点から、通達に反する課税処分が問題となる場面はあり得よう。

出入国管理及び難民認定法24条につき主任審査官には退去強制令書を発布するか否か（効果裁量）、発布するとしていつ発布するか（時の裁量）につき裁量がないとの主張を斥け、主任審査官にこれらの裁量が認められた事例として、東京地裁平成15年9月19日判決（判時1836号46頁）がある。

> 「主任審査官が本件各退令発付処分に当たり、いかなる事項を重視すべきであり、いかなる事項を重視すべきでないかについては、本来法の趣旨に基づいて決すべきものであるが、外国人に有利に考慮すべき事項について、実務上、明示的又は黙示的に基準が設けられ、それに基づく運用がされているときは、平等原則の要請からして、特段の事情がない限り、その基準を無視することは許されないのであり、当該基準において当然考慮すべきものとされている事情を考慮せずにされた処分については、特段の事情がない限り、本来重視すべき事項を不当に軽視したものと評価せざるを得ない。」

東京地裁は、このように判示しており、上記学説と同じ立場に立っているといえよう。

第2節　租税法律主義

> **ポイント**
> 本節では、租税法律主義について確認する。いわゆる通達行政が、同主義に抵触するおそれがあることはしばしば指摘されるところである。ここでは、租税法律主義の具体的内容について概観してみたい。

1　法の支配と租税法律主義

法の支配は、立憲主義の進展とともに、市民階級が立法過程へ参加することによって自らの権利・自由の防衛を図ることを意味する。したがって、権利・自由を制約する法律の内容は国民自身が決定することを建前とする原理であり、この点で、民主主義と結合するものと考えられた。

伊藤正己教授は、租税法律主義（憲84）が法律又は法律の定める条件によると規定することについて、「およそ国民の権利義務にかかることを定めるには、国会の制定する法律を要するのであり、租税が国民から強制的に財産権を奪うものであって、国の唯一の立法機関である国会（憲41条）の承認を得なければならないことは当然のことである。」と論じられ、この意味では、租税法律主義は法治国の当然の事理であって、あらためて憲法の明文を要することではないとされる。また、財政における国会中心主義をうたう憲法83条がある以上、そこからの直接の帰結であるとも説明されるのである（伊藤正己『憲法〔第3版〕』475頁以下（弘文堂1995））。

2　憲法30条と84条

> **憲法30条**
> 国民は、法律の定めるところにより、納税の義務を負ふ。

> **憲法84条**
> あらたに租税を課し、又は現行の租税を変更するには、法律又は法律の定める条件によることを必要とする。

日本国憲法において租税に関して最も重要な条項は、租税法律主義を定める30条及び84条、並びに租税公平主義（租税平等主義）を根拠付ける14条の規定である。これらの規定は、租税に関する立法の法的基準を示すにとどまらず、制定された租税法の解釈適用において重要な法的基準を与える（清永・税法17頁）。

> **憲法14条**
> すべて国民は、法の下に平等であって、人種、信条、性別、社会的身分又は門地により、政治的、経済的又は社会的関係において、差別されない。

租税法律主義は、租税を課すには法律又は法律の定める条件によることを要請するものであるが、もとより法律をもってどのように定めることも許されるわけではなく、当然に憲法の要請の枠を超えるものであってはならない。特に問題となるのが、平等原則（憲14）であり、合理的範囲を超えた不公平な課税は違憲となるとされている。この点が論点となった事件として、大嶋訴訟最高裁昭和60年3月27日大法廷判決（民集39巻2号247頁）[3] が挙げられる。

3　課税要件法定主義

租税法律主義は、課税要件を法律で定めることを要請する。すなわち、法律に課税要件が示されていないところで、例えば、通達などによって課税されるということを憲法は許容していないのである。そもそも、租税法律主義が租税を賦課徴収するときには法律の根拠を要するというのであるから、課税要件が法定されていなければならないというこの考え方は租税

3　判例評釈として、金子宏・判評332号2頁、同・租税判例百選〔第6版〕4頁、泉徳治・曹時38巻5号223頁、同・ジュリ837号39頁、清永敬次・民商94巻1号97頁、同・税弘33巻3号6頁、碓井光明・憲法判例百選Ⅰ〔第4版〕72頁、同・ジュリ837号24頁、水野忠恒・昭和60年度重要判例解説〔ジュリ臨増〕11頁、中里実・戦後重要租税判例の再検証12頁、畠山武道・法教56号134頁、北野弘久・税通40巻7号80頁、山田二郎・税通40巻7号103頁、村井正・ひろば38巻6号33頁、同・税通40巻7号98頁、戸波江二・憲法判例百選Ⅰ〔第6版〕68頁、酒井・ブラッシュアップ2頁など参照。

法律主義の当然の帰結である。

　租税法律主義の下においては、租税の種類や課税の根拠のような基本的事項のみでなく、納税義務者、課税物件、課税標準、税率などの課税要件はもとより、賦課、納付、徴税の手続もまた、法律により規定すべきものとされており（最高裁昭和30年3月23日大法廷判決・民集9巻3号336頁、最高裁昭和37年2月21日大法廷判決・刑集16巻2号107頁）、租税の優遇措置を定める場合や、課税要件として手続的な事項を定める場合も、これを法律により定めることを要するものと解されている。

　例えば、登録免許税の軽減税率の適用を受けるためには、申請書に都道府県知事の証明書の添付が省令において要件とされていたところ、このような規定が課税要件法定主義に反するかどうかが争点となった事例において、東京高裁平成7年11月28日判決（行裁例集46巻10＝11号1046頁）[4]は、次のように説示している。

> 「憲法の趣旨からすると、法律が租税に関し政令以下の法令に委任することが許されるのは、徴収手続の細目を委任するとか、あるいは、個別的・具体的な場合を限定して委任するなど、租税法律主義の本質を損なわないものに限られるものといわねばならない。すなわち、もし仮に手続的な課税要件を定めるのであれば、手続的な事項を課税要件とすること自体は法律で規定し、その上で課税要件となる手続の細目を政令以下に委任すれば足りるのである。第一審被告国は、包括的な委任文言を採用して課税要件の追加自体を政令に委任しないと、変転してやまない経済現象に対処できない弊害が生じるとするが、前記のような規定の方法によったからといって、所論のような弊害が生じるとは考え難い。」
>
> 「したがって、租税特別措置法施行令42条の9第3項及び同法施行規則29条1項が、軽減税率による登記申請には特定の証明書の添付を要するものとした部分は、証明書の添付という手続的な事項を軽減税率による登記申請の受理要件という手続的な効果を有するにとどめるものとして有効であるが、右の手続的な事項を課税要件とし、登記申請時に証明書の添付がなければ、後に証明書を提出しても軽減税率の適用がないとする部分は、法律の有効な委任がないのに税率軽減の要件を加重したものとして無効である。」

4　判例評釈として、都築弘・平成8年度主要民事判例解説〔判タ臨増〕320頁、布田勉・平成8年度重要判例解説〔ジュリ臨増〕25頁、増田英敏・租税25号161頁、三木義一・税研106号41頁、佐藤英明・租税判例百選〔第4版〕10頁、芳賀真一・租税判例百選〔第6版〕12頁など参照。

課税要件などを政令や省令等に委任することは許されると解されるものの、課税要件法定主義の趣旨に鑑みれば、その委任は具体的・個別的委任に限られるというべきである。したがって、一般的・白紙的委任は許されるべきではなく、法律の委任に当たっては、委任の目的・内容及び程度が委任する法律自体の中で明確にされていなければならないと解されているのである（金子・租税法77頁）。

また、「通達」は、法律からの委任を受けるものではないのであるから、通達に課税要件が規定されるということは、そもそも、その前提からしてあり得ないということになる。

4　課税要件明確主義

課税要件法定主義は、課税要件が法律上に規定されていなければならないことを要請する原則であるが、単に規定があればよいというのではなく、その規定は、明確なものでなければならない。不明確な課税要件が法律上に示されていても、それでは租税法律主義が要請する法的安定性や予測可能性を担保することはできない。したがって、課税要件明確主義も租税法律主義（課税要件法定主義）の考え方から当然に導き出されるものであるといえよう。

この課税要件明確主義をめぐっては、しばしば、不確定概念が問題とされるが（酒井・相当性15頁、同・正当な理由3頁）、租税法の定立に当たってはできるだけ不確定概念を使用しないように配慮されるべきという要請は重要な意味を有する。

5　合法性の原則

合法性の原則とは、税務当局は、課税要件が充足されていれば課税しなければならないという考え方である。この原則の下、税務当局には、法律の定めのない限り、租税を免除したり徴収をしない自由な裁量があるわけではないということが確認できる。すなわち、恣意的な課税や徴収を排除する機能を有する原則であるともいえよう。

第2章　法治行政と通達

　合法性の原則からすれば、和解による課税免除や徴収猶予は違法ということになる。したがって、法律の根拠のない税務当局からの課税の免除の提案は許されていないのであるから、仮に納税者がその提案を承諾したとしても効果はないといわざるを得ない。このことからすると、いわゆる緩和通達というものが合法性の原則に抵触するのではないかという疑義が生じてくる（第2章第8節（102頁）参照）。

6　遡及立法禁止原則

　遡及立法が許されることとなれば、租税法律主義の要請する予測可能性や法的安定性を損ねることになる。そこで、一般に、租税法律主義の下では、租税法の遡及立法は禁止されると解されている（通達の遡及適用については、第3章第4節（154頁）参照）。

第3節　行政先例法

> **ポイント**
>
> 本節では、通達の法源性について理解する。加えて、通達が行政先例法となると、法源性がないとされている通達に法源性が認められる可能性があるという点についても確認しておこう。

1　行政先例法としての通達

通達は租税法の法源たり得ないとする原則的考え方に異論を唱える学説はなかろう。通達には自己同意が見いだせないことからすれば、自己同意を前提とする租税法律主義に反するのは当然であろう。

最高裁昭和38年12月24日第三小法廷判決（集民70号513頁）[5]は、次のように判示して、国民に対する拘束力を有しないとしている。

> 「所論国税庁長官の基本通達は、下級行政機関の権限の行使についての指揮であって、国民に対し効力を有する法令ではないとした判断は、正当である。」

しかし、金子宏教授が「納税義務を免除・軽減し、あるいは手続要件を緩和する取扱が、租税行政庁によって一般的にしかも反覆・継続的に行われ（行政先例）、それが法であるとの確信（法的確信）が納税者の間に一般的に定着した場合には、慣習法としての行政先例法の成立を認めるべきであり、租税行政庁もそれによって拘束されると解すべきである（その取扱を変えるためには法の改正が必要である。）」とされているように（金子・租税法108頁）、通説は行政先例法の成立の余地があると解している。

2　学説の対立

この点について、木村弘之亮教授は、慣習法は、不文の法規範から成り立っているが、これは長期にわたる慣行によって築かれたものであり、か

---

[5] 判例評釈として、山田二郎・租税判例百選110頁、福岡右武・租税判例百選〔第3版〕108頁参照。

つ、一般的法意識によって追認されたものであるとされ、「その慣行は、一般的法確信が築き上がるほどに長期にわたって成立していなければならず」、「その慣行は正当なものでなければならない」とされる（木村『租税法総則』138頁（成文堂1998））。また、「その慣行が法命題として定式化されうるということが、前提条件である」と述べられる。学説上は、租税慣習法が租税法律主義に反するとする見解と、反しないとする見解に分かれている。

例えば、第１章第１節で紹介したパチンコ球遊器事件最高裁昭和33年３月28日第二小法廷判決（７頁参照）について、金子教授は、「パチンコ球遊器を非課税とする旨の通達があったわけではないが、課税しない取扱が継続していたという意味では、そのような通達があった場合に類する。」とされ、「判旨のように割り切れるかどうかは問題であり、行政先例法の成立の有無についてより厳密な検討が必要であろう。」と論じられる（金子・租税法109頁）。

他方、木村教授は、「納税義務を免除・軽減し、または手続要件を緩和する取扱が、租税行政庁によって一般的にしかも反覆・継続的に行われていたとしても（いわゆる行政先例）、そこには行政先例法の成立する余地はない。」とされる（木村・前掲書139頁）。

まとめ

- 租税慣習法は租税法律主義に反しないとする見解（通説）
    納税者に有利な慣習法の成立は認めるべきである。納税義務を免除・軽減し、あるいは手続要件を緩和する取扱が租税行政庁によって一般的にしかも反覆・継続的に行われ、それが法であるとの法的確信が納税者の間に一般的に定着した場合には、慣習法としての行政先例法の成立を認めるべきである。
- 租税慣習法が租税法律主義に反するとする見解
    憲法84条は租税立法を制定法に限定させているので、租税慣習法は同条の考え方に合致しない。

3　行政先例法の成立の余地を判示する裁判例

長崎地裁昭和36年5月19日判決（行裁例集12巻5号1017頁）[6]は、次のように判示し、通達が行政先例法として成立する余地を認めている。

> 「そもそも通達は、上級行政庁の下級行政庁等に対する示達の形式であって（国家行政組織法第14条第2項参照）、行政の取扱の基準を示し法令の解釈を統一する等の目的をもって発せられるもので、元来は、法規としての性質を有するものではなく、このことは国税庁長官から発せられる税務通達についても同様であるということができる。たゞ、これらの通達が発せられると、下級行政庁等は、これに従って事務を処理することとなり、長期にわたってこれを繰り返していく場合には、この事実上の取扱が一般の法的確信を得て慣習法たる行政先例法として認めらるべき場合もあり得る」

もっとも、この事例においては、「本件においては、旧通達に基く税務官庁の事実上の取扱に、右慣習法たる効力を認めるべき特段の事情の存在を肯認し得る証拠はない。」として、対象となる事案において行政先例法が否定されている。

このように考えると、通達を法源性のないものとして簡単に整理することはできないということになる。行政庁職員が通達による拘束（内部拘束力）を受けていることもあわせて考える必要があろう。

4　違法な取扱いの行政先例性

租税慣習法は租税法律主義に反しないとする見解に立てば、違法な通達の取扱いが放置され、人々の間にそれが定着し、法的確信にまで昇華されると、その違法性が溶解し、法源性を有すると解するべきなのであろうか。そうではなかろう。違法な通達はそもそも行政庁内部に対して拘束力を有しないから、租税慣習法の成立の局面においては、違法な通達は想定されず、適法と解される通達の示す処理の反復継続のみが想定されているというべきである。他方、そのように考えると、パチンコ球遊器事件でみたところと何ら変わるところではないことになる。すなわち、そのような通達の取扱いに基づいて課税をしているように思えても、実際は法律の解

6　判例評釈として、有川哲夫・シュト4号45頁参照。

釈を通達がなぞっただけであるから、それは通達に基づいた課税とはいえず、単に通達を機縁にして課税がなされたにすぎないということになる。そうであるとすると、取り立ててここで通達が行政先例法としての性質を有して法源性を有するものというべきかどうかを論じる必要はないことになる。

このように考えると、ここで議論すべきは、かかる通達の取扱いが、法律から導出できるかどうかについてグレーゾーンにある場面とみるべきであろう。少なくとも、明らかに法律に反する通達が仮に反復継続して取り扱われていたとしても、そこに行政先例法としての法源性を認めるのは困難であると考える。

5　具体的事例
(1)　財産評価基本通達の取扱い

相続税法は、相続財産・贈与財産の評価に関して、地上権（借地借家法に規定する借地権又は区分地上権に該当するものを除く。）、永小作権、定期金に関する権利等、若干の財産についてその評価方法を定めているが、その他の財産については、「取得の時における時価」により評価する（相法22）とだけ定める。ここではいわゆる時価主義が採用され、その「時価」の意味内容は法律の解釈に委ねられるところ、課税実務上の解釈指針としては、財産評価基本通達が示されている（池本征男＝酒井克彦『裁判例からみる相続税・贈与税〔第3版〕』280頁（大蔵・財務協会2013））。

> **相続税法22条《評価の原則》**
> この章で特別の定めのあるものを除くほか、相続、遺贈又は贈与により取得した財産の価額は、当該財産の取得の時における時価により、当該財産の価額から控除すべき債務の金額は、その時の現況による。

この財産評価基本通達について、金子宏教授は、「評価基本通達の基本的内容は、長期間にわたる継続的・一時的適用とそれに対する国民一般の法的確信の結果として、現在では行政先例法になっていると解される」と論じられる（金子・租税法633頁）。

第3節　行政先例法

東京地裁平成5年2月16日判決（判夕845号240頁）[7]の事例において、原告らは、財産評価基本通達による相続財産の評価方法が、すでに事実たる慣習あるいは行政先例法として確立しているから、これと異なる方法による評価をすることは許されないと主張したが、東京地裁は次のように判示し原告らの主張を排斥している。

> 「専ら法律の定めるところに従って課税が行われるべきであるとする租税法律主義の原則（憲法84条）の支配する租税法の分野においては、例え納税者にとって有利な内容のものであっても、法律の定める範囲より更にその内容が限定されているという意味で法律の定めとは異なる内容の行政上の先例が、法律と同一の拘束力を持った慣習あるいは先例法として機能するという余地を認めることは困難なものといわなければならない。」

控訴審東京高裁平成5年12月21日判決（税資199号1302頁）も、「評価基本通達による評価方法が前記の特別の事情がある本件のような場合にまで例外なく適用されるべきものであるとの事実たる慣習あるいは行政先例が確立されているとみるべき確たる根拠は見当たらない。」として、上記地裁判断を維持し、明確に行政先例法の成立を否定している。

このような判断は、しばしば散見されるところである（東京高裁平成5年3月15日判決（行裁例集44巻3号213頁）、東京地裁平成4年7月29日判決（行裁例集43巻6＝7号999頁）など参照）。

☞　「事実たる慣習」とは、例えば、民法92条にいう「慣習」がそれであって、これは、当事者がこれに従う意思を有するものと認められる場合に限って権利義務の内容を決定付ける基準となり得るものと理解されてきた。つまり、当事者がその慣習に従う意思を有していることが認められなければ、民法92条は適用されない。ある慣習が強行規定に抵触しないで当事者がそれに従う意思のある場合に、その効力が民法92条に従って有効であるとしても、意思の合致をみて初めて適用されるものであるから、それが直ちに強制力を有するものではない（貸家敷金返還請求事件大審院大正5年1月21日判決・民録22輯25頁）。

7　判例評釈として、品川芳宣・税研52号37頁、太田幸夫・平成6年度主要民事判例解説〔判夕臨増〕298頁など参照。なお、この判断は上告棄却・上告不受理により確定している（最高裁平成17年10月13日第一小法廷決定・税資255号順号10160）。

第2章　法治行政と通達

(2)　親会社ストック・オプションに関する課税上の取扱い

いわゆる親会社ストック・オプション訴訟の事例（東京高裁平成17年5月31日判決・税資255号順号10044）において、原告は、親会社ストック・オプションの権利行使益について一時所得とする行政先例法の成立があったにもかかわらず、雑所得との行政処分を行ったのは違法であるなどと主張した。すなわち、課税庁は、平成8年改正前の所得税基本通達においては、ストック・オプション行使に係る経済的利益は原則として一時所得である旨を定めており、課税実務上も、海外親会社から付与されたストック・オプションの行使に係る経済的利益については、一時所得として申告するよう指導する例が多くみられ、これは、実質的には課税庁の公式見解を示すものであったと主張した。そして、本件各更正処分等は、こうした従前の取扱いを変更するものであるが、いったん課税庁が公定解釈ともいうべき指針を示し、これに沿った実務を行ってきた実情がある場合には、納税者はこれを信頼するのであるから、その解釈に則った行政先例法が成立したというべきであり、本件各更正処分等は、租税法律主義に違反する違法な処分である旨主張した。

これに対して、東京高裁は次のように判示して、行政先例法の成立を否定した。

> 「確かに、課税庁は、平成8年改正前の所得税基本通達23～35共－6において、従業員が、商法の規定に基づき発行法人から有利な発行価額により新株等を取得する権利を与えられた場合には、それを行使して新株等を取得したときに、その付与された権利に基づく発行価額と権利行使時の株価との差額に対し、一時所得としての課税をすることを原則とする取扱をしていたこと、上記の平成8年改正前後を通じて、本件ストックオプションのような、特定新規事業実施円滑化臨時措置法や商法の規定に基づかないストックオプション（以下『商法等の規定に基づかないストックオプション』という。）の課税については、法律あるいは通達上も特段の定めはされていないことは前記引用に係る原判決の前提事実（前記訂正部分を含む。）のとおりである。そして、…平成6年ころまでの課税庁の担当官による解説書では、海外親会社から与えられたストックオプションの課税は権利行使益について一時所得として課税される旨記載されていたが、平成10年ころの課税庁の担当官による解説書では、同様のケースについて権利行使益について給与所得として課税される旨記載されていることが認められる。そうすると、課税庁は、平成10年ころ、商法等の規定に基づかない

ストックオプションについての課税の方針を、それまでの権利行使益について一時所得として課税するとの方針から、これを給与所得として課税するとの方針に改めたことがうかがわれる。
　そして、…商法等の規定に基づかないストックオプションの課税については、平成8年以前においても、法律あるいは通達上も特段の定めはされておらず、平成8年当時、課税庁において、商法等の規定に基づかないストックオプションの権利行使益は一時所得に該当するとの方針を有していたとしても、これが、課税庁の公的見解として表示されていたということはできない…。そうすると、商法等の規定に基づかないストックオプションの行使に係る経済的利益は一時所得に該当するとの行政先例法が成立していたものということはできず、本件権利行使益が給与所得に当たるとしてされた本件各更正処分等が租税法律主義に違反するということもできない。」

　この判決は、行政先例法の成立を全面的に否定しているものではなく、この事例においては、親会社ストック・オプションの権利行使益を一時所得とする取扱いが公的見解の表明を伴ったものではなかった点から、行政先例法の成立を否定しているとも読める。そのように同判決を理解すると、公的見解の表明があるなど一定の場合には、行政先例法の成立があり得ると解することもできそうである。

第4節　平等原則

> **ポイント**
>
> 平等原則は、通達の法的根拠として捉えることができるが、同原則の適用問題が単体で論じられる局面もある。特に、財産評価基本通達の適用をめぐり、納税者側から、一律に通達による評価方法を適用すべきとの主張が展開されることが多い。本節では、この点について関心を寄せることとしよう。

1　平等原則と租税公平主義

平等原則は、かつては条理と考えられていたが、現在では憲法原則となっている（憲13、14。芝池・行政法83頁。同教授は、条理に法源性を認め、そこに比例原則及び平等原則を掲げられる（同書12頁））。

租税法律関係においては、この平等原則は租税公平主義として取り上げられることが多い。金子宏教授は、「税負担は国民の間に担税力に即して公平に配分されなければならず、各種の租税法律関係において国民は平等に取り扱われなければならないという原則を、租税公平主義又は租税平等主義という。これは、近代法の基本原理である平等原則の課税の分野における現われであり、直接には憲法14条1項の命ずるところである」と説明されている（金子・租税法83頁）。

> ✎　19世紀の自由主義経済の下に発展した租税利益説の考え方では、国民が国家から受ける保護ないし利益に比例して税負担を配分するのが公平であると考えられた。しかしながら、国民が国家から受ける保護ないし利益の計量化の困難性などから一定の限度があり、むしろ国民の財産や所得の大きさなど、すなわち能力に応じて税負担を図るという考え方が台頭した。それが能力説による租税の公平分配の考え方である（酒井・スタートアップ35頁）。

現に、いわゆるスコッチライト事件大阪高裁昭和44年9月30日判決（判時606号19頁）[8]は、租税公平主義について次のように説示している。

---

[8]　判例評釈として、吉良実・シュト94号9頁、宇賀克也・租税判例百選〔第6版〕21頁、酒井・ブラッシュアップ80頁など参照。

「課税物件に対する課・徴税処分に関与する全国の税務官庁の大多数が法律の誤解その他の理由によって、事実上、特定の期間特定の課税物件について、法定の課税標準ないし税率より軽減された課税標準ないし税率で課・徴税処分をして、しかも、その後、法定の税率による税金と……軽減された税率による税金の差額を、実際に追徴したことがなく且つ追徴する見込みもない状況にあるときには、租税法律主義ないし課・徴税平等の原則により、みぎ状態の継続した期間中は、法律の規定に反して多数の税務官庁が採用した軽減された課税標準ないし税率の方が、実定法上正当なものとされ、却って法定の課税標準、税率に従った課・徴税処分は、実定法に反する処分として、みぎ軽減された課税標準ないし税率を超過する部分については違法処分と解するのが相当である。したがって、このような場合について、課税平等の原則は、みぎ法定の課税標準ないし税率による課・徴税処分を、でき得る限り、軽減された全国通用の課税標準および税率による課・徴税処分に一致するように訂正し、これによって両者間の平等をもたらすように処置することを要請しているものと解しなければならない。」

このように大阪高裁は、全国の税関の大多数が法律の誤解などによって、法定の課税標準ないし税率よりも軽減された課税標準ないし税率によって関税の賦課・徴収処分をしており、法定の課税標準ないし税率との差額を実際に徴収せず、また、徴収する見込みもないような場合には、軽減された、すなわち、誤った課税標準ないし税率による賦課・徴収処分に一致するように訂正しなければならず、慣例に反して法定の課税標準ないし税率による処分は、租税公平主義に反し違法だと判示したのである（酒井・スタートアップ174頁）。

この判決は、租税公平主義をあまりにも重視しすぎており、租税法律主義との抵触を招く判断であったとの疑問も禁じ得ないが、租税法領域における平等原則が強調された事例として、しばしば取り上げられる事例である。

また、岡山地裁平成25年3月27日判決（税資263号順号12184）は、次のように論じて、旧所得税基本通達36－17の適用を行わないことが平等原則違反になると指摘している。

「本件通達は、…債務免除益への非課税を規定したものと解されるのであり、このような規定の内容…その趣旨からすれば、本件通達による上記非課税の取扱いは、所得税法等の実定法令に反するものとはいえず、相応の合理性を有するものということが

できる。そして、もとより本件通達が法令そのものではなく、これによらない取扱いが直ちに違法となるものではないとしても、本件通達が相応の合理性を有する一般的な取扱いの基準として定められ、広く周知されているものである以上は、課税庁においてこれを恣意的に運用することは許されないのであって、本件通達の適用要件に該当する事案に対して合理的な理由もなくその適用をしないとすることは、平等取扱いの原則に反し、違法となるというべきである。」

　なお、同通達は、この判決の後、廃止されている（150頁参照）。

2　財産評価基本通達と平等原則

　しばしば平等原則が問題視される租税法領域としては、財産評価基本通達6がある。

> **財産評価基本通達6**《この通達の定めにより難い場合の評価》
>   この通達の定めによって評価することが著しく不適当と認められる財産の価額は、国税庁長官の指示を受けて評価する。

　この通達については議論が多い。ここでは、東京地裁平成7年4月27日判決（判タ921号178頁）[9]を素材としたい。これは、上場株式の譲渡価額を財産評価基本通達169の許容する低価で定めた売買契約について、同通達の取扱いに従わず、租税負担の実質的公平を図るため上場株式の本来の時価というべき契約日の証券取引所の終値を譲渡価額と認した上でなされた更正処分が、平等原則の観点から許容されるか否かが争点となった事例である。

　原告納税者は、次のような主張を展開した。
　①　公表されている財産評価基本通達169によれば、Ｊ株式1株当たりの時価が、東京証券取引所におけるＪ株式1株当たりの最終価格の月平均額である996円と評価されることから、この株式を1株当たり997円で訴外Ｓから買い受けても著しい低額譲渡には該当せず、贈与税が課税されることはないと判断し、本件売買契約を締結したものである。

9　判例評釈として、品川芳宣＝伊藤義一・ＴＫＣ税研情報6巻1号11頁参照。

② これに対して、財産評価基本通達を適用しないでJ株式の時価を評価することは、租税法律主義に反し、国民の納税額の予測可能性を害し、財産権の不可侵の保障にも反するものである。

本件は、相続税法7条該当性が争点とされたので、同条を先にみておきたい。納税者は財産評価基本通達169に従って対象株式が評価されるものと想定したが、課税庁は、財産評価基本通達6を適用して個別評価を行い、相続税法7条に該当するとして、みなし贈与課税を行ったのである。

> **相続税法7条《贈与又は遺贈により取得したものとみなす場合》**
> 著しく低い価額の対価で財産の譲渡を受けた場合においては、当該財産の譲渡があった時において、当該財産の譲渡を受けた者が、当該対価と当該譲渡があった時における当該財産の時価…との差額に相当する金額を当該財産を譲渡した者から贈与…により取得したものとみなす。…

東京地裁は、次のように説示して、原告の主張を排斥した。

> 「同条〔筆者注：相続税法7条〕に規定される時価とは、課税時期において、それぞれの財産の現況に応じ、不特定多数の当事者間で自由な取引が行われた場合に通常成立する価額をいうものと解するのが相当であるが、相続対象財産の客観的交換価格は必ずしも一義的に確定されるものではなく、これを個別に評価すると、評価方法等により異なる評価額が生じたり、課税庁の事務負担が重くなり、課税事務の迅速な処理が困難となるおそれがあるため、課税実務上は、財産評価の一般的基準が財産評価通達により定められ、これに定められた評価方法によって画一的に財産の評価が行われているところである。
> 　右のように財産評価通達によりあらかじめ定められた評価方法によって、画一的な評価を行う課税実務上の取扱いは、納税者の公平、納税者の便宜、徴税費用の節減という見地からみて合理的であり、一般的には、これを形式的にすべての納税者に適用して財産の評価を行うことは、租税負担の実質的公平をも実現することができ、租税平等主義にかなうものであるというべきである。
> 　しかしながら、財産評価通達による画一的評価の趣旨が右のようなものである以上、これによる評価方法を形式的、画一的に適用することによって、かえって実質的な租税負担の公平を著しく害し、また、相続税法の趣旨や財産評価通達自体の趣旨に反するような結果を招来させる場合には、財産評価通達に定める評価方法以外の他の合理的な方法によることが許されるものと解すべきである。このことは、財産評価通達6が『この通達の定めによって評価することが著しく不適当と認められる財産の価額は、国税庁長官の指示を受けて評価する』と定め、財産評価通達自らが例外的に財産評価通達に定める評価方法以外の方法をとり得るものとしていることからも明らかである。」

財産評価基本通達は、総則1《評価の原則》において、財産の評価に当たり、「時価」の意義を「それぞれの財産の現況に応じ、不特定多数の当事者間で自由な取引が行われる場合に通常成立すると認められる価額」とし、その価額は、「この通達の定めによって評価した価額による。」と表明していながら、他方で、同通達6が示すとおり、「この通達の定めによって評価することが著しく不適当」な場合には、「国税庁長官の指示を受けて評価する。」ことを予定している。

すなわち、財産評価基本通達はその内部において、すでに、この通達によって評価し得ない場合があることを「通達」しているのであるから、同通達は、いわば二重構造になっているといってもよかろう。

図表2－1
財産評価基本通達1
「この通達の定めによって評価した価額による」

財産評価基本通達6
「この通達の定めによって評価することが著しく不適当と認められる財産の価額は、国税庁長官の指示を受けて評価する」

財産評価基本通達1にいう「この通達の定め」には、同通達6の「国税庁長官の指示を受けて評価する」ことが包摂されていると解するのが妥当であると思われる。

そうであるとすると、財産評価基本通達1は、「この通達の定めによって評価することが著しく不適当と認められる財産の価額は、国税庁長官の指示を受けて評価する」という同通達6の評価方法（個別指示を受ける評価方法）を包摂して「通達の定め」によると理解することになる。

このような理解は、財産評価基本通達6が上意下達の命令手段の一内容を構成しているものであることからすれば、当然に導出される理解であるといえよう。したがって、財産評価基本通達6にいう「この通達の定め」とは、同通達6以外の通達の評価方法を指していることとなり、そのよう

な評価方法によれば、「著しく不適当と認められる財産の価額」について、「国税庁長官の指示を受けて評価する」ことをしないとすれば、それは命令に反する処理を行うことを意味するのであって、同通達 6 には、当然に内部拘束力が働くと解される。

このような理解は、同通達 1 (3)財産の評価が、「財産の評価に当たっては、その財産の価額に影響を及ぼすべきすべての事情を考慮する。」とする通達内容にも整合的であると思われる。

3 組合通達と平等原則

航空機リース事件名古屋地裁平成16年10月28日判決（判タ1204号224頁)[10]は、通達の平等原則違反を判示している。すなわち、同地裁は次のように判示する。

> 「民法上の組合においては共同事業性が認められ、組合財産は実質的に組合員の共有に属し、各組合員が業務執行に関与する権限を有し、さらに、利益と損失は原則として各組合員の出資に応じて分配がなされることに照らすと、組合の事業によって得られた所得については、組合員が実質上の帰属主体と考えることができるので、組合存続中はその利益が組合員に分配されたか組合内部に留保されたかを問わず、組合員の個人所得として課税の対象となると解される。そうすると、組合員の上記個人所得の所得区分は、組合の事業内容によって定まることになる。」

所得税基本通達36・37共－20《民法上の組合の事業に係る利益等の額の計算》には、組合員のうちに異なる所得区分の取扱いを行うという旨の規定はないため、各組合員が共同して組合事業に参加し、当該事業に使用される組合財産を他の組合員とともに共有し、当該事業に対して無限責任を負う典型的な組合の場合には妥当するが、こうした趣旨の妥当しない組合については、当該組合員の活動内容に着目して判断すべきとする国側の主張があった。

---

10 判例評釈として、品川芳宣・ＴＫＣ税研情報14巻 2 号76頁、同・税研120号86頁、大淵博義・税務事例37巻 7 号 1 頁、同 8 号10頁、川田剛・税通60巻 3 号35頁、椛島文子・税法559号207頁、藤本哲也・中央ロー・ジャーナル 2 巻 1 号151頁、末崎衛・税法553号69頁、宰田高志・税研119号96頁、酒井克彦・税務事例37巻 5 号 1 頁、同 6 号 8 頁、酒井・ブラッシュアップ109頁など参照。

これに対して、名古屋地裁は、「確かに、民法上の組合といえども、組合員全員が自ら業務執行に当たるものから、特定の者に業務執行を任せてその在り方に関心を持たない組合員が圧倒的に多い組合まで、その具体的態様はさまざまなものがあるから、実態に照らしてその所得区分を検討すべきであるとの主張も、1つの見識を示すものとして傾聴に値しよう。」とした上で、同判決は次のように被告側の主張を排斥した。

> 「しかしながら、上記基本通達の内容は、このような主張に沿ったものとなっていないことに照らすと、課税当局は、民法上の組合に当たると判断されれば、組合の事業内容によって組合員個人の所得区分が決定されるとの前提で税務行政を行っていたと推測できるところ、本件において、上記のような主張に基づく課税を行うことは、平等原則に反するおそれを否定できない。」

　個々の納税者の担税力に応じた課税を行うことを旨とする所得税法において、それぞれの組合員の所得区分は、その組合員ごとに考えるべきとの考え方があり得るところではあるが、上記名古屋地裁は、平等原則を根拠にそれぞれの組合員ごとに異なる所得区分を考えることは、かかる原則に反するというのである。その背景には、上記通達には、組合の事業内容によって組合員個人の所得区分が画される旨規定されていたとの理解が裁判所にはあったようであるが、上記通達の示す例外的取扱いの一部に、組合の事業内容によって組合員個人の所得区分が決定される旨記載されていた箇所はあるものの、それはある特定の一部の取扱いにすぎなかったのである。

第5節 裁量基準の設定

ポイント

　通達が裁量基準として設定されることに意義を有することがある。裁量の基準が設定され、それが公表されることは国民生活にとっても有益であろうし、裁量の基準が不明なままで行政処分が行われることは、例えば、均一な行政の確保の点からも問題であろう。本節では、裁量基準の設定機能としての通達についてみておくこととしたい。

1　裁量基準

　行政処分は、法律に基づいて執行されるべきことは当然であるが、必ずしもその法律がすべての事態に対応して用意されているわけではなく、法律の解釈・適用に当たって、判断を要する場面も少なくない。そこで、行政庁に一定の判断の裁量権が認められることが多いが、その裁量権行使は通常行政庁内部の裁量基準に従ってなされる。

　裁量基準は、行政庁の作成する内部基準であり、その具体的なものとして「通達」がある。通達はそれ自体法律ではないから、一般の国民や裁判所がそれに拘束されるわけではない。したがって、裁判所が、当該裁量基準（通達）を違法であると考える場合には、裁量基準（通達）に従ってなされた処分であっても、違法として取り消すことができるのは当然である。

　このように、一般の国民や裁判所を拘束しないとされる裁量基準たる通達は、一般に行政規則と解されており、その制定内容は、法律の根拠を要しないとされている。ただし、例えば、租税行政における通達は、「各省大臣、各委員会及び各庁の長官は、その機関の所掌事務について、命令又は示達するため、所管の諸機関及び職員に対し、訓令又は通達を発することができる。」とする国家行政組織法14条2項に基づくものであり、税務職員はこれに拘束される。

　なお、国税不服審判所は審査請求に対する判断において通達には拘束さ

れないと考える。また、国税不服審判所の裁決が通達には拘束されないことから、租税行政上の不統一を調整するために、国税通則法99条《国税庁長官の法令の解釈と異なる解釈等による裁決》1項が機能するとみるべきであろう（堺澤良『国税関係課税・救済手続法精説』431頁（財経詳報社1999）、荒井勇代表編『国税通則法精解〔第15版〕』1134頁（大蔵財務協会2016）。なお、国税通則法99条が適用された事業については、124頁参照）。

> ✎ 地方税に関する総務省通達は、国税庁長官通達とは異なり、指揮権に基づくものではないので、地方公共団体やその職員は拘束されない（井上隆司『税法通論〔6訂版〕』17頁（税務経理協会1999））。

いかに裁量基準が用意されておりその基準が公開されているからといって、裁量基準に基づく行政判断が法律の予定するところから乖離してよいはずはないのであるから（法律による行政の原理）、行政規則（通達）が法律に反することを許容するものでないのもまた当然である。

そして、行政の裁量基準の制定が、法律の根拠を要しないものであり、一般の国民や裁判所を拘束しないものであるとしても、通達の公表が国民に予測可能性を与え得るのは事実であるし、中央省庁等改革基本法はそれを狙っているとみることができる。

> ✎ 例えば、中央省庁等改革基本法4条《中央省庁等改革の基本方針》7号は「行政運営の透明性の向上を図るとともに、政府の諸活動を国民に説明する責務が全うされるものとすること。」と定めており、国民の予測可能性の向上を目指しているともいえるだろう（詳細は本章第7節にて後述する。）。

裁量権行使の基準が明らかでないことは、国民の側からすると、例えば、申請が許可されるか否かについて、行政庁側の態度を事前に知ることができないため、許可の見込みがないにもかかわらず、申請の準備をするという無駄を避ける機会も与えられないことになる。また、行政庁からみても許可の見込みのない申請を処理する手間を省くことができないことを意味する。

さらに、行政庁の態度が明らかになっていれば、個々の処分の違法性を争い、処分の取消しを求める際に国民としても争訟等の準備がしやすくな

るのであるから、裁量基準の公表は当然の要請のようにも思われる。そこで、なぜ、裁量基準の設定が要請されるのか、設定された裁量基準が公表されることの意味は何かという点について、考えてみたい。

2　裁量基準の設定と公表が要請される理由

裁量基準の設定と公表とは、別個に議論しなければならないもののようにも思われる。裁量基準が設定されていればよしとするのか、あるいは裁量基準が公表されている必要があるのかという問題を考える上での手順としては、これらを別個に議論する必要があろう。

裁量基準の設定がなされるべきことの根拠には様々なものが考えられるが、差し当たり、次の2つの見解があり得る。

① 行政処分の恣意的な不均一を排除するために必要と考える見解
② 行政の透明性を確保し、行政処分を受ける者の予測可能性の保障のために必要と考える見解

そこで、①の立場から裁量基準を考える場合には、行政処分の恣意的な不均一が排除されるような仕組みが採用されている必要があるにとどまり、必ずしもその裁量基準が公表されていなくても問題はなさそうである。これに対して、②の立場から裁量基準を考えると、裁量基準は当然に公表されていなければならないということになろう。

行政庁に一定の判断上の裁量権が認められているからといって、その裁量権の行使について、個々の行政庁の自由に委ねるとすると、恣意的判断が行われるおそれが生じ、ひいては判断の不統一（不均一）が生じることとなり、平等原則に反する余地が生じ得る。

例えば、いわゆる個人タクシー事件上告審最高裁昭和46年10月28日第一小法廷判決（民集25巻7号1037頁。18頁も参照）は、次のとおり判示している。

「道路運送法においては、個人タクシー事業の免許申請の許否を決する手続について、同法122条の2の聴聞の規定のほか、とくに審査、判定の手続、方法等に関する明文規定は存しない。しかし、同法による個人タクシー事業の免許の許否は個人の職

業選択の自由にかかわりを有するものであり、このことと同法6条および前記122条の2の規定等とを併せ考えれば、本件におけるように多数の者のうちから少数特定の者を、具体的個別的事実関係に基づき選択して免許の許否を決しようとする行政庁としては、事実の認定につき行政庁の独断を疑うことが客観的にもっとも認められるような不公正な手続をとってはならないものと解せられる。

　すなわち、右6条は抽象的な免許基準を定めているにすぎないのであるから、内部的なものと解すべく、これに反する審査手続によって免許の申請の却下処分がされたときは、右利益を侵害するものとして、右処分の違法事由となるものというべきである。」

　この事件は、審査基準の法的意義とその積極的役割を指摘した判例として注目されたものである。すなわち、道路運送法規定が抽象的な免許基準しか定めていないことから、その趣旨を具体化した審査基準を設定し、これを公正かつ合理的に適用すべき旨を判断したのである。そこでは、審査基準の設定とは、「事実の認定につき行政庁の独断を疑うことが客観的にもっとも認められるような不公正な手続をとってはならない」から、独断と疑われることのないように内部的審査基準を策定する必要があるとするのであって、その基準の設定がなされるだけでは足りず、これを公正かつ合理的に適用しなければならないというのである。このように上記最高裁判決は、審査基準の設定についての役割を指摘する事例ではあるが、公表をしなければならないとまでは判示していないという点にも注意を払うべきであろう。

　さて、この最高裁判決の射程範囲は、「多数の者のうちから少数特定の者を、具体的個別的事実関係に基づき選択して免許の許否を決しようとする行政庁」だけに及ぶのであろうか。

　この点、温泉審議会の許可基準内規が既設泉源の保護によりその地区における温泉源全体を保護することを目的とするものであり、温泉法には掘削の許可申請について聴聞手続や審議会の審査基準を公表すべきものとする規定がないから、内規の告知、聴聞手続を欠いたことに手続的違法があるとはいえないとした事例として、福岡地裁平成3年7月25日判決（判タ783号99頁）がある。

第5節　裁量基準の設定

　福岡地裁は、上記最高裁判決について次のように評価している。

> 「個人タクシー事業免許の許否処分に関して、審査基準の内容が微妙、高度の認定を要するようなものである等の場合には、右基準を適用するうえで必要とされる事項について、申請人に対し、その主張と証拠の提出の機会を与えねばならず、免許の申請人はこのような公正な手続によって免許の許否につき判定を受くべき法的利益を有し、右利益の侵害は当該処分の違法事由となる旨判示している。しかし、右の事例は、一度に多数の申請者のうちから少数特定の者を具体的個別的事実関係に基づいて選択し、免許の許否を決しようとする事例であって本件とは事例を異にする。」

　これは、上記個人タクシー事件最高裁判決の射程範囲を狭く解し、同事件とディスティングィッシュしているのである。このように、上記最高裁判決は、憲法22条の職業選択の自由の保障を道路交通法の運用に読み込むことで導かれたものであり、同法以外の領域における申請に対する処分に際しての審査基準設定と公表の意義を一般的に確立させるものとはなっていないという点も指摘されてきたところである。

　　✐　ディスティングィッシュとは、先例と区別するという意味である。現に問題となっている事件に関し、一見当てはまりそうな先例がある場合に、その先例の事実関係と当該事件の事実関係との間には、「重要な事実」に差異があり、したがってその先例を適用して当該事件を解決するのは適当でないことをいう（酒井・フォローアップ129頁）。判例法の運営に関する1つの技術であると説明されている。

3　裁量権の判断基準としての性質

　宇都宮地裁平成4年7月15日判決（訟月39巻4号708頁）は、法令の解釈を行うにつき、通達は斟酌すべき1つの基準たり得ると判示している。

> 「酒税法10条11号は、酒類販売業免許拒否事由の一として、酒税の保全上酒類の需給の均衡を維持する必要があるため酒類の販売業免許を与えることが適当でないと認められる場合を挙げているが、右要件は抽象的であり、通達等によって、右要件の意義及び内容を具体化し、適切な基準を設ける等して免許許否行政の指針を示すことなくしては、同号につき適正かつ公平な運用がなされることは容易でないと考えられる。」

　ところで、酒類販売業免許取扱要領（通達）は、小売基準数量と基準世帯数の2つの要件を定め、いずれの要件も満たさない場合に免許を付与し

ない扱いとし、さらにただし書において、これらの要件に合致する場合であっても、既存の酒類販売業者の経営実態又は酒類の取引状況等からみて、新たに免許を与えるときは、酒類の需給均衡を破り、ひいては酒税の確保に支障をきたすおそれがあると認められる場合は免許を与えないこととする旨を規定している。

> 酒類販売業免許取扱要領の2つの要件とは、①申請販売場の小売販売地域内に所在する全酒類小売業者の販売場から、その地域の小売基準数量の10倍以上の数量の販売実績を有する大規模な既存小売販売場を除外した残りの全酒類小売販売場の最近1か年における総販売量に酒類消費量の増減率を乗じて算出される数量を、その販売場の数に申請販売場を加えた数で除して得た数量が地域ごとに定められた小売基準数量以上であること、②申請時に最も近い時における申請販売場の小売販売地域内の総世帯数を既存小売販売場数に申請販売場数を加えた数で除して得た数が地域ごとに定められた基準世帯数以上であることである。これら2つの要件のうち、酒類販売業免許取扱要領は、いずれかに該当することを要求している。

上記通達の取扱いにつき、宇都宮地裁は次のように判示している。

「通達は、行政庁内部における上級庁から下級庁、職員に対する示達であって、裁判所を拘束するものではないが、全国統一的に公平な行政を行うことに資するものであるから、その内容が合理的なものである限り、裁判所が法令の解釈を行う際に斟酌すべき一つの基準足り得ると考えられ、また、通達ないしはその趣旨に反して、行政処分が行われ、特にそれが国民の権利を制約する方向で行われる場合には、裁量権の濫用ないし逸脱となりうると考えられる。」

この判決は、通達が行政裁量権の一定の許容範囲を示すものと位置付ける点で注目すべき判断を示したものであるといえよう。このように、通達が尊重されなければならない場面があるとすると、通達によるべき場合とそうではない場合がいかなる基準によって画されるかという点に関心がシフトする。

4 行政事件にみる裁量権濫用判断の基準としての通達

(1) 通達に反する取扱いをしたことが裁量権の濫用になるとした事例

札幌地裁平成5年7月30日判決（判タ835号165頁）は、刑務所内で、対立関係にあった暴力団幹部Aと服役中の暴力団会長であるXとの間に喧嘩

事犯が発生したことで、行政官がAに顔面等を殴られたXに対し、緊急で金属手錠を使用し、後に革手錠に変更して保護房に収容したことが違法であるとして、国の損害賠償が認められた事例である。そこでは、刑務所当局が保護房拘禁についての裁量権があるとされたが、かかる裁量権は通達の定める範囲を逸脱した場合には、裁量権の範囲を越えたものとなる旨判示している。

同地裁は、矯正局長通達矯正甲1203「保護房の使用について」は、監獄法15条や同法施行規則47条の規定に基づき発遣されたものであるとした上で、次のように判示している。

> 「保護房拘禁は、独居拘禁の一態様と考えられ、戒護のため必要ある者に適用されているということができるところ、必要ある者かどうかは右規定の体裁・内容上、刑務所当局の裁量によるものというべきであるが、保護房拘禁が受刑者を隔離してその生活を監視するものとしてその心身に相当強度の影響を及ぼすといいうることを考慮し、また、右通達により『保護房』拘禁が直接的に具体化されていることを考えれば、右裁量は、右通達の定める範囲でされるべきであって、少なくともこれを超えるときは、裁量の範囲を超えたものまたは裁量権限を濫用したものとして違法となると解される。」

(2) 通達の取扱いは裁量権の範囲内と判断した事例

港湾局長通達による港湾運送事業の免許運用基準が港湾運送事業法の目的に適合しているものであり、かつ、免許権者が適正な裁量権の範囲内における取扱準則としては適当であると判示された事例として、大阪高裁昭和43年2月26日判決（訟月14巻5号509頁）がある。このように通達が適法なものであり、かかる通達が示す行政処理基準に従うことが裁量権の範囲を逸脱するものとはいえないとする裁判例はしばしば散見されるところである。

(3) 通達を形式的に適用したことが裁量権の逸脱と判断した事例

農林事務次官は、昭和36年9月26日付けの36秘289号通達「刑事事件に関し起訴された場合の身分の取扱いについて」によって、「刑事事件に関し起訴された職員は起訴事由の如何を問わず直ちに国家公務員法第79条第

2号の規定により休職とするものとする。」旨及び「右休職処分は略式手続によって開始された刑事事件の場合には行なわない。」旨を定めていた。この起訴休職に関する通達の適用を機械的に実施した処分の適法性が、裁量権逸脱行為となるかどうかという点が争点とされた事例がある。

東京地裁昭和43年7月20日判決（行裁例集19巻7号1278頁）は次のように判示している。

> 「右通達は農林事務次官が所管の職員に対し起訴休職に関する法令の解釈及び事務取扱の大綱を示したものであり、もとより柱に膠することを強いるものでないことは当然であるから、仮令所長が右通達に従って本件起訴休職処分に及んだとしても、それだけの事由により処分の適法性が確定されるものではない。」
> 「従って右通達に際しては、その通達全体の趣旨ないしはその通達の発せられた経緯などから、略式手続で開始された刑事事件の場合を特に除いた合理的根拠を考え、その根拠に従って起訴休職処分制度を合理的に運用することが通達自体において要求しているものと解するのが、むしろこの種の通達のようにあらゆる場合を一々こまかく規定することのできない事項に関する通達の解釈として当然のことと思われる。」

この事件は控訴され、控訴審東京高裁昭和45年4月27日判決（行裁例集21巻4号741頁）においても、通達の形式的適用が否定的に捉えられている。

> 「元来通達は、行政官庁が所管の諸機関及び職員に対して、行政の取扱の基準を示し、法令の解釈を統一する等の目的で発するものにすぎないから、控訴人において前記通達に従った一事によって本件起訴休職処分が適法となるものでないことはいうまでもないのみならず、右通達の示す国公法の解釈及び起訴休職取扱の基準が相当といえないことは右に述べたとおりであるから、控訴人が右通達のみに則って右処分に出でたことは、右処分にあたり、本来任命権者としてなすべき叙上の考慮をなさなかったものと断ぜざるを得ない。」
> 「従って、被控訴人に対する前記起訴を理由として、同人を休職にする必要があるかどうかは、叙上のとおり被控訴人の地位、担当職務の内容、起訴事実の内容及び起訴の態様等の諸点について個別的具体的に判断のうえ決せらるべきであるにも拘らず、控訴人においては、これらを一切顧慮することなく、本件起訴休職処分に及んだのであって畢竟右処分は任命権者たる控訴人に与えられた裁量の範囲を越えるものというべく違法たるを免れない。」

この事例は、通達を機械的に適用したこと（琴柱に膠する取扱いをしたこと）が問題とされたという点に注目すべきである。

5　通達違反と裁量権

　通達は、あくまでも行政における均一的取扱いを担保するために機能する行政内部の上意下達の命令手段であると考えるべきであるから、いかに通達に行政庁職員に対する内部拘束力が認められるからといって、そこに生じる外部効果を強調することは許されるべきではないように思われる。

　例えば、神戸地裁姫路支部平成15年1月31日判決（交民36巻5号1174頁）は、自動車損害賠償保障法72条に規定する政府に対する保障請求権に係る填補額決定に当たって、被告行政庁が国土交通省自動車局通達「自動車損害賠償責任保険（共済）基準及び政府の自動車損害賠償保障事業損害てん補」による填補基準を採用することが、その裁量の範囲を逸脱するものとはいえず、被告が原告に支払った金額はかかる基準に照らして相当な金額であると判示したが、その後、この判断は、控訴審大阪高裁平成15年9月30日判決（民集59巻5号919頁）において覆されている。

> 「政府が被害者から直接保障請求を受けた場合に、迅速に公平で均一な『損害』のてん補を行うために、一次的に本件基準のような基準を設けて損害を算定すること自体は、特段違法、不当とする根拠はないとしても、被害者がその算定に不服のある場合は、当然のことながら、直接に国に対して給付の訴えを提起し、その訴訟において、自らの損害額を主張・立証し、それに基づいて受訴裁判所が適正な損害額を認定することになるのであって、その際、被害者や受訴裁判所が行政処分でもない、単なる行政庁の内部手続の基準である、本件基準に拘束されるいわれは全くないものといわなければならない。」

　通達に基準性を求める判断が示されることもあるが、原則的には、その基準性はあくまでも裁判所の判断においては間接的資料の1つにすぎないとみるべきであり、その適用の硬直性が肯定されるようなことになってはならないというべきであろう。したがって、通達の適用がないことの違法性を問う事例もしばしば散見されるが、行政庁職員は通達の適用においては個々のケースの特殊性を等閑視するような形式的適用をなすことは許されないと解するべきであり、かような通達の適用手法の問題も法的意味において取り上げるべき事項であるというべきであろう。

第6節　通達の拘束力

> **ポイント**
>
> 通達はどのようにして、行政庁職員を拘束するのであろうか。国家公務員法等に基づく拘束力のほか、行政先例法としての拘束力等を認め得る可能性もあるのであろうか。他方、違法な通達が発遣された場合であっても、行政職員はこれに服さなければならないのであろうか。この辺りについて、学説や判決事例を取り上げて確認してみたい。

1　行政職員に対する拘束力

(1)　国家公務員法による内部的拘束力

　これまで述べてきたとおり、通達は、行政庁内部における上意下達の命令ないし指令であるが、当然ながら、国家公務員は職務遂行に当たって、命令ないし指令に違反することは許されていない。

> **国家公務員法98条《法令及び上司の命令に従う義務並びに争議行為等の禁止》**
> 　職員は、その職務を遂行するについて、法令に従い、且つ、上司の職務上の命令に忠実に従わなければならない。

　また、このような命令に違反した場合について、同法は懲戒処分を用意している。

> **国家公務員法82条《懲戒の場合》**
> 　職員が、次の各号のいずれかに該当する場合においては、これに対し懲戒処分として、免職、停職、減給又は戒告の処分をすることができる。
> 　一　この法律若しくは国家公務員倫理法又はこれらの法律に基づく命令…に違反した場合
> 　二　職務上の義務に違反し、又は職務を怠った場合

　これらの規定から、「税務通達によって租税法解釈等について指示を受ける税務職員に対しては、税務通達の厳しい遵守義務が課せられている」と解されているのである（品川・税務通達48頁）。

(2) 違法な通達と公務員の注意義務

　違法な通達に対しても、公務員は拘束を受け、命令に従わなければならないのであろうか。

　この点につき、東京高裁昭和41年4月28日判決（判タ194号148頁）は、次のように判示している。

> 「元来上級行政官庁の通達は、下級行政庁に対し法令の解釈基準ないしその運用方針等の準則を示すものであって、一般国民を拘束するものではないから、通達による行政解釈に名を借りて実質上法令の改正または補充に等しい結果をもたらし、国民の権利義務に重大な影響を及ぼすが如きことは厳にいましめられなければならないが、租税法規に固有の抽象的技術的な性質と課税対象たる社会経済現象の多様性、流動性の故に、法規上は単に一般的基本的事項を定めるにとどめその具体的細目的事項については通達をもって解釈運用の実際上の統一をはかり、課税の公平を期するよう処置することは、立法技術上および行政運営上やむをえないところといわざるをえない。本訴に先行する別件取消訴訟において通達に示された解釈は誤まりであると判示されたことは前述のとおりであるけれども、叙定各認定事実から窺われるように、株主優待金が所得税法上利益配当に該当するものと解すべきか否かは、優待金の特殊な経済的法律的性格からみて、微妙な事実認定とこれに対する専門的な法律的判断を必要とする事項であったところ、税務当局としては通常公務員に要求される注意義務を尽してこれを積極に解しこの旨の通達を発して本件各決定および滞納処分に及んだものであって、その解釈の誤りをもって一概に過失に基づくものとはいい難く、また税務当局が最終的に自己の法令解釈が司法的判断により排斥されるべきことを認識しえた筈であるのに敢えて前記の措置に出でたものと断定することはできない。したがって税務当局としては本件各決定にさきだちその根拠法規の新設に努力し、法規上の疑義を一掃した後に始めて徴税措置をなすよう取り計うべきであった（いわゆる立法義務違反）とする控訴人の主張は採用しえない。」

　上記東京高裁は、違法な通達に基づく行政上の取扱いについて直接公務員の責任を追及する態度には出ておらず、税務当局として通常公務員に要求される注意義務のレベルで行った行政処分については「一概に過失に基づくものとはいい難〔い〕」と判示している。

　これは、通達が公務員にとってのセーフハーバーとしての意味を有していることの表れといえよう（31頁参照）。

(3) 平等原則違反ないし信義則による縛り

　前述のとおり、通達に反する課税処分については、通達が法源性を有す

るものではなく、納税者や裁判所を拘束するものではないから、直ちに違法な課税処分とはいえないと思われるものの、通常は、通達による課税処分がなされる中にあって、ある特定の者についてのみ通達の適用がないとすれば、それは平等原則違反のおそれも惹起されるし、そもそも納税者の予測可能性を無視するものであり、租税行政庁に対する信頼を裏切ることにもなることから、場合によっては、信義則違反の問題も浮上する。そのような意味では、通達に反する課税処分が違法性を帯びることはあり得ると考える。

　この点を検討する上でスコッチライト事件大阪高裁昭和44年9月30日判決（68頁参照）が参考となると思われる。同高裁は次のように説示する。

「憲法84条は租税法律主義を規定し、租税法律主義の当然の帰結である課・徴税平等の原則は、憲法14条の課・徴税の面における発現であると言うことができる。みぎ租税法律主義ないし課・徴税平等の原則に鑑みると、特定時期における特定種類の課税物件に対する税率は日本全国を通して均一であるべきであって、同一の時期に同一種類の課税物件に対して賦課・徴収された租税の税率が処分庁によって異なるときには、少くともみぎ課・徴税処分のいづれか一方は誤った税率による課・徴税をした違法な処分であると言うことができる。けだし、収税官庁は厳格に法規を執行する義務を負っていて、法律に別段の規定がある場合を除いて、法律の規定する課・徴税の要件が存在する場合には必ず法律の規定する課・徴税をすべき義務がある反面、法律の規定する課・徴税要件が存在しない場合には、その課・徴税処分をしてはならないのであるから・同一時期における同一種類の課税物件に対する二個以上の課・徴税処分の税率が互に異なるときは、みぎ二個以上の課・徴税処分が共に正当であることはあり得ないことであるからである。そしてみぎ課税物件に対する課・徴税処分に関する全国の税務官庁の大多数が法律の誤解その他の理由によって、事実上、特定の期間特定の課税物件について、法定の課税標準ないし税率より軽減された課税標準ないし税率で課・徴税処分をして、しかも、その後、法定の税率による税金とみぎのように軽減された税率による税金の差額を、実際に追徴したことがなく且つ追徴する見込みもない状況にあるときには、租税法律主義ないし課・徴税平等の原則により、みぎ状態の継続した期間中は、法律の規定に反して多数の税務官庁が採用した軽減された課税標準ないし税率の方が、実定法上正当なものとされ、却って法定の課税標準、税率に従った課・徴税処分は、実定法に反する処分として、みぎ軽減された課税標準ないし税率を超過する部分については違法処分と解するのが相当である。したがって、このような場合について、課税平等の原則は、みぎ法定の課税標準ないし税率による課・徴税処分を、でき得る限り、軽減された全国通用の課税標準および税率による課・徴税処分に一致するように訂正し、これによって両者間の平等をもたらすように処置することを要請しているものと解しなければならない。」

出入国管理及び難民認定法に基づく退去強制事件東京地裁平成15年9月19日判決（判時1836号46頁。54頁も参照）において、次のように判示している。

> 「主任審査官が本件各退令発付処分に当たり、いかなる事項を重視すべきであり、いかなる事項を重視すべきでないかについては、本来法の趣旨に基づいて決すべきものであるが、外国人に有利に考慮すべき事項について、実務上、明示的又は黙示的に基準が設けられ、それに基づく運用がされているときは、平等原則の要請からして、特段の事情がない限り、その基準を無視することは許されないのであり、当該基準において当然考慮すべきものとされている事情を考慮せずにされた処分については、特段の事情がない限り、本来重視すべき事項を不当に軽視したものと評価せざるを得ない。」

この判断は、上記学説と同じ立場に立っているといえよう。

(4) 行政先例法との関係

通達が慣習法たる行政先例法と認められる場合には、法的拘束力を有するに至ったとみることができるかもしれない。すなわち、例えば、田中二郎教授は、通達により示達された法解釈が長年にわたって租税行政庁により実施され、納税者にもその取扱いが異議なく了承され、それが法的確信にまで高められれば、一種の慣習として行政先例法となり得るとされるが（田中・租税法100頁）、これに対して、松澤智教授は、「現行通達は、一般の納税者に対して、これに反すれば更正処分を受け加算税を受けることから事実上強制されているに過ぎず、法的確信まで高められているとはいい得ない。」と反論される（松澤『租税手続法』377頁（中央経済社1997））。

この点、長崎地裁昭和36年5月19日判決（行裁例集12巻5号1017頁。63頁も参照）は、通達の取扱いにつき、慣習法たる行政先例法として認められる場合もあると説示している。この考え方は、福岡高裁昭和37年4月19日判決（税資36号473頁）にも引用されている。

また、最近では現先取引のレポ取引に対する課税処分の適法性をめぐる訴訟（東京地裁平成19年4月17日判決・金判1274号43頁）[11]に関して、中里実教授は、旧現先レポ取引についての課税庁の取扱いを行政先例法の観点か

---

11 判例評釈として、占部裕典・判評595号164頁など参照。

ら論じられる。すなわち、「旧現先基本契約書に準拠した旧現先取引は、所得税法上、売買取引として取扱い、源泉所得税を課さないという当局の方針は、そのような行政先例法を形式的に確認したものであるといえよう。」として、行政先例法の成立の可能性を論じられる（中里「レポ取引の課税について」税研102号73頁以下）。

このように行政先例法の問題は、ある解釈通達が長年通用していた後に、これを改め、私人にとって不利な取扱いに変更をすることが認められるかどうかという問題においてより重要な論点となる。この点につき、塩野宏教授は、「先例法（慣習法）の成立あるいは定着の判断要素は明確でなく（慣習法は、法律による行政の原理とは親和的でない。…）、実際上は、通達の公表により、法的安定性、予測可能性という保護利益が誕生することを考慮すると、かかる見解は、いわゆる『通達による行政』を公認することになろう。」とされ（塩野・行政法Ⅰ115頁以下）、消極的な立場に立たれる。

これに対して、金子宏教授は、行政先例法の定立と納税者に不利な解釈の変更を認めない立場を堅持される（金子・租税法108頁）。議論のあるところであろうが、ある納税者にとって有利な場面が実は他の納税者にとって不利となり得るという場面を考えると、この場合には法的安定性がむしろ阻害されることにもなり、納税者にとって有利あるいは不利という観点からの判断基準に問題を生じる場面もあり得るように思われるのである。塩野教授はこの点につき、先例法の成立を納税者の利益になるときにのみ認めるとする点には無理があるとされる（塩野・行政法Ⅰ115頁以下）。

いずれにしても、通達が行政先例法に昇華される可能性を否定する見解もあるが、租税法学の通説はこれを肯定する立場にある。そのような立場からみれば、通達の取扱いが裁判所をも法的に拘束するに至り、法源性を有することになるのである。

2　裁量基準の硬直的取扱いの問題

裁量基準がそこからの逸脱を一切許さないものとし、訴訟においても、裁量基準に従わないと違法として取り消されるとすると、当該裁量基準は、

法規命令と同じ効果を有することになり、不合理であるように思われる。

いわゆるマクリーン事件上告審最高裁昭和53年10月4日大法廷判決（民集32巻7号1223頁）[12] は、次のように判示している。

> 「行政庁がその裁量に任された事項について裁量権行使の準則を定めることがあっても、このような準則は、本来、行政庁の処分の妥当性を確保するためのものであるから、処分が右準則に違背して行われたとしても、原則として当不当の問題を生ずるにとどまり、当然に違法となるものではない。」

3 違法な通達の内部拘束力

違法な通達が発遣された場合、かかる違法な通達に下級官庁の行政職員が服するべきか否かについては大別して次の3つの考え方がある。

(1) 第1説：形式的適法性

まず、通達が形式的要件を具備しているかだけを基準に、違法な通達かを判断する考え方がある。この場合、形式的・表面的な部分のみを下級官庁は確認すればよく、形式的適法性が充足されていれば、行政職員は当然ながら、上級官庁の指揮命令権限に従わ（服さ）なければならない。

(2) 第2説：実質的適法性

もう1つの考え方は、下級官庁が訓令の実質的な違法性の判断まで行い、そこまで審査をした上で、もし実質的な適法性が欠けていれば、その通達に従わなくてよいという考え方である。法律に適合した行政が求められるのは、形式的な部分ではなく実質的法律的な行政が求められるからであり、そうでなければ何の意味もないのである。であるから、第1説を議論しても意味はなく、むしろ第2説に従って考えるべきであるとするものである。第2説は法律による行政の原理の観点からは妥当であると思われるが、下級官庁が実質的な違法性の判断を行うことは難しいという面は否

---

12 判例評釈として、阿部照哉・判評243号145頁、越山安久・曹時34巻1号230頁、塩野宏・行政判例百選Ⅰ〔第4版〕164頁など参照。

めない。

(3) 第3説：重大明白説（有力説）

これは、第2説から派生した考え方である。第2説は差し当たり妥当性を有する見解といえるが、下級官庁が実質的判断を行うことは難しいことから、違法性が重大かつ明白なときにのみ違法性が問われ、重大かつ明白な違法性があれば行政官は訓令に従わなくてよいという考え方である。

実際にどの見解が妥当するかにつき学説は分かれているが、重大明白説が有力説であるとされている。つまり、重大でかつ明白な違法性が認められない限り、行政官は差し当たりその命令に従うものとされ、命令に従った以上、行政官に責任は及ばないということである（通達のセーフハーバー機能）。

4　職員への通達の周知徹底

国税庁20年史は次のように通達の公表について説明する。

> 「課税の適正を期するためには、まず関係職員が法令通達の趣旨を十分に理解し、これを正しく適用することが必要である。また、通達体系の簡素平明化に伴い、関係職員が個別事案を処理するに当たっては、いきおい条理や社会通念等によって判断する分野も広くなり、そうした状況に対処する能力を養成することが必要となっている。
> このため、毎年できる限り多くの機会に審理課担当職員を各局署の説明会に派遣し、改正法または新たに制定された通達等の説明を行なうとともに、各税の関係印刷物を配付する等して、その周知徹底に努めている。」（国税庁『国税庁20年史』249頁）

通達には内部拘束力があり、その実効性を確保することがひいては適正公平な課税につながることからも、このように通達の周知徹底の重要性がうたわれてきたのである。

5　裁判所に対する拘束力

　米国では、しばしば行政解釈が裁判所の解釈に優位するという「司法敬譲（deference）」の考え方が採用されることがある。例えば、Chevron事件[13]では、行政機関の法解釈に対する司法審査の方法について、二段階審査というものを説示し、司法敬譲を認めている。すなわち、①議会が、争点となっている問題を直接的に取り扱っており、その問題に対する議会の意図が明白であるならば、その議会の意図に沿った法律上の効果を認めるべきとする第一段審査の次に、②第一段審査において議会の意図が不明確であれば、行政解釈に対して司法敬譲を与えるという第二段審査がなされるべきというのである（この第二段審査のことを「Chevron原則」という。）。このような司法敬譲が論じられるのは法解釈としてあり得る選択肢が２つ以上ある場合であるが、その場合に行政が採用した解釈を尊重しようとする態度である。

　我が国においては、建前としては、裁判所に対する拘束力はないとされている。しかしながら、我が国においても、行政解釈が合理的であればその行政解釈に敬譲を認めようとする傾向がないことはない。例えば、財産評価基本通達に対して、裁判所はしばしば行政庁の解釈を尊重した上で判断を展開しているのが実情であるともいえる。もっとも、そのような現象が見られたとしても、それを正面から「司法敬譲」ルールが措定されているとみることは行きすぎであろうが、我が国の研究者の間でも既に注目されている[14]。

13　Chevron U.S.A., Inc. v. Natural Resources Defense Council, Inc., 467 U.S. 837 (1984).
14　例えば、渕圭吾「Mayo Foundation for Medical Education and Research et al. v. U.S., 131 S. Ct.704 (2011)」アメリカ法2011－２号、泉絢也「租税行政法領域における米国Mayo判決の意義と影響」税務事例45巻3号、筑紫圭一「アメリカ合衆国における行政解釈に対する敬譲型司法審査(上)―Chevron原則の意義とその運用―」上智法学論集48巻１号など参照。

第7節　通達の公表

> **ポイント**
>
> 通達は公表されなければならないといわれている。その理由と意義を考えてみたい。
> 　本節では、行政過程の透明性や行政処分を受ける者の予測可能性の保障の観点から通達などの審査基準を公表すべきとする行政手続法及び中央省庁等改革基本法を素材に考察を加えることとしよう。

1　審査基準の公表

(1)　透明性・予測可能性と裁量基準

　行政手続法においては、行政庁は審査基準を具体的に定め、それを公にしなければならないとされている。

> **行政手続法5条《審査基準》**
> 　行政庁は、審査基準を定めるものとする。
> 2　行政庁は、審査基準を定めるに当たっては、許認可等の性質に照らしてできる限り具体的なものとしなければならない。
> 3　行政庁は、行政上特別の支障があるときを除き、法令により申請の提出先とされている機関の事務所における備付けその他の適当な方法により審査基準を公にしておかなければならない。

　この審査基準の設定及び公表の趣旨は、申請の更正な処理を確保し、申請者に許認可等を受けることができるかどうかについて一定の予見可能性を得さしめ、行政庁の判断過程の透明性の向上に資する点にあるとされている（総務庁行政管理局編『逐条解説行政手続法〔増補新訂版〕』96頁（ぎょうせい2002））。このような立場で裁量基準を捉えると、当然に同基準あるいは、それを示した通達は公表されるべきということになろう。

(2)　行政手続法

　では、この行政手続法の考え方を簡単に確認しておこう。

第7節　通達の公表

> **行政手続法1条《目的等》**
> 　この法律は、処分、行政指導及び届出に関する手続並びに命令等を定める手続に関し、共通する事項を定めることによって、行政運営における公正の確保と透明性（行政上の意思決定について、その内容及び過程が国民にとって明らかであることをいう。第46条において同じ。）の向上を図り、もって国民の権利利益の保護に資することを目的とする。
> 2　処分、行政指導及び届出に関する手続並びに命令等を定める手続に関しこの法律に規定する事項について、他の法律に特別の定めがある場合は、その定めるところによる。

　行政手続法1条によると、同法にいう「透明性」とは、「行政上の意思決定について、その内容及び過程が国民にとって明らかであること」である。そして、同法は、「行政運営における公正の確保と透明性の向上を図り、もって国民の権利利益の保護に資することを目的とする」法律であるから、この考え方からすれば、行政手続法5条《審査基準》に反するような場合、すなわち、審査基準が示されなかったり、不明確ないし不適切であったために的確な申請ができなかった場合には、これに対して行われた申請拒否処分も違法になると解されることになる（原田・行政法158頁、塩野宏＝高木光編『条解行政手続法』142頁（弘文堂2000））。

　中国の国籍を有し同国内の医学校を卒業した控訴人が、日本で医師業務を行うべく、医師国家試験本試験の受験資格認定申請を行ったところ、厚生大臣である被控訴人がこれを却下した事件として、東京高裁平成13年6月14日判決（判時1757号51頁）がある。同判決は、次のように判示して、審査基準の公表を行わなかった行政庁に対して、行政手続法違反を断じている。

> 「行政手続法5条3項は、その規定の文言から明らかなように、審査基準自体を公にすべきことを定めたものであるところ、本件認定申請の際に控訴人に交付された本件一覧は、医師国家試験受験資格の認定申請に当たって申請者が提出すべき書類を列挙したにとどまるものであって、これを交付したことをもって審査基準である本件認定基準を公にしたということはできないし、本件認定申請の際に、担当官が控訴人に対して本件認定基準の説明をしたとの事情を認めるに足りる証拠はないから、結局、厚生大臣が本件認定基準を公にしていたということはできず、本件却下処分をするに当たり行政手続法5条3項に違反したというほかはない。」

上記のように判示して、このような行政手続法の規定する重要な手続を履践しないで行われた処分は、当該申請が不適法なものであることが一見して明白である等の特段の事情がある場合を除き、行政手続法に違反した違法な処分として取消しを免れないとした。

もっとも、審査基準の設定ないし公表の手続的瑕疵について、申請拒否処分の取消訴訟で争わせることに対する有力な反論もある（小早川光郎ほか「研究会・行政手続法〔第10回〕」〔仲正発言、小早川発言〕ジュリ1069号128頁）。

(3) 中央省庁等改革基本法

平成10年6月に制定された中央省庁等改革基本法は、その2条において中央省庁等改革に関する基本理念を示し、4条7号において、政府が中央省庁等改革を行う際には、「行政運営の透明性の向上を図るとともに、政府の諸活動を国民に説明する責務が全うされるものとすること」という基本方針にも基づくべき旨を規定している。

中央省庁等改革基本法は、「平成9年12月3日に行われた行政改革会議の最終報告の趣旨にのっとって行われる内閣機能の強化、国の行政機関の再編成並びに国の行政組織並びに事務及び事業の減量、効率化等の改革…について、その基本的な理念及び方針その他の基本となる事項を定めるとともに、中央省庁等改革推進本部を設置すること等により、これを推進することを目的とする」法律である（同法1）。

> **中央省庁等改革基本法2条《中央省庁等改革に関する基本理念》**
> 中央省庁等改革は、内外の社会経済情勢の変化を踏まえ、国が本来果たすべき役割を重点的に担い、かつ、有効に遂行するにふさわしく、国の行政組織並びに事務及び事業の運営を簡素かつ効率的なものとするとともに、その総合性、機動性及び透明性の向上を図リ、これにより戦後の我が国の社会経済構造の転換を促し、もってより自由かつ公正な社会の形成に資することを基本として行われるものとする。

> 中央省庁等改革基本法4条《中央省庁等改革の基本方針》
> 　政府は、次に掲げる基本方針に基づき、中央省庁等改革を行うものとする。
> 　七　行政運営の透明性の向上を図るとともに政府の諸活動を国民に説明する責務が全うされるものとすること。

　このように中央省庁等改革基本法は、「透明性の向上」を図ることを改革の方針として掲げるのであるが、ここにいう「透明性」とはいかなる意味を有するのであろうか。行政手続法には透明性が定義されているが、中央省庁等改革基本法内にしばしば登場する「透明性」について、同法は定義を用意していない。この点につき、宇賀克也教授は、「中央省庁等改革基本法では、より広い文脈で、透明性という言葉が使われている。」とされ、行政手続法にいう処分及び行政指導の名宛人との関係における透明性よりも広義の意味を有すると指摘されるのである（宇賀「行政運営における透明性の向上と説明責務の確保─中央省庁等改革基本法がめざすもの」月刊Keidanren46巻12号24頁）。

> 中央省庁等改革基本法44条《国の規制及び補助金等の見直し》
> 　政府は、次に掲げる観点から、国の規制の見直しを行うものとする。
> 　五　基準の明確化、その公表等により国民に説明する責任を明確化すること。

　上記のように、中央省庁等改革基本法44条1項5号は、「基準の明確化、その公表等により国民に説明する責任を明確化すること」と規定している。行政手続法5条は、許認可等の審査基準をできる限り明確に定め、行政上特別の支障がない限り公にしておく義務が規定されているが、法令により十分具体的に許認可等の基準が定められているときは、審査基準を設定しなくてもよいことになっているにもかかわらず、なぜこのような規定が設けられたのであろうか。

　宇賀教授は、かかる規定について、「この〔筆者注：行政手続法5条の〕判断が各行政庁に委ねられているため、法令上の基準が十分具体的でないと思われるにもかかわらず、審査基準が制定されていない場合がある。また、審査基準が定められている場合であっても、十分に具体的とはいえない場合もある。」という点に同条項の趣旨を説明される（宇賀・前掲稿26頁）。

(4) 行政手続法と中央省庁等改革基本法の租税法への適用

　国税通則法74条の14第1項は、行政手続法の適用制限を規定する。したがって、前述の行政手続法5条にいう審査基準の設定ないし公表の適用は受けないことになる。行政手続法1条は国税通則法によって適用除外とはされていないので、行政手続法の趣旨は当然に租税法律関係についても及ぶことにはなるが、同法74条の14第1項の規定の下、裁量基準たる通達の公表が強制されていると解することはできない。

国税通則法74条の14《行政手続法の適用除外》
　行政手続法（平成5年法律第88号）第3条第1項《適用除外》に定めるもののほか、国税に関する法律に基づき行われる処分その他公権力の行使に当たる行為（酒税法第2章《酒類の製造免許及び酒類の販売業免許等》の規定に基づくものを除く。）については、行政手続法第2章《申請に対する処分》（第8条《理由の提示》を除く。）及び第3章《不利益処分》（第14条《不利益処分の理由の提示》を除く。）の規定は、適用しない。

　他方、中央省庁等改革基本法については、国税通則法による適用除外が認められていない。とりわけ、租税行政上の通達については、中央省庁等改革基本法4条等のみならず、20条5号において通達への依存の縮減、通達の公表が規定されており、通達行政への牽制を図るとともに、行政判断基準としての通達の公表が直接要請されているのである。

中央省庁等改革基本法20条《財務省の編成方針》
　財務省は、次に掲げる機能及び政策の在り方を踏まえて編成するものとする。
　五　徴税における中立性及び公正性の確保を図るため、税制の簡素化を進め、通達への依存を縮減するとともに必要な通達は国民に分かりやすい形で公表すること。

　国税庁がすべての通達を見直しして、活用されていない裁量基準や不適当と考えるそれらをすべて廃止し、現存する通達を、事務運営指針と法令解釈通達に分類し直した上、すべて公表することとしたのは、かかる法律の施行を契機としたものである。

　中央省庁等改革基本法は、改革が進めばある時点でその役割を終えることになるという性質を有している点で、行政手続法のような恒久的な手続

法ではないようにみえるが、時限法として有効期間が用意されたものでもない（藤田宙靖「『中央省庁等改革基本法』の帰趨―中央省庁等再編諸法施行の時点に立って―」会計検査研究24号6頁）。ただし、そうであるからといって、あくまでも、中央省庁等改革基本法はその目的がそうであるように、改革のための基本法であるにすぎないから、同法に反して通達が公表されていなかった場合に、同法違反を根拠として、行政処分の取消しなどを争うことは難しいといわざるを得ない。

2 通達公表のマイナス効果

租税行政庁の発遣する通達を公表することが、行政過程の透明性の確保や納税者の予測可能性に資するという点については、そのマイナス効果を危惧する見解がある。例えば、納税者や税理士が通達に依存するという不安があろう。すなわち、多くの場面で、行政庁の発遣する通達に従った申告がなされることになり、結局のところそのことは、租税法律主義の要請に反して、通達に基づく課税が事実上行われていることになるというものである。

通達の公表が納税者の判断を揺るがすことになるという一面のみを強調して、通達の公表に批判的な考え方を聞くことがある。そのような不安があるということに理解を示すことはできるが、租税行政庁の考え方や判断基準を知るということが、納税者からみて意味を有しないとは思えないし、マイナス効果のみしかないとも思えない。

必要なのは、公表された通達の意味を納税者（や税理士）が自ら考えることではなかろうか。公表された通達をいかに活用するかは、むしろ、主体的かつ自立した納税者の判断に委ねるべきであると考える。

3 通達公表と加算税の「正当な理由」
(1) オデコ大陸棚事件

通達が公表されていなかったため、行政解釈を知る機会がなかったことが加算税免除の「正当な理由」に該当するかどうかということが争われる

ことがある。

　いわゆるオデコ大陸棚事件東京高裁昭和59年3月14日判決（行裁例集35巻3号231頁）[15]の事例において、「大陸棚」が法人税法上の「納税地」には該当しないとの立場に立つ納税者は、「大陸棚」が「納税地」に該当するとする課税庁に対して、そのような解釈が妥当であるとしても、納税者の法律解釈の誤りは「正当な理由」に該当する旨主張している。その根拠は次のとおりである。

① 　国税通則法66条1項ただし書に規定する「正当な理由」については、加算税の規定が存在した旧所得税法当時（昭和40年4月1日以前）に発布された所得税基本通達1－698及び1－696において「税法の解釈に関して申告すべき時期に公表されていた見解がその後改変されたことに伴い、更正を受けるに至った場合」、あるいは「真にやむをえない理由があると認められる場合」などは「正当な理由がある場合」に該当するものとして取り扱われており、現在の税務執行上も同様の取扱いがなされている。

② 　法人税法の「施行地」の解釈に関して本件各係争年度当時特に公表された見解はなかったが、それが領土内であることはいわば統一された解釈であったから、仮にそれ以降にその解釈が変更されたとしても、通達に掲げる「正当な理由」が存在したことは明らかである。

③ 　仮にそうではなく、本件各係争年度当時同法の「施行地」に一定の限度で大陸棚が含まれるとの解釈が租税当局において採用されていたとしても、このような解釈は当時一般納税者にとっては予測を超えた解釈であった。

④ 　租税当局内部においても、大陸棚における外国法人の所得に対し課

15 　判例評釈として、上本修・自研62巻1号118頁、広部和也・渉外判例百選〔第2版〕252頁、中村洸・昭和60年度重要判例解説〔ジュリ臨増〕251頁、村井正・租税判例百選〔第3版〕20頁、浅妻章如・租税判例百選〔第5版〕128頁、一高龍司・租税判例百選〔第6版〕130頁、西村弓・国際法判例百選46頁、佐藤直人・姫路ロー・ジャーナル5号55頁、古賀衞・国際法判例百選〔第2版〕70頁、酒井・ブラッシュアップ242頁など参照。

税することができるかどうかの検討は昭和48年に至って初めて行われている。

これに対して、東京高裁は次のように判示して、加算税免除規定にいう「正当な理由」には該当しないとした。

> 「日本国沿岸の大陸棚を法人税法の『施行地』に含める法律解釈が、控訴人等の外国法人をも含めて一般納税者の予測を超えたものとはいえない。そうとすると、法人税の『施行地』に大陸棚を含む旨を、税務官庁が基本通達の発布などの措置により公表しなかったとしても、税務取扱上、妥当を欠いたともいえない。」

東京高裁は、このように判示して、課税庁が行った処分については納税者の予測を超えるものではなかったとの判断をしている。ここでは、納税者の予測を超えない範囲においては、通達を発遣していなくても妥当性を欠いたものとはいえないとしているのであって、これを逆説的に捉えれば、納税者の予測を超える範囲においては、通達を発遣していなければ妥当性を欠くものと判断される場合もあり得るとも解される。そうであるとすれば、通達の公表の有無が加算税免除事由にいう「正当な理由」の判断に直結することがあるのであろうか。かような視角で判断が下された事例の1つに親会社ストック・オプション訴訟がある。

(2) 親会社ストック・オプション訴訟

親会社ストック・オプション訴訟最高裁平成18年10月24日第三小法廷判決（民集60巻8号3128頁。45頁も参照）においては、権利行使益の所得区分が争われたほか、更正処分等と同時に賦課決定された加算税についての「正当な理由」該当性も争点とされた。

そこでは、課税庁の職員が示した雑誌記事や質疑応答事例集に「一時所得」とされていたものが、その後の更正処分において「給与所得」とされたことについて、質疑応答事例集等を信じて一時所得と申告したことにつき、過少申告加算税が課されることは不当又は酷に当たるか否かが議論されたが、最高裁は、次のように判示した。

「外国法人である親会社から日本法人である子会社の従業員等に付与されたストックオプションに係る課税上の取扱いに関しては、現在に至るまで法令上特別の定めは置かれていないところ、課税庁においては、上記ストックオプションの権利行使益の所得税法上の所得区分に関して、かつてはこれを一時所得として取り扱い、課税庁の職員が監修等をした公刊物でもその旨の見解が述べられていたが、平成10年分の所得税の確定申告の時期以降、その取扱いを変更し、給与所得として統一的に取り扱うようになったものである。この所得区分に関する所得税法の解釈問題については、一時所得とする見解にも相応の論拠があり、最高裁平成16年（行ヒ）第141号同17年1月25日第三小法廷判決・民集59巻1号64頁によってこれを給与所得とする当審の判断が示されるまでは、下級審の裁判例においてその判断が分かれていたのである。このような問題について、課税庁が従来の取扱いを変更しようとする場合には、法令の改正によることが望ましく、仮に法令の改正によらないとしても、通達を発するなどして変更後の取扱いを納税者に周知させ、これが定着するよう必要な措置を講ずべきものである。ところが、前記事実関係等によれば、課税庁は、上記のとおり課税上の取扱いを変更したにもかかわらず、その変更をした時点では通達によりこれを明示することなく、平成14年6月の所得税基本通達の改正によって初めて変更後の取扱いを通達に明記したというのである。そうであるとすれば、少なくともそれまでの間は、納税者において、外国法人である親会社から日本法人である子会社の従業員等に付与されたストックオプションの権利行使益が一時所得に当たるものと解し、その見解に従って上記権利行使益を一時所得として申告したとしても、それには無理からぬ面があり、それをもって納税者の主観的な事情に基づく単なる法律解釈の誤りにすぎないものということはできない。

　以上のような事情の下においては、上告人が平成11年分の所得税の確定申告をする前に同8年分ないし同10年分の所得税についてストックオプションの権利行使益が給与所得に当たるとして増額更正を受けていたことを考慮しても、上記確定申告において、上告人が本件権利行使益を一時所得として申告し、本件権利行使益が給与所得に当たるものとしては税額の計算の基礎とされていなかったことについて、真に上告人の責めに帰することのできない客観的な事情があり、過少申告加算税の趣旨に照らしてもなお上告人に過少申告加算税を賦課することは不当又は酷になるというのが相当であるから、国税通則法65条4項にいう『正当な理由』があるものというべきである。」

　上記のとおり、最高裁は、「課税庁が従来の取扱いを変更しようとする場合には、法令の改正によることが望ましく、仮に法令の改正によらないとしても、通達を発するなどして変更後の取扱いを納税者に周知させ、これが定着するよう必要な措置を講ずべきものである。」とするが、判決から、このような取扱いの変更について、法令によるべきか通達を発遣すべきかという指針を導き出すことはできない。けだし、判決はそのことを直

接問題としているのではないからである（そのような議論が重要ではないという意味では当然ない。）。むしろ、認定事実のような前提状況の下、通達をも発遣していない課税庁として加算税を課すことが「行政上の措置」として妥当であったか否かが問題とされているのである。

　上記最高裁判決は、そのような状況にありつつ「行政上の措置」たる加算税を課すことは適当ではなかった、すなわち「不当」であったということを述べていると理解すべきであろう。

　通達を公表すべきかどうかは、そもそも行政庁の専権事項であるといえる。行政手続法に違反する領域であれば別であるが（前述のとおり中央省庁等改革基本法違反が直接行政処分の違法性の根拠とはなりづらいものの）、行政手続法の適用対象外において通達が公表されていないということが、直接違法性を帯びるということは考えづらいといわざるを得ない。

第8節　緩和通達

> **ポイント**
>
> 通達が法源性を有しないのは課税の局面だけではない。通達による課税減免も許容されてはいないと考えるべきであろうか。本節では、いわゆる緩和通達と呼ばれる、課税減免の局面での通達の法源性を考えてみたい。同時に、租税法律主義の要請する合法性の原則との関わりについても関心を寄せてみたい。

1　合法性の原則

　租税法律主義の要請の下、課税要件法定主義によって法律の根拠なき課税は許容されないが、これに加えて、課税減免等の納税者における租税負担の軽減については、とりわけ合法性の原則が働く。

　合法性の原則とは、租税法律主義の内容の一部を構成する原則であり、租税行政庁は、課税要件が充足されていれば課税しなければならないという考え方である。この原則の下では、法律の定めのない限り、租税を免除したり、徴収をしない自由な裁量があるわけではないということが確認できる。すなわち、恣意的な課税や徴収を排除する機能を有する原則であるともいえよう。

　合法性の原則からすれば、和解による課税免除や徴収猶予は違法であるということになる（酒井・スタートアップ150頁）。

　この原則の下、たとえ課税の減免であっても、法律の根拠なくしては課税を免除することができないのであるから、法律の根拠なく通達のみをもって課税を免除することは許されないことになる。以下、いくつかの事例を素材にして、この点について考えてみたい。

2　通達による裁量権の剥奪

　上記の考え方に従えば、租税法が一定の場合に青色申告の取消しを規定しているところに、通達がそれを緩和したり、あるいは税務署長の青色申告の取消しに関する裁量権を剥奪することも許されるところではないはず

である。

　この点について、大阪高裁昭和38年12月26日判決（行裁例集14巻12号2174頁）[16]が、傍論においてではあるが、次のように論じている。

> 「通達なるものは国家行政組織法第14条第2項にもとづき法人税法運用に関して所轄の諸機関及び職員に対して指針を与えたもので、法に反しない限り右通達に従うべきことが要求されているに過ぎないのであるから、通達によって法人税法第25条第8項〔筆者注：青色申告承認取消規定〕で与えられている税務署長の裁量権を剥奪するが如きことは許されない。」

　租税法律主義の下、合法性の原則を念頭におけば、上記説示するところは当然のことのようにも思える。しかしながら、国税庁が発遣する通達の中には、本来の納税義務や書面提出義務など、義務や負担を緩和する機能を有するいわゆる緩和通達と呼ばれる通達があるのも事実である。

　以下に挙げるのは、所得税基本通達や租税特別措置法関係通達であるが、これらは、「課税しなくて差し支えない」とか、「交際費等に該当しないものとすることができる」などと通達しており、ここにいう緩和通達の代表例であるといえよう。

● 緩和通達の一例

> 所得税基本通達36－21《課税しない経済的利益……永年勤続者の記念品等》
> 　使用者が永年勤続した役員又は使用人の表彰に当たり、その記念として旅行、観劇等に招待し、又は記念品（現物に代えて支給する金銭は含まない。）を支給することにより当該役員又は使用人が受ける利益で、次に掲げる要件のいずれにも該当するものについては、<u>課税しなくて差し支えない</u>。
> (1) 当該利益の額が、当該役員又は使用人の勤続期間等に照らし、社会通念上相当と認められること。
> (2) 当該表彰が、おおむね10年以上の勤続年数の者を対象とし、かつ、2回

16　判例評釈として、清永敬次・シュト26号10頁参照。原審は大阪地裁昭和37年6月29日判決（行裁例集13巻6号1133頁。判例評釈として、広瀬時映・税通18巻2号151頁、須貝脩一・シュト11号16頁など参照）。上告審は最高裁昭和42年4月21日第二小法廷判決（訟月13巻8号985頁。判例評釈として、中村盛雄・ひろば21巻3号50頁、清永敬次・シュト69号5頁など参照）。

> 以上表彰を受ける者については、おおむね5年以上の間隔をおいて行われるものであること。

> **租税特別措置法関係通達61の4(1)－5《景品引換券付販売等により得意先に対して交付する景品の費用》**
> 　製造業者又は卸売業者が得意先に対しいわゆる景品引換券付販売又は景品付販売により交付する景品については、その景品（引換券により引き換えられるものについては、その引き換えられる物品をいう。）が少額物品であり、かつ、その種類及び金額が当該製造業者又は卸売業者で確認できるものである場合には、その景品の交付のために要する費用は<u>交際費等に該当しないものとすることができる</u>。

　このような通達は、いわゆる少額不追及の目的で制定されているとされるが、果たして、このような趣旨で通達を発遣することが租税法律主義に抵触するのではないかという疑問が惹起されるところである。

　類似の通達に、所得税基本通達36－30《課税しない経済的利益…使用者が負担するレクリエーションの費用》があるが、同通達は、「役員又は使用人のレクリエーションのために社会通念上一般的に行われていると認められる」行事に該当する場合の従業員の受ける経済的利益については課税しなくて差し支えないと通達している。かかる通達について、東京地裁平成24年12月25日判決（税資262号順号12122）は、「上記通達が、使用者が『役員又は使用人のレクリエーションのために社会通念上一般的に行われていると認められる』行事の費用を負担することにより、これらの行事に参加した役員又は使用人が受ける経済的な利益については、課税しなくて差し支えないものとするのは、上記のような行事は簡易なものであることが多く、それに参加することにより享受する経済的な利益の額は少額であることに鑑み、少額不追求の観点から強いて課税しないこととするのが相当であるためであると解される」と説示し、同通達の取扱いを承認した上で事実認定への当てはめを行っている（なお、控訴審東京高裁平成25年5月30日判決（税資263号順号12222）はこの判断を維持している。）。

第8節　緩和通達

3　緩和通達の生成過程
(1)　「保健師、看護師、准看護師」に関する緩和通達

では、租税法律主義の課税要件法定主義や合法性の原則に反するおそれのある緩和通達がなぜに存在するのであろうか。ここでは、緩和通達の生成過程の一例を所得税法上の医療費控除を参考に検討してみたい。

所得税法73条《医療費控除》を受け所得税法施行令207条は、医療費控除の対象となる医療費の範囲について、次のように規定する。

所得税法施行令207条《医療費の範囲》
　法第73条第2項《医療費の範囲》に規定する政令で定める対価は、次に掲げるものの対価のうち、その病状その他財務省令で定める状況に応じて一般的に支出される水準を著しく超えない部分の金額とする。
　五　保健師、看護師又は准看護師による療養上の世話

この条項にいう「保健師、看護師又は准看護師による療養上の世話」について、所得税基本通達73－6がその範囲を「保健師、看護師又は准看護師による療養上の世話」のみならず、「これらの者以外の者で療養上の世話を受けるために特に依頼したものから受ける療養上の世話」にまでその範囲を拡大している。

図表2－2　控除対象の基本通達による拡大

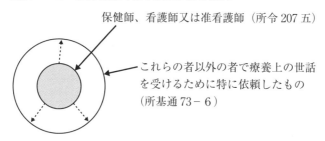

所得税基本通達73－6《保健師等以外の者から受ける療養上の世話》
　令第207条第5号に掲げる「保健師、看護師又は准看護師による療養上の世話」とは、保健師助産師看護師法第2条《保健師》、第5条《看護師》又は第6条《准看護師》に規定する保健師、看護師又は准看護師がこれらの規定に規定する業務として行う療養上の世話をいうのであるが、これらの者以外の

> 者で療養上の世話を受けるために特に依頼したものから受ける療養上の世話も、これに含まれるものとする。

　すなわち、所得税基本通達73－6は、法令で規定する医療費控除の範囲を事実上拡張しているような解釈を展開し、通達しているのである。このような緩和通達は、それにとどまらず、次なる拡張を招来する可能性を包摂する。あくまでも筆者の実務経験に基づく仮説ではあるが、次のような展開が考えられる。ある通達が発遣され、その取扱いについての違法性が特段論じられず、相当の期間かかる通達の取扱いに従った実務が行われ、それが実務の中に定着すると、そのことを踏まえ発遣当局として、かかる取扱いに一定の理解を得られたと考えるであろう。このことが、その通達の妥当性の確認にとどまらず、次に、行政機関も含む強いプレッシャーパワーに抗うインセンティブを奪う効果が誘発されるのではなかろうか。すなわち、このような解釈が通用するのであれば、その類似のケースにおいても同様の解釈を採用することが可能であるし（そのようにプレッシャーパワーは問いかけをしてくる。）、あるいは、より積極的には、前述の通達と同様に扱わないと平等原則に反することにもなりかねないと考えることになる。そして、このことは、とりもなおさず、法的根拠の検証における批判的な視角を排除してしまうことをも意味する。

　いわば、この所得税基本通達が「ダムの一穴」のような機能ないし効果を発揮してしまうことにもなり得るのである。この問題を検証するために個別通達の発遣の流れを追って確認してみたい。

　例えば、介護保険法の創設によって、高齢者の介護に係る医療費負担が問題とされていたことを思い起こしてみたい。その際に、厚生行政の変化に対して所得税法の改正が十分でないとされると、関係当局は国税庁課税部長宛てに課税上の取扱いについての照会を行うことがある。実際に、当時、厚生省老人保健福祉局長から、国税庁課税部長宛てに、「介護保険制度下での居宅サービスの対価に係る医療費控除の取扱いについて」、そして、同省老人保健福祉局長から国税庁課税部長宛てに、「介護保険制度下

での指定介護老人福祉施設の施設サービスの対価に係る医療費控除の取扱いについて」の照会が行われた。これを受けて、国税庁では、これらが、所得税法施行令207条5号にいう「保健師、看護師又は准看護師による療養上の世話」に該当するか否かの検討がなされる。その結果、照会の内容が妥当とされると、これらに対して、それぞれ医療費控除の対象となる旨の回答を行った後に、国税庁長官から各国税局長宛てに通達によってこれらを周知する必要が生じる。すなわち、前者については、「介護保険制度下での居宅サービスの対価に係る医療費控除の取扱いについて（法令解釈通達）」（以下「居宅サービス通達」という。）と、後者については、「介護保険制度下での指定介護老人福祉施設の施設サービスの対価に係る医療費控除の取扱いについて（法令解釈通達）」（以下「介護保険通達」という。）の通達がそれぞれ発遣される。

　これは、各税務署等での対応に均一性を担保するためのものである。そして、かかる通達が公表される（国税庁のホームページ上にアップされる。）。

課所4－11
平成12年6月8日

国税局長　　殿
沖縄国税事務所長　　殿

国税庁長官

介護保険制度下での居宅サービスの対価に係る医療費控除の取扱いについて（法令解釈通達）

　標題のことについては、厚生省から別紙2のとおり照会があり、当庁課税部長名をもって、別紙1のとおり回答したので了知されたい。

別紙1

課所4－10
平成12年6月8日

厚生省老人保健福祉局長　　殿

国税庁課税部長

第2章　法治行政と通達

介護保険制度下での居宅サービスの対価に係る医療費控除の取扱いについて
（平成12年6月1日付老発第509号照会に対する回答）

標題のことについては、貴見のとおりで差し支えありません。

課所4－9
平成12年6月8日

国税局長　殿
沖縄国税事務所長　殿

国税庁長官

介護保険制度下での指定介護老人福祉施設の施設サービスの対価に係る医療費控除の取扱いについて（法令解釈通達）

標題のことについては、厚生省から別紙2のとおり照会があり、当庁課税部長名をもって、別紙1のとおり回答したので了知されたい。

別紙1

課所4－8
平成12年6月8日

厚生省老人保健福祉局長　殿

国税庁課税部長

介護保険制度下での指定介護老人福祉施設の施設サービスの対価に係る医療費控除の取扱いについて
（平成12年6月1日付老発第508号照会に対する回答）

標題のことについては、貴見のとおりで差し支えありません。

　これらの解釈が所得税法73条の解釈から導出できるかどうかについては裁判所における検証を受けることはなく、解釈論上の疑義が問われる可能性は薄い（納税者にとっても有利な取扱いであるから、訴訟を提起されることも考えづらい。）。

　居宅サービス通達では、次のように説明している。

> 「在宅介護サービスについては、これまで、傷病により寝たきり等の状態にある者が、在宅療養を行うため、医師の継続的な診療を受けており、かつ、一定の在宅介護サービスの供給主体が、その医師と適切な連携をとって在宅介護サービスを提供した場合の、その在宅介護サービスを受けるために要する費用については、『療養上の世話を受けるために特に依頼した者による療養上の世話の対価』として医療費控除の対象とされてきたところである。」とした上で、「これまでのこうした取扱いと介護保険制度における居宅サービスの提供方法を勘案すれば、介護保険制度の下で提供される居宅サービスのうち、『療養上の世話を受けるために特に依頼した者による療養上の世話』として、1の対象者について、2の対象となる居宅サービスに係る3の対象費用の額が、『療養上の世話を受けるために特に依頼した者による療養上の世話の対価』として医療費控除の対象となる金額と解される。」

これに対して、介護保険通達では、次のように説明されている。

> 「法第48条第1項第1号に規定する指定介護老人福祉施設は、法第7条第21項の規定により、『要介護者に対し、施設サービス計画に基づいて、入浴、排せつ、食事等の介護その他の日常生活上の世話、機能訓練、健康管理及び療養上の世話を行うことを目的とする施設』であって、都道府県知事が指定したものである。この指定介護老人福祉施設で提供されるサービスのうち療養上の世話等に相当する部分については、所得税法施行令（昭和40年政令第96号）第207条及び所得税法施行規則（昭和40年大蔵省令第11号）第40条の3の規定に照らし、医療費控除の対象となる医療費に該当するものと考えられる。」

前者の居宅サービス通達は、明らかに所得税基本通達73－6を根拠としていると思われるが、後者の介護保険通達はどうであろうか。対象費用の額が、「療養上の世話を受けるために特に依頼した者による療養上の世話の対価」として医療費控除の対象となる金額と説明されているわけではないのである。その法的根拠を辿ろうにも、「所得税法施行令207条及び所得税法施行規則40条の3の規定に照らし」ているとしか記載されていない。

指定介護老人福祉施設が入浴、排せつ、食事等の介護その他の日常生活上の世話、機能訓練、健康管理及び療養上の世話を行うことを目的とする施設であることを考えると、「療養上の世話を受けるために特に」依頼し

た者といえるのかという疑義が生じなくもない。なぜならば、かかる施設が療養上の世話以外の日常の世話を行うものであることが法定されているからである（介護保険48①一）。すなわち、所得税基本通達73−6が拡大した「療養上の世話を受けるために特に依頼した者による療養上の世話の対価」に読み込むことができるか否かについては見解が分かれるかもしれない。そのように考えると、居宅サービス通達は、所得税基本通達73−6が拡張した医療費控除の対象範囲をさらに拡張したものといえなくもない。

図表2−3　控除対象の個別通達による拡大（その1）

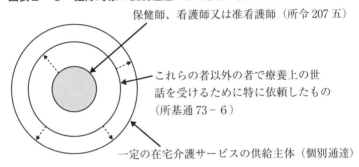

(2) 「助産師」に関する緩和通達

所得税法施行令207条4号及び6号は、以下のように特定の者による施術や介助を医療費控除の対象としている。

所得税法施行令207条
　四　あん摩マツサージ指圧師、はり師、きゆう師等に関する法律…第3条の2《名簿》に規定する施術者…又は柔道整復師法…第2条第1項《定義》に規定する柔道整復師による施術
　六　助産師による分べんの介助

これに対して、所得税基本通達73−3は、次のようにその範囲を拡充している。

所得税基本通達73−3《控除の対象となる医療費の範囲》
　次に掲げるもののように、医師、歯科医師、令第207条第4号《医療費の範囲》に規定する施術者又は同条第6号に規定する助産師（以下この項におい

てこれらを「医師等」という。）による診療、治療、施術又は分べんの介助（以下この項においてこれらを「診療等」という。）を受けるため直接必要な費用は、医療費に含まれるものとする。
(1) 医師等による診療等を受けるための通院費若しくは医師等の送迎費、入院若しくは入所の対価として支払う部屋代、食事代等の費用又は医療用器具等の購入、賃借若しくは使用のための費用で、通常必要なもの

すなわち、所得税法施行令の範囲より拡張して、通院費や医師の送迎費、入院時の部屋代や食事代をも医療費控除の対象としているのである。

図表２－４　控除対象の基本通達による拡大

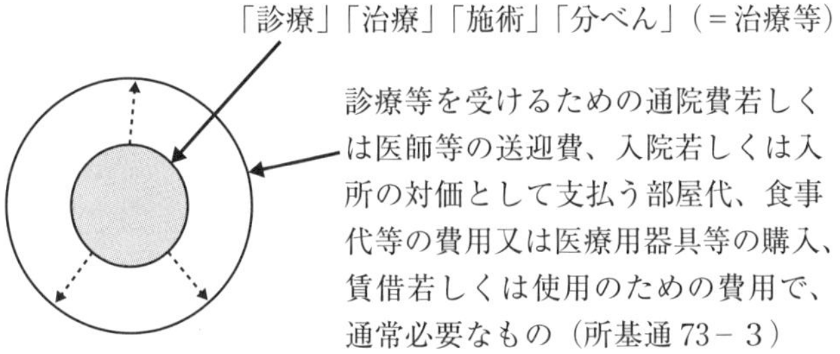

「診療」「治療」「施術」「分べん」（＝治療等）

診療等を受けるための通院費若しくは医師等の送迎費、入院若しくは入所の対価として支払う部屋代、食事代等の費用又は医療用器具等の購入、賃借若しくは使用のための費用で、通常必要なもの（所基通73－3）

すなわち、所得税基本通達73－3によって、医療費控除の対象が、「治療等」から、治療等を受けるために要した費用で通常必要なものにまで拡張されているのである。

(3) 個別通達による緩和

さて、この所得税基本通達の拡張を前提として、次に個別通達をみてみよう。

今度は、厚生省内の別の部局である厚生労働省健康局長から、国税庁課税部長宛てに、「非血縁者間骨髄移植のあっせんに係る財団法人骨髄移植推進財団に支払われる患者負担金の医療費控除の取扱いについて」及び「臓器移植のあっせんに係る社団法人日本臓器移植ネットワークに支払われる患者負担金の医療費控除の取扱いについて」の照会を受けたケースである。

その内容は、納税者が、非血縁者間骨髄移植のあっせんに係る財団法人

骨髄移植推進財団に支払う患者負担金が、医師等に支払う「治療等」には該当し、医療費控除の対象に該当すると解してよいかというものであった。その検討の結果、通達「非血縁者間骨髄移植のあっせんに係る財団法人骨髄移植推進財団に支払われる患者負担金の医療費控除の取扱いについて（以下「骨髄移植通達」という。）」（法令解釈通達）が発遣され、同様に、通達「臓器移植のあっせんに係る社団法人日本臓器移植ネットワークに支払われる患者負担金の医療費控除の取扱いについて（法令解釈通達）」（以下「臓器移植通達」という。）が発遣されたのである。

課個 2 - 28
平成15年12月26日

国税局長　殿
沖縄国税事務所長　殿

国税庁長官

非血縁者間骨髄移植のあっせんに係る財団法人骨髄移植推進財団に支払われる患者負担金の医療費控除の取扱いについて（法令解釈通達）

標題のことについて、厚生労働省健康局長から別紙2のとおり照会があり、これに対して当庁課税部長名をもって別紙1のとおり回答したから了知されたい。

別紙1

課個 2 - 27
平成15年12月26日

厚生労働省　健康局長　殿

国税庁課税部長

非血縁者間骨髄移植のあっせんに係る財団法人骨髄移植推進財団に支払われる患者負担金の医療費控除の取扱いについて
（平成15年12月19日付健発第1219007号照会に対する回答）

標題のことについては、貴見のとおりで差し支えありません。

第8節　緩和通達

　　　　　　　　　　　　　　　　　　　　　　　　　課個2－31
　　　　　　　　　　　　　　　　　　　　　　　　平成15年12月26日
　　国税局長　殿
　　沖縄国税事務所長　殿

　　　　　　　　　　　　　　　　　　　　　　　　　　国税庁長官

臓器移植のあっせんに係る社団法人日本臓器移植ネットワークに支払われる患者負担金の医療費控除の取扱いについて（法令解釈通達）

標題のことについて、厚生労働省健康局長から別紙2のとおり照会があり、これに対して当庁課税部長名をもって別紙1のとおり回答したから了知されたい。

別紙1

　　　　　　　　　　　　　　　　　　　　　　　　　課個2－30
　　　　　　　　　　　　　　　　　　　　　　　　平成15年12月26日
　　厚生労働省　健康局長　殿

　　　　　　　　　　　　　　　　　　　　　　　　　国税庁課税部長

臓器移植のあっせんに係る社団法人日本臓器移植ネットワークに支払われる患者負担金の医療費控除の取扱いについて
（平成15年12月19日付健発第1219007号照会に対する回答）

標題のことについては、貴見のとおりで差し支えありません。

　骨髄移植通達の根拠は必ずしも明らかではないが、「患者負担金については、血液難病治療の現状を踏まえつつ、…環境整備を図ることにより、医師による診療又は治療の対価、医療又はこれに関連する人的役務の提供の対価のうち通常必要と認められるものとして医療費控除の対象となるものと解される」との照会に対して、国税庁課税部長が貴見のとおりで差し支えない旨説明していることからすれば、単に、医師による診療又は治療の対価と捉えているのではなく、医療又はこれに関連する人的役務の提供の対価をも理由とされているのである。これは、既にみてきたとおり、通達により拡張されてきた所得税法施行令207条の解釈を前提とされているのではないかと思われる。ここにいう「これに関連する人的役務の提供の

対価」とは、これまでみてきた所得税基本通達73-3や同73-6の拡張的な取扱いにおいて示されている課税実務であるとみることができるが、その点から直接、骨髄移植通達の内容を読み解くことができるか否かについては議論のあるところであろう。このような点に着目すると、骨髄移植通達も、どうやら所得税基本通達の拡張解釈を基礎とした緩和通達であるとみることができそうである。

　この点は、臓器移植通達についても、同通達の照会文書に「患者負担金については、臓器の機能に重い障害がある者の治療の現状を踏まえつつ、上記に掲げる環境整備を図ることにより、医師による診療又は治療の対価、医療又はこれに関連する人的役務の提供の対価のうち通常必要であると認められるものとして医療費控除の対象となるものと解される」とされ、これに対して国税庁課税部長が貴見のとおりで差し支えない旨回答していることからすれば、骨髄移植通達と同様の問題を孕んでいるといえよう。

図表2-5　控除対象の個別通達による拡大（その2）

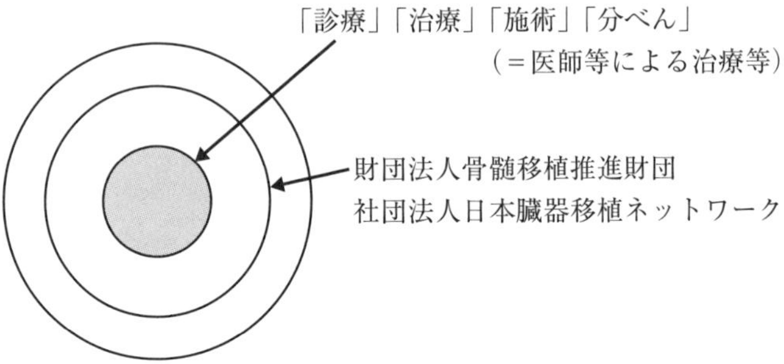

「診療」「治療」「施術」「分べん」
（＝医師等による治療等）

財団法人骨髄移植推進財団
社団法人日本臓器移植ネットワーク

　また、例えば、丸山ワクチンの購入費用等が医療費控除の対象となるか否かという問題に関して、課税実務においては、医師、歯科医師、所得税法施行令207条4号に規定する施術者、同6号に規定する助産師による診療、治療、施術又は分べんの介助を受けるために直接必要な費用が医療費控除の対象となるという解釈を採用しており、所得税基本通達73-3においてこのことを通達している。そこで、この実務上の取扱いに照らして、丸山ワクチンの購入費用が医師等の診療、治療等を受けるために直接必要

な費用に含まれるとして医療費控除の対象とする判断枠組みが考えられる。実務参考書には、この考え方で説明するものがある。そこでは、「丸山ワクチンは、その投与は、主治医の判断で、主治医によって行っているため、その購入のための費用は、医師による診療等を受けるため直接必要なもの」として、医療費控除該当性が肯定されている（後藤昇編『医療費控除と住宅借入金等特別控除の手引〔平成22年3月申告用〕』26頁（大蔵財務協会2010))。

　これも、所得税法施行令207条の解釈を拡張している課税実務を前提としたもので、さらなる拡張解釈が展開されている一例として数えることもできよう[17]。

(4) 緩和通達の要請と問題点

　このような個別通達の発遣の過程を検証すると、本来であれば立法事項とされるようなものまでが、国税庁の通達執行に依存されてきているという現状を上記の通達等から看取することができるのである。

　このことは、別の意味をも指摘し得る。すなわち、通達により拡大された解釈のその後の影響である。通達が拡張した取扱いを示すと、その解釈が次の解釈上の基礎とされ、法源性のない通達によって拡張された範囲を前提として議論がさらに進行するという循環があるように思えてならないのである。先に示したように、例えば、「保健師、看護師又は准看護師による療養上の世話」は、既に公定解釈として、「保健師、看護師又は准看護師」以外の者による「療養上の世話」にまで拡張されており、そのことを基礎として、各種の個別通達が発遣されているという状況を看取することができる。

4　緩和通達の問題

　緩和通達については、法源性が疑わしいものであっても、これについて

17　この課税上の取扱いについては、酒井・ステップアップ170頁参照。

具体的に損失を被る者がみえづらい（多数の背後にいる納税者・国民が、法律の根拠のない一部の者に対する租税減免によって間接的には損失を被っているのであるが、その被った損失はみえづらい）という問題があり、廃止の方向へのインセンティブに乏しい。また、そのような通達の違法性を訴える機会がない（他の納税者にとっては訴訟上の訴えの利益がない）という問題もある[18]。せいぜい通達の制定の段階でのパブリックコメントがあるくらいであろうか。むしろ、圧力団体による通達制定や改正に抗じる態度を行政官のコンプライアンスに求めるほかないのが現実であるといってよかろう。

所得税法73条に規定する医療費控除の適用が争点となった、いわゆる藤沢メガネ訴訟第一審横浜地裁平成元年6月28日判決（行裁例集40巻7号814頁）[19]は、次のように通達によって医療費控除の範囲が実質的に拡大されているという点に言及している。

> 「医療費控除の範囲の拡大を法73条2項で委任されている施行令をもって行わずに行政庁の基本通達をもってしていることからすると、右基本通達の定めは飽くまでも施行令207条の定めを前提とし、施行令の定める医療費の範囲を基本通達により明らかにする方法で、いわば施行令の解釈として、医療費として控除される範囲を運用の実際において実質的に拡大したものというべきである。」

緩和通達は、納税者側からは直接の違法性が主張されることはないが、前述したとおり、現行法制の下、緩和通達発遣への消極的態度は課税庁におけるコンプライアンス意識に委ねるほかはないのである。

18　公正取引委員会による公正競争規約の認定が正当になされていなくても、単に一般消費者だというだけでは、景品表示法の適正な運営により得られる反射的・事実上の利益が得られなかったというだけであり、不服申立てをする法律上の利益を有する者であるということはできないとされた、いわゆる主婦連ジュース事件（上告審最高裁昭和53年3月14日第三小法廷判決・民集32巻2号211頁）参照。判例評釈として、上原敏夫・民商80巻2号208頁、宮崎良夫・ジュリ693号45頁、阿部泰隆・行政判例百選Ⅱ318頁、越山安久・曹時34巻1号197頁、高橋滋・経済法判例・審決百選228頁、岡村周一・行政判例百選Ⅱ〔第6版〕294頁など。酒井克彦『行政事件訴訟法と租税争訟』325頁（大蔵財務協会2010）も参照。
19　判例評釈として、岩﨑政明・ジュリ967号102頁、北野弘久・社会保障判例百選Ⅱ78頁、酒井・ブラッシュアップ186頁など参照。

第9節　手続通達

> **ポイント**
>
> 通達において、「添付書類がある場合に限り当該処理を認める」というような付加要件が設けられる場合がある。通達が内部的拘束力を有するにすぎないものとしても、事実上納税者に対する要件となっている場合には、租税法律主義の観点からは疑問も指摘し得る。このような手続通達はどのように理解すべきであろうか。本節ではこの点に関心を寄せてみたい。

1　手続通達とは

通達において、手続が示されることがある。例えば、添付書類の要求をしたり、税務署長の確認を得ることを要求するかのような通達がそれである。これまで述べてきたとおり、通達の名宛人は、あくまでも行政内部の職員であることからすれば、納税者に添付書類の要求をするということはないのであるが、下級行政官庁の職員に対して、添付書類のある場合に限り当該処理を認めるものとするとの通達を設ければ、結果的に自ずと納税者に対する要件を付しているようにも解せられる。このことが租税法律主義の観点から大きな問題を孕んでいるという点での議論が惹起される。

2　手続通達の例

端的な例として、平成10年に廃止された債権償却特別勘定への繰入れを行う場合の事前認定手続が、旧所得税基本通達51-18及び旧法人税基本通達9-6-4において通達されていた点について、大阪地裁昭和54年8月31日判決（訟月25巻12号3054頁）[20] は、次のように説示している。

> 「〔所得税基本通達〕51-18の『あらかじめ税務署長の認定を受けること』との要件は、右通達が『債務者につき、債務超過の状態が相当期間継続し、事業好転の見込みがないこと』という一義的でない要件を定めていることによって生ずることの予想さ

20　判例評釈として、武田昌輔・ジュリ733号149頁、泉水一・税通35巻10号226頁など参照。

「れる納税者の恣意的な必要経費算入を防止することを目的として定められたものであって、正当な目的を有する合理的な規定というべきである。しかも、…51－18が所得税法51条2項の要件を緩和した規定であることに照らすと、あらかじめ税務署長の認定を受けることを要件とし、納税者に多少の手続履践を要求したとしても、納税者に本来要求できない手続を課したものではなく、租税法律主義の原則に反しないというべきである。したがって、原告が本件係争年において、被告に対し認定の申請をしなかったことについて当事者間に争いのない本件においては、実質的要件について判断するまでもなく、51－18の適用を受けることはできないというべきである。」

そして、この事件の控訴審大阪高裁昭和55年1月25日判決（税資110号90頁）[21] は、次のよう論じて、原審判断を維持している。

「事業所得の金額の計算上必要経費に算入される貸倒損失の金額は、所得税法51条2項により、その貸倒れの生じた年分に確定された損失金額に限られるところ、本件通達は将来の回収不能を確定視させる一定の事由が発生した場合にもなお貸倒確定を待たせるという不都合を避けるため、貸倒損失計上の特例として債権償却特別勘定の設定により、未確定貸倒金の一部を予め必要経費に算入することができるよう、納税義務者にとって有利な取扱いを定めたものであって、すでに一般市民に受容され、またこれが法律の枠内で合理性を有するものである…。そして控訴人もその主張の債権について右特例による必要経費算入の処理を正当づけようとしていることは弁論全趣旨から明らかであって、その適用を求める以上、当該通達に定められている要件を充足すべきことは租税負担の公平の見地からも当然であ〔る〕」

このように、本件判決では通達に従った手続によるべきことが妥当であるとの判断が示されている。しかしながら、学説の多数は本件判決の考え方に反対の立場を表明している。例えば、碓井光明教授は、「債権償却特別勘定方式が、事実認定についての合理的、弾力的解決を図ったものにすぎないという見解に立つ場合においても、認定申請という手続の履践を要件とすることは、事実認定の範囲をこえることであるといわざるを得ない」とされ（碓井「所得課税における貸倒れについて」税弘28巻12号10頁）、田中治教授も、「形式基準による繰入れの認否を明細書の添付の有無にかかわらしめることは、過度の形式性という負担を納税者に負わせるものであって、法の合理的な解釈の余地を超えた違法なものと考えられることになる」とされる（田中「債権償却特別勘定への繰入れと明細書の添付」シュト353

21　判例評釈として、品川芳宣・税通35巻6号186頁参照。

号1頁)。

　碓井教授の論じられるように、事実認定についての合理的解決を図る範囲内において、認定申請という意味ではない確認作業であるとすれば、それが形式的にいかなる様式を要求するか否かはともかく許容される局面もあるとは思われるが、かかる書面等が提出されないということが課税要件の認否として機能するということであるとすれば、課税要件法定主義に反するものということになりそうである。かような意味では、上記判決の妥当性は問われることとなろう。

　そのほかにも、手続通達としては次のようなものが挙げられよう。

① 法人税基本通達13－1－17、連結納税基本通達16－1－17
　　法人税基本通達13－1－18、連結納税基本通達16－1－18
② 所得税基本通達36・37共－13の2、法人税基本通達2－1－39、連結納税基本通達2－1－42
③ 所得税基本通達51－23、法人税基本通達9－6－7、連結納税基本通達8－6－7
④ 所得税基本通達36・37共－7の4、法人税基本通達9－1－6の10、連結納税基本通達8－1－15
⑤ 法人税基本通達9－1－6の4、連結納税基本通達8－1－9

　無償返還届出書に関する課税上の取扱いについて大阪地裁平成11年1月29日判決（税資240号522頁）が論じているところをみてみよう。まずは、判決の説示から確認したい。

> ① 法人が借地権の設定によりその所有土地を他人に使用させる場合において、その地域に土地の使用の対価として権利金を収受する取引上の慣行があるにもかかわらず、そのような取引上の慣行を無視して権利金を収受することなく借地権の設定に応ずることは、経済取引として極めて不自然、不合理であって、一般的には、そのことにより借地人に対して権利金に見合うだけの利益を与える結果になるから、税法上は、地主である法人から借地人に対して権利金相当額の贈与があったものとして取り扱われることになる（法人税法22条2項参照）。もっとも、法人税法施行令137条は、その場合であっても、権利金の収受に代えて、当該土地の価額に照らしその使用の対価として「相当の地代」を収受しているときは、その取引は正常な取引条件でされたものとして、権利金の認定課税をしない旨を規定している（なお、

法人税基本通達13－1－2により、当該土地の更地価額の概ね年8パーセント相当額〔ただし、平成元年3月30日付直法2－2「法人税の借地権課税における相当の地代の取扱いについて」通達によれば、当分の間、右の「年8パーセント」を「年6パーセント」と読み替えて運用することとされている。〕が同法施行令137条にいう「相当の地代」に該当するものとされている。）。

　右によれば、権利金が収受されておらず、しかもその収受されている地代の額が相当の地代に満たない場合については、同法施行令137条の適用はなく、原則として、権利金の認定課税が行われることになるものと解される（法人税基本通達13－1－3）。しかし、法人税基本通達（昭和55年直法2－15による改正後のもの）13－1－7は、法人が借地権の設定等により他人に土地を使用させた場合（権利金を収受した場合等を除く。）において、これにより収受する地代の額が右の「相当の地代」の額に満たないときであっても、その借地権の設定等に係る契約書において将来借地人がその土地を無償で返還することが定められており、かつ、その旨を借地人との連名の書面により遅滞なく所轄税務署長に届け出たときは、相当の地代の額から実際に収受している地代の額を控除した金額に相当する金額を借地人等に対して贈与したものとして取り扱う旨を定めている。右通達は、賃貸借契約において将来借地人等がその土地を無償で返還することが定められても、借地法上は無効であり、借地人に不利な契約条件としてその定めがなかったものとみなされるが、地主と借地人との間に特殊な関係があるが故に右のような定めがされた場合に、常に権利金の認定課税を行うことは経済実態に即さないことから、無償返還届出書の提出を要件に、相当の地代の額と実際に収受している地代との差額を借地人等に対して贈与したものとして取り扱うにとどめ、法人税法施行令137条と同じく、権利金の認定課税は行わない取扱いを定めた趣旨のものであると解される。

② 　右①の場合と異なり、個人である地主が借地権の設定によりその所有土地を他人（個人又は法人）に使用させる場合には、権利金を収受する取引上の慣行を無視して、権利金を収受することなく借地権の設定に応じたときでも、地主は、権利金の認定課税は受けないものとされている（所得税法33条、同法施行令79条参照）。

　もっとも、法人税基本通達13－1－14(1)は、法人である借地人が地主に対して借地を返還するに当たり、通常当該借地権の価額に相当する立退料を授受する取引上の慣行があるにもかかわらず、その額の全部又は一部を収受しなかった場合には、原則として通常収受すべき立退料等の額と実際に収受した立退料等の額との差額に相当する金額を地主に贈与したものとして取り扱うが、借地権の設定等に係る契約書において将来借地を無償で返還することが定められており、かつ、法人税基本通達13－1－7に定めるところによりその旨が所轄税務署長に届け出られているときは、借地の無償返還が認められる旨を規定している。この規定によれば、個人である地主が法人である借地人から無償で当該借地の返還を受けた場合、借地権の価額に相当する金額のうち立退料等として支払がなかった金額については、その贈与を受けたものとして課税の対象となり得るのであるが、少なくとも無償返還届出書が提出されているときは、右課税は行われないものとされているのである。

③ 　無償返還届出書が提出されている場合の借地権及び右借地権が設定されている土

地の相続税における取扱いに関しては、相当地代通達により、当該土地に係る借地権の価額は、零として取り扱い（同通達5）、一方、右の場合の当該土地に係る貸宅地の価額は、自用地価額の80パーセント相当額と評価する（同通達8）こととされている。

さて、このような通達の取扱いがある中において、大阪地裁は次のように論じている。

「建物の所有を目的として設定された土地の賃貸借は、借地法又は現行の借地借家法の適用を受ける結果、存続期間や第三者に対する対抗力等の面で借地権として法律上極めて強く保護されており、そのことに伴い、通常、一種の財産権として取引上認められているのであって、このような借地権の本来有する経済的価値や、借地人が地主に対して将来借地を無償で返還する旨約している場合（無償返還届出書が提出されている場合）における当該借地権の経済的価値、さらに、無償返還届出書が提出されている場合であっても、借地法上の借地権であることに変わりはなく、地主側に相続等が生じたときに直ちに当該土地の無償返還を受けられる保証はないことなどの諸点に鑑みると、〔上記①ないし③〕において述べた課税上の取扱いは、法令の定めに抵触するものではなく、合理性を有するものということができる。」

再説すれば、通達において示されている手続が効力要件であるとすれば、それは課税要件法定主義に抵触するおそれがあるといわざるを得ない。この点、武田昌輔教授が、「通達に効力要件としての手続規定を置くこと自体が問題である」とされるとおりである（武田・ジュリ738号150頁）。上記通達にいう無償返還届出書は、結局のところ「無償返還届出書が提出されている場合であっても、借地法上の借地権であることに変わりはなく、地主側に相続等が生じたときに直ちに当該土地の無償返還を受けられる保証はない」ものにすぎないのであるから、効力的意味は乏しく、あくまでも事実認定の素材であるとみるべきであろう。その限りにおいて合理性を有するというわけである。

そのような意味においては、次のような通達にも同様の疑問が惹起されるところである。

① 所得税基本通達11－4
② 所得税基本通達194～198共－3、203－3、203の5－1、措置法通達3の3－11、4の2－32、4の3－10、41の2－2

第10節　裁決との衝突

> **ポイント**
>
> 　国税庁内部の特別の機関として国税不服審判所が設置されている。納税者は税務署長等処分行政庁の処分に不服があるときは、同審判所に審査請求をすることができる。しかし、国税不服審判所は純粋なる第三者機関ではなく、あくまで国税庁内部の特別の機関であるから、同審判所の裁決結果と国税庁の発遣する通達との間に齟齬が生じた際には、租税行政に大きな影響を及ぼしかねない。実務上、このあたりの問題はどのように解決されているのであろうか。本節では、国税不服審判所の存在意義も踏まえつつ、この点を確認してみよう。

1　国税不服審判所と国税庁

　財務省設置法は、第4章に国税庁の規定を設け、その第1節《設置並びに任務及び所掌事務》第2款《任務及び所掌事務》の第3節《特別の機関》として、同法22条《国税不服審判所》1項は、「国税庁に、国税不服審判所を置く。」と規定する。そして、同条2項に、「前項に定めるもののほか、国税不服審判所については、国税通則法（これに基づく命令を含む。）の定めるところによる。」と規定されている。

> 　国家行政組織法8条の3《特別の機関》は、「国の行政機関には、特に必要がある場合においては、…法律の定める所掌事務の範囲内で、法律の定めるところにより、特別の機関を置くことができる。」と規定しており、国税不服審判所は国税庁の特別の機関として位置付けられている。

　このように国税不服審判所は、国税庁の特別の機関であることから、基本的には、国税庁長官の発遣する通達には拘束されずに、第三者的機関の立場で通達に示されている法令解釈とは異なる解釈を示した裁決を行うことができることとされている。

　その際、国税庁の発遣する通達の内容と国税不服審判所の行う裁決の内容とに法令解釈上の差異が生じた場合、租税行政に大きな影響を及ぼすことは疑いの余地がない。なぜなら、処分庁は国税不服審判所の裁決に拘束

第10節　裁決との衝突

されるのであるから、当該事案においては、裁決された内容により処理をしたとしても、他の事例については、依然として、国税庁長官の示す通達の内容により処理を行うこととした場合には、平等原則違反の問題も引き起こすことになるからである。また、同裁決が公表されることになるので（通法102③）、公表された通達と公表された裁決結果との間で、他の納税者の予測可能性を阻害することにもなりかねないからである。

> **国税通則法102条《裁決の拘束力》**
> 　裁決は、関係行政庁を拘束する。
> 2　申請若しくは請求に基づいてした処分が手続の違法若しくは不当を理由として裁決で取り消され、又は申請若しくは請求を却下し若しくは棄却した処分が裁決で取り消されたときは、当該処分に係る行政機関の長は、裁決の趣旨に従い、あらためて申請又は請求に対する処分をしなければならない。
> 3　国税に関する法律に基づいて公示された処分が裁決で取り消され、又は変更されたときは、当該処分に係る行政機関の長は、当該処分が取り消され、又は変更された旨を公示しなければならない。

　そこで、租税行政の統一的運用の必要性から、国税不服審判所長は国税庁長官の発遣する通達に示されている法令の解釈とは異なる解釈により裁決を行うときや、他の国税に関する処分を行う際における法令の解釈の重要な先例となると認められる裁決をするときには、あらかじめその意見を国税庁長官に対して申し出なければならないとされているのである。

　そして、国税庁長官は、そのような申出を受けた場合、国税不服審判所長に対して指示をするときには、国税不服審判所長の意見が審査請求人の主張を認容するものであって、かつ、国税庁長官がかかる意見を相当と認める場合を除き、国税審議会の議決に基づかなければならないとされている。

> **国税通則法99条《国税庁長官の法令の解釈と異なる解釈等による裁決》**
> 　国税不服審判所長は、国税庁長官が発した通達に示されている法令の解釈と異なる解釈により裁決をするとき、又は他の国税に係る処分を行う際における法令の解釈の重要な先例となると認められる裁決をするときは、あらかじめその意見を国税庁長官に通知しなければならない。
> 2　国税庁長官は、前項の通知があった場合において、国税不服審判所長の意見が審査請求人の主張を認容するものであり、かつ、国税庁長官が当該意見を相当と

認める場合を除き、国税不服審判所長と共同して当該意見について国税審議会に諮問しなければならない。
3 　国税不服審判所長は、前項の規定により国税庁長官と共同して国税審議会に諮問した場合には、当該国税審議会の議決に基づいて裁決をしなければならない。

> 国税審議会とは、財務省設置法21条に根拠を有する第三者機関であるが、所掌事務には、次のようなものがある。
> ① 　国税不服審判所長が国税庁長官通達と異なる法令解釈により裁決を行う場合等で、国税庁長官が国税不服審判所長の意見を相当と認めない場合等における審議
> ② 　税理士試験の執行及び税理士の懲戒処分等の審議
> ③ 　酒税関係審議
> 　同審議会には、(ⅰ)国税審査分科会（上記①の所掌事務）、(ⅱ)税理士分科会（上記②の所掌事務）、(ⅲ)酒類分科会（上記③の所掌事務）の３つの分科会がある。定員は、２年任期で学識経験者20名以内とされている。

2 　国税通則法99条事案

　国税不服審判所から意見の申出がなされ、裁決を行った審査請求事件がある。以下は、他の国税に係る処分を行う際における法令の解釈の重要な先例となると認められる裁決として国税不服審判所から国税庁長官に対して申出がなされた事案である（国税不服審判所の30年編集委員会編『国税不服審判所の30年』115頁（国税不服審判所2000））。

① 　「破産会社について仮装経理に基づく減額更正に伴う過納金を即時還付することとした事例」国税不服審判所昭和46年９月27日裁決（裁決事例集２号26頁）

② 　「被相続人が外国人である場合の共同相続人の国税の納付義務の承継額は、被相続人の本国法による相続分により計算すべきであるとした事例」国税不服審判所昭和47年11月16日裁決（裁決事例集５号１頁）

③ 　「外国人の役員及び使用人に支給した休暇帰国のための旅費は、業務上必要な旅費に当たるとして、賞与と認定した原処分庁を取り消した事例」国税不服審判所昭和49年３月12日裁決（裁決事例集８号１頁）

④ 　「土地取得後これを利用することなく譲渡した場合には、その土地の取得に要した借入金の利子は、当該土地の取得費に算入するとした

事例」国税不服審判所昭和54年9月20日裁決（裁決事例集17号17頁）

⑤ 「土地取得後これを利用することなく譲渡した場合には、その土地の取得に要した借入金の利子及び借入金担保のための抵当権設定費用等は、当該土地の取得費に算入するとした事例」国税不服審判所昭和54年9月27日裁決（裁決事例集17号27頁）

⑥ 「相続により取得した定期預金の評価上、既経過利子の額の算出については、解約利率により算出した額から、源泉徴収による所得税相当額を控除すべきであるとした事例」国税不服審判所昭和55年12月12日裁決（裁決事例集20号206頁）

⑦ 「既存住宅の共有持分の追加取得は、租税特別措置法第41条《住宅の取得をした場合の所得税額の特別控除》第1項に規定する『既存住宅の取得』に当たるとした事例」国税不服審判所平成2年6月25日裁決（裁決事例集39号505頁）

⑧ 「代償分割により取得した代償金について相続税の課税価格に算入すべき価額は、代償分割時における代償財産の通常取引される価額と相続税評価額の比により圧縮するのが相当であるとした事例」国税不服審判所平成3年4月30日裁決（裁決事例集41号302頁）

③の裁決後に、国税庁長官通達昭和50年1月16日付け直法6-1（例規）「国内において勤務する外国人に対し休暇帰国のため旅費として支給する金品に対する所得税の取扱いについて」が制定された。

④及び⑤については、旧所得税基本通達38-7に反する国税不服審判所昭和48年12月17日裁決（裁決事例集7号15頁）が出され、その後、国税庁長官通達昭和54年10月26日付け直資3-8ほか1課共同「所得税基本通達の一部改正（譲渡所得関係）について」によって、従前の通達は現行所得税基本通達38-8として改正された（ただし、この裁決は、東京高裁昭和54年6月26日判決（行裁例集30巻6号1167頁）を受けてのものであった。）。

⑥の裁決後には、国税庁長官通達昭和55年12月15日付け直評20ほか1課共同によって、財産評価基本通達203《預貯金の評価》の内容が改正された。

このように、国税不服審判所の裁決は行政内部における再調査としての

性質を有するものであり、国税庁長官の監督権に対する再チェック機能を有するものであることが分かる。もっとも、国税通則法99条の適用件数が極めて少ないのは、国税不服審判所の判断がどうしても国税庁長官の発遣する通達に敬譲をするからであるという指摘もあり得よう。このあたりは、国税不服審判所のあり方の議論において展開されるものである。

第3章

通達の適用の仕方

第1節　硬直的運用の禁止

> **ポイント**
>
> 　本節では、通達の機械的適用の弊害、すなわち、通達の硬直的運用が許されないことを理解する。
> 　通達が法律ではないこと、あくまでも通達の多くは、課税実務等の均一的行政の担保を目的として制定されているものであることから、内部的拘束を受けている下級行政庁職員においても、必ずしも常に通達に従った運営がなされなければならないということではないことを理解する。そもそも、硬直的運用が禁止される根拠は、裁量基準の機械的適用にあっては、裁量権の濫用禁止にあり、法令解釈通達の機械的適用にあっては、法令の解釈に逸脱するからである。

1　通達の硬直的運用

　実際上、裁量基準の機械的適用は不合理な結果を招来することがある。

　ここで、個人タクシーの事業の免許申請に対する却下処分の適法性が争われた道路運送法の適用に関する2つの事例を参考に、裁量基準の硬直的取扱いの是非について考えてみたい。

(1)　車庫前面の道路幅員の裁量基準の適用

　まず、車庫前面の道路の幅員が裁量基準の許容する3.5メートルから2センチメートル不足するとして、免許申請を却下した処分が違法とされた事例として、東京地裁昭和42年12月20日判決（行裁例集18巻12号1713頁）がある。同地裁は次のように判示している。

> 「道路運送法6条1項各号は、一般自動車運送事業の免許をする場合の基準を定めているが、右各号の定める免許基準の内容はきわめて抽象的・多義的であるばかりでなく、その免許の許否は、免許の性質をどのように解するにせよ、国民の基本的人権の一である職業選択の自由にかかわるものであるから、多くの補助職員を指揮して免許申請の審査を行う行政庁が、多数の免許申請人の中から個別的・具体的事実関係にもとづき少数特定の者を選択して適正に免許の許否を決定するためには、内部的にもせよ、前記各号の趣旨をある程度具体化した審査基準を設けて、その公正かつ合理的

な適用によって法定の免許基準に適合するかどうかを判定すべきことが同法の要請するところであるといわなければならない。したがって右の行政庁がなんらかの審査基準を設けて事案を処理する場合に、その基準の定立や適用において、基準設定の本来の趣旨を逸脱した不公正あるいは不合理があれば、かかる手続によって行われた処分は、違法たるを免れないというべきである。」

このように法の趣旨を踏まえた行政判断上の内部的審査基準を設け、同基準に従った行政執行がなされることは法の要請するところから外れはしない。しかしながら、同基準設定が本来の趣旨を逸脱したものということであれば同基準に基づく行政判断は違法性を帯びることとなるのは当然といえよう。

東京地裁は次のように判示を続ける。

「そこで、本件をみるのに、被告が道路運送法6条1項3号の免許基準を具体化したものとして車庫前面道路幅員に関する審査基準を設けて審査にあたったことは前記のとおりであるが、右審査基準但書において幅員3.5米以上でも適格とする場合があると定めた理由は、要するに、車庫前面における車輛のすれちがいなどに支障を生ぜしめないという実際上の必要から、付近にオープン道路がある場合であれば幅員3.5米程度でも差し支えないとの判断にもとづくものであり、その合理性自体を否定することはできない」

他方、仮に、内部的審査基準が法の趣旨を踏まえた適当なものとされたとしても、適法性判断を行う際にその基準の適用が硬直的なものであるとすれば、どうであろうか。

「決して合目的的配慮を容れる余地のないほどに硬直・絶対な基準とすべきものではない。このような基準の趣旨から考えると、原告の車庫前面道路は、オープン道路に通じ、その幅員は最狭部においてすら基準幅員に不足することわずか2糎にすぎず、しかもその道路の一方の側がほぼ同じ高さの畑に接しているため、車輛のすれちがいなどの際にある程度の余裕をとることもできる状況であるから、これを幅員3.5米ある道路に準じて取り扱ったとしても、右基準設定の本旨に反するものでないことは明らかであって、かような場合に…道路状況等をまったく考慮することなく、道路幅員が3.5米に2糎不足であるということだけで、直ちに前記基準但書にも適合しないとすることは、あまりにも硬直・形式的にすぎ、とうてい右基準の合理的適用ということはできない」

同地裁は、上記のように説示して、2センチメートル道路幅員が不足するというだけで内部審査基準に適合しないと判断した却下処分は裁量権の

行使を誤ったものとして違法である旨判断を下したのである。

(2) 年齢制限に関する裁量基準の適用

また、個人タクシー事業につき陸運局長が、61歳以上は免許しない旨の内部的審査の年齢基準を設けた上で、事業遂行能力の有無を判断するに当たって考慮されるべき他の諸事項を総合検討することなく、免許申請者の年齢が申請当時62歳9か月であるとの理由で申請を却下することは、裁量を誤った違法な処分であるといわざるを得ないとの司法判断が下された事例として、東京地裁昭和45年3月9日判決（行裁例集21巻3号469頁）がある。同地裁は次のように判示している。

> 「一般に年令が高くなるとともに体力が減退することは経験則上明らかであるから、ことに個人タクシー事業のように免許を受けた者がみずから自動車の運転に従事する事業にあっては、一定の高年令者はその事業を適確に遂行する能力も低くなるとの判断に基づき、被告が年令の上限を定める年令基準を設けたこと自体には不合理はないというべきであるが、しかし、人には個人差があることはいうまでもなく…原告は本件申請当時62才9ヶ月であって前記年令基準の定める年令の上限を超過する者であるにもかかわらず、当時その健康状態になんらの異常がなく、体力もそれほど衰えていないことが認められるばかりでなく、また、…61才以上の者でも更新が許可されている事例があることが認められ、…これらのことからすれば、前記年令基準が年令の上限として定める61才なる年令は、法6条1項4号にいう『当該事業を自ら適確に遂行するに足る能力を有するもの』であるかどうかを判断するに当たって考慮せらるべき他の諸事項、すなわち、免許申請者の住所、住居の位置、状態、家族の構成および生活状態、健康状態、運転経歴、経験年数、法令の遵守状況などを綜合検討することがおよそ無意味であると考えられるような高年令ではないといわなければならない。したがって、61才以上は免許しない旨を定める前記の年令基準は法6条1項4号の免許基準に適合するかどうかを判断するに当たっての一応の基準にすぎないというべきであるから、被告が上記のような他の諸事項を綜合検討することなく、原告の年令が本件申請当時62才9ヶ月であって前記年令基準の定める年令の上限を超過するとの理由で本件申請を却下したのは、法6条1項4号の趣旨に沿わない不合理な判断に基づくものというべく、それゆえ、本件却下処分は裁量を誤った違法な処分であるといわざるを得ない。」

東京地裁は、上記のように説示して、却下処分は裁量を誤った違法な処分であると断じている。

2　税務通達の硬直的運用

　通達の杓子定規な適用を否定した事例として、福岡高裁平成13年11月9日判決（判時1371号82頁）がある。同事件は、国税徴収法39条《無償又は著しい低額の譲受人等の第二次納税義務》の規定の適用が争点となった事例であるが、判決は、著しく低い額の対価の判断について、通達が示す2分の1の基準につき、これを柔軟に判断すべきと論じている。

　同高裁は、「本件譲渡が国税徴収法39条が規定する第2次納税義務の制度は、形式的には第三者に財産が帰属しているものの、実質的には、なお、滞納者にその財産が帰属していると認めても公平を失しないような場合には、その形式的権利の帰属を否定しながら、しかも、私法秩序を乱すことを避けつつ、形式的に財産が帰属している第三者に対し、補充的に滞納者の納税義務を負担させることによって租税徴収の確保を図る制度である。」との趣旨を論じた上で、「したがって、ここにいう『著しく低い額』に該当するか否かは、当該財産の種類、数量の多寡、時価と対価の差額の大小等を総合して、当該取引価額が通常の取引額、すなわち、時価に比して、社会通念上著しく低いと認められるか否かにより、判断すべきものと解するのが相当である。そして、国税徴収法基本通達39条関係6に照らすと、上場株式、社債等のように、一般に時価が明確な財産については、価額の差（時価と対価との差）が比較的僅少であっても、『著しく低い』と判断すべき場合があるのに対し、不動産のように値幅のある財産については価額の差がある程度開いても直ちには『著しく低い』とはいえない場合があるが、少なくとも時価のおおむね2分の1に満たない場合は、特段の事情のない限り、『著しく低い』ということができるというべきである。」とするのである。

　したがって、「おおむね2分の1とは、2分の1を境に低額譲渡と否とを峻別する趣旨ではなく、2分の1前後のある程度幅をもった概念であると解すべきであり、これに反する控訴人の主張は採用することができない。ところで、前記のとおり、本件譲渡の価格は3,500万円であり、時価は6,505万8,900円であるから、控訴人は、本件物件を、時価のほぼ2分の

1 (53.8パーセント) に当たる対価で買い受けたのであり、本件譲渡時が平成元年であり、不動産価格が上昇気運にあったことも勘案すれば、本件譲渡は、時価に比して社会通念上『著しく低い額』による譲渡であるということができる。」と論じている。

3 基本通達前文
(1) 基本通達前文の趣旨
　基本通達には、種々の課税実務上の取扱いのほか前文が付されており、とりわけ所得税基本通達と法人税基本通達の前文にはその制定趣旨・運用の仕方が留意的に説明されている。それぞれの前文は次のとおりである。

> 昭和45年7月1日付け国税庁長官通達直審 (所) 30「所得税基本通達の制定について (例規)」
> 　この所得税基本通達の制定に当たっては、従来の所得税に関する通達について全面的な検討を行ない、これを整備統合する一方、その内容面においては、法令の単純な解説的留意規定はできるだけ設けないこととするなど通達を簡素化するとともに、なるべく画一的な基準を設けることを避け、個々の事案に妥当する弾力的運用を期することとした。したがって、この通達の具体的な適用に当たっては、法令の規定の趣旨、制度の背景のみならず条理、社会通念をも勘案しつつ、個々の具体的事案に妥当する処理を図るよう努められたい。

> 昭和44年5月1日付け国税庁長官通達直審 (法) 25「法人税基本通達の制定について (例規)」
> 　この法人税基本通達の制定に当たっては、従来の法人税に関する通達について全面的な検討を行ない、これを整備統合する一方、その内容面においては、通達の個々の規定が適正な企業会計慣行を尊重しつつ個別的事情に即した弾力的な課税処理を行なうための基準となるよう配意した。
> 　すなわち、第一に、従来の法人税通達の規定のうち法令の解釈上必要性が少ないと認められる留意的規定を積極的に削除し、また、適正な企業会計慣行が成熟していると認められる事項については、企業経理にゆだねることとして規定化を差し控えることとした。
> 　第二に、規定の内容についても、個々の事案に妥当する弾力的運用を期するため、一義的な規定の仕方ができないようなケースについては、「～のような」、

第3章　通達の適用の仕方

> 「たとえば」等の表現によって具体的な事項や事例を例示するにとどめ、また、「相当部分」、「おおむね…％」等の表現を用い機械的平板的な処理にならないよう配意した。
> 　したがって、この通達の具体的な運用に当たっては、法令の規定の趣旨、制度の背景のみならず条理、社会通念をも勘案しつつ、個々の具体的事案に妥当する処理を図るように努められたい。いやしくも、通達の規定中の部分的字句について形式的解釈に固執し、全体の趣旨から逸脱した運用を行ったり、通達に例示がないとか通達に規定されていないとかの理由だけで法令の規定の趣旨や社会通念等に即しない解釈におちいったりすることのないように留意されたい。

　ここで気をつけなければならないのは、それぞれの通達の前文も、国税庁長官の通達「所得税基本通達の制定について（例規）」や「法人税基本通達の制定について（例規）」の内容を構成するのであるから、当然ながら、税務職員はこれら国家公務員法上の命令に従う義務を負うことになる。そこにいう命令とは、すなわち、杓子定規に通達を適用してはいけないという命令である。

(2)　基本通達前文と個々の基本通達

　前述のとおり、基本通達の前文には硬直的取扱いをいさめる趣旨が示されており、これ自体が通達の内容を示すものであるから、この前文の趣旨に反する通達の運用を行うことは命令違反となり得るはずである。しかしながら、他方で、基本通達内の個々の取扱いを確認すると前文の趣旨が反映されていないともとれるような通達が散見される。

　例えば、所得税基本通達47-16の2《評価方法の変更申請があった場合の「相当期間」》は、棚卸資産の評価方法を一度採用すると「相当期間」を経過しない場合にはかかる申請の変更申請が却下されるとする所得税法施行令101条3項《たな卸資産の評価の方法の選定》の扱いについての通達であるが、ここにいう「相当期間」の判断に際して、3年を経過していないときは、特別な理由があるときを除き「相当期間を経過していないとき」に

該当するとし、「3年を経過した後になされた場合であっても、その変更することについて合理的な理由がないと認められるときは、その変更を承認しないことができる」と通達しているのである。

この場合には、「合理的な理由」が1つの緩衝材と考えられているのかもしれないが、法の趣旨から、合理的な理由のない場合の3年間というものを読み込めるのであろうかという疑問が指摘されているところである（品川・税務通達116頁）。「相当の期間」の判断において、一定の期間を措定することには通達のもつ均一的取扱いの趣旨から妥当であると考えるものの、合理的な理由が要請される法的根拠が必ずしも明確ではないように思われるのである。少なくとも、「相当の理由」でよいのではないかという見解も成り立ち得るのではなかろうか。

これは一例ではあるが、通達の運用においては、行政官の側で硬直的取扱いをしてはならないという「命令」を遵守するという点のみならず、通達の制定においても、法の趣旨から逸脱しないのは当然ながら、前文の「命令」と齟齬をきたさないような配慮が要請されるところであろう。

4 小 括

租税法は難解であるといわれることがあり、「難解であるために課税庁の恣意的な解釈を助長することになっている。」と指摘する向きもあるが、このような指摘があることを前提とすれば、課税庁としては、解釈や執行を一定の基準に従った形で行う必要であり、その基準を公にすることで恣意的な判断を自ら防ぐことが肝要であろう。他方で、判断基準の適用については、これを硬直的に捉えるのではなく、法の趣旨に資するように柔軟に適用することが要請されているのである。

第3章　通達の適用の仕方

第2節　通達規定要件

> **ポイント**
> 本節では、しばしば通達が課税要件のようなものを示していることがある点について触れ、租税法律主義の要請する課税要件法定主義に反することにならないかという問題に関心を置く。通達が課税要件法定主義に反することは許されないことからすれば、通達を適用するに当たって、通達が示している「要件」なるものはいかに解されるべきかについて考えてみたい。

1　課税要件法定主義

　租税法律主義は、課税要件を法定することを要請する。すなわち、法律に課税要件が示されていないところで、例えば、通達を根拠として課税されるなどということを憲法は許容していないのである。租税法律主義は、租税を賦課徴収するときには法律又は法律の条件によることを要するというのであるから、課税要件は法律に定められていなければならない。この考え方（課税要件法定主義）は租税法律主義の当然の帰結といえよう（酒井・スタートアップ163頁）。

2　通達の読み方―医療費控除通達

　例えば、所得税法上の医療費控除の通達に所得税基本通達73-3がある。

> **所得税基本通達73-3《控除の対象となる医療費の範囲》**
> 　次に掲げるもののように、医師、歯科医師、令第207条第4号《医療費の範囲》に規定する施術者又は同条第6号に規定する助産師…による診療、治療、施術又は分べんの介助…を受けるため直接必要な費用は、医療費に含まれるものとする。
> (1)　医師等による診療等を受けるための通院費若しくは医師等の送迎費、入院若しくは入所の対価として支払う部屋代、食事代等の費用又は医療用器具等の購入、賃借若しくは使用のための費用で、通常必要なもの
> (2)　<u>自己の日常最低限の用をたすために供される義手、義足、松葉づえ、補聴器、義歯等の購入のための費用</u>

136

(3) （略）

　この通達は、どのように読むべきであろうか。
　通達が課税要件を規定するということは、租税法律主義にいう課税要件法定主義に反することになる。そうであるとすると、上記所得税基本通達73－3(2)が、「自己の日常最低限の用をたすために供される義手、義足、松葉づえ、補聴器、義歯等の購入のための費用」を医療費控除の対象となる「医療費」に含むとするのは妥当なのであろうか。「義手、義足、松葉づえ、補聴器、義歯の購入のための費用」は医療費控除の対象となっても、「めがね」や「コンタクトレンズ」の購入のための費用がその対象とならないとすると、通達がその範囲を確定していることにならないのであろうか（なお、同通達にいう「等」が何を含めているのかについては明確ではない。）。すなわち、課税要件法定主義に反することにならないのであろうか、通達によるこのような控除対象範囲の限定が可能なのかという疑問が惹起される。
　そもそもの根拠条文である所得税法73条2項は、医療費控除の対象となる「医療費」について次のように規定している。

所得税法73条《医療費控除》
2　前項に規定する医療費とは、医師又は歯科医師による診療又は治療、治療又は療養に必要な医薬品の購入その他医療又はこれに関連する人的役務の提供の対価のうち通常必要であると認められるものとして政令で定めるものをいう。

　この法律から、上記通達が導出されるとすれば、上記通達は、この法律の解釈の範囲内に限定されるはずである。
　したがって、この通達は、以下のように解釈されるべきであろう。

　「基本通達73－3の(2)には『自己の日常最低限の用を足すために供される義手、義足、松葉づえ、補聴器、義歯等の購入のための費用』と記載されているが、基本通達73－3はあくまで医師等による診療や治療などのために直接必要な費用に限定してこれを例示しているのであるから、日常最低限の用を足すために供される義手等の購入のための費用であっても医師等の診療等にかかわりのないものについては医療費控除の対象となりえない。

> すなわち、症状が固定し治療の必要がなくなった後において購入された義手、義足又は松葉づえの費用や、回復の望めない老人性難聴者がその聴力を矯正するために購入した補聴器の費用などは、もはや医師等による診療等と関係がないから医療費控除の対象とはならず、また、医師等の治療中であっても当該治療とかかわりなく購入された補聴器等については右と同様である。」

　実は、上記の枠内の説明は、いわゆる藤沢メガネ訴訟第一審横浜地裁平成元年6月28日判決（116頁参照）において、被告税務署長側が所得税基本通達73-3の読み方を主張している部分である。

　同事件は、原告（控訴人・上告人）が医療費控除に含まれるとした、昭和58年中に購入した近視及び乱視矯正用の眼鏡及びコンタクトレンズ等の代金について、被告（被控訴人・被上告人）が同控除を認めず更正処分を行ったため、原告がこれを不服として提訴した事例である。ここでの争点は、近視及び乱視矯正用の眼鏡及びコンタクトレンズ等の代金は医療費控除の対象となるかであった。

　この事例において、被告は、「義手、義足、松葉づえ、補聴器、義歯の購入のための費用」のうち、次に掲げるような「医師等の診療等にかかわりのないもの」は医療費控除の対象となる「医療費」には該当しないと主張したのである。

① 症状が固定し治療の必要がなくなった後において購入されたもの
② 回復の望めない老人性難聴者がその聴力を矯正するために購入した補聴器

　条文に即して考えると、「③通常必要であると認められるものとして政令で定めるもの」という要件も付加されよう（ここでは所得税法施行令207条の示す部分については割愛する。）。

　すなわち、通達はあくまでも法源性を有するものではないから、通達に医療費控除適用上の要件が規定されることはあり得ない。そして、そのことを前提として通達を読まなければ、租税法律主義に反することになるのである。

　また、何よりもこのように解釈されなければ、障害者控除との二重控除

という問題をも惹起しかねない。したがって、あくまでも、所得税基本通達73－3は法解釈をしているにすぎないと読めるのであれば、当該通達は法律の解釈の範囲内に限定されており、すなわち、同通達が新たな課税要件を規定するというような問題は生じていないといえる。ただし、純粋に同通達の記載ぶりだけに着目した場合、はたして本当に同通達が法律の解釈の範囲内にとどまっていると読めるかは微妙であるという指摘はあり得る。同通達が医療費控除対象範囲の限定、いわば新たな課税要件を規定しているように読めなくもなく、やはり、ここには課税要件法定主義抵触の問題が垣間見えるのである。

3 課税要件法定主義と書面添付要件

通達において、書面添付要件たるものが記載されていることがある（第2章第9節（117頁）参照）。かかる通達の要請が、法律から読み取れるものとはいいづらい通達もある。ここでは、タックス・ヘイブン対策税制に関する租税特別措置法関連通達66の6－10をみてみよう。

租税特別措置法66条の6《内国法人に係る特定外国子会社等の課税対象金額等の益金算入》は、租税特別措置法施行令39条の15《特定外国子会社等の適用対象金額の計算》に特定外国子会社等の適用対象金額の計算を委任している。そして、同令39条の15は、当該委任を受け、同条1項柱書は、適用対象金額は「特定外国子会社等…の各事業年度の決算に基づく所得の金額に係る第1号」等の額とするとし、1号において、「当該各事業年度の決算に基づく所得の金額につき、…本邦法令の規定…の例に準じて計算した場合に算出される所得の金額又は欠損の金額」と規定する。

かかる規定の解釈につき、租税特別措置法関係通達66条の6－10が発遣されている。

> **租税特別措置法関係通達66の6－10《法人税法等の規定の例に準じて計算する場合の取扱い》**
> 　措置法令第39条の15第1項第1号の規定により特定外国子会社等の適用対象金額につき法及び措置法の規定の例に準じて計算する場合には、次に定めるものは、次によるものとする。
> ⑵　減価償却費、評価損、圧縮記帳、引当金の繰入額、準備金の積立額等の損金算入又は長期割賦販売等に該当する資産の販売等に係る延払基準による収益及び費用の計上等確定した決算における経理を要件として適用することとされている規定については、特定外国子会社等がその決算において行った経理のほか、内国法人が措置法第66条の6の規定の適用に当たり当該特定外国子会社等の決算を修正して作成した当該特定外国子会社等に係る損益計算書等において行った経理をもって当該要件を満たすものとして取り扱う。この場合には、決算の修正の過程を明らかにする書類を当該損益計算書等に添付するものとする。

　このように、上記通達が、「措置法令第39条の15第1項第1号の規定により特定外国子会社等の適用対象金額につき法及び措置法の規定の例に準じて計算する場合には、…次によるものとする。」としていることからすれば、これは、措置法施行令39条の15第1項1号にいう「法人税法第二編第一章第一節第二款から…（…「本邦法令の規定」…）の例に準じて計算した場合」を指していることは明らかである。したがって、通達は、同条項号の最初の書出しにいう「当該各事業年度の決算」の解釈を指しているものではないことが分かる。その通達の中で、「この場合には、決算の修正の過程を明らかにする書類を当該損益計算書等に添付するものとする。」として、あたかも書類の添付を通達において示しているようであるが、はたして、これは「当該各事業年度の決算」を行うための要件なのであろうかという疑問が惹起される。

　すなわち、ここでの問題関心も、通達において、課税要件を規定しているということになっているのではないかという疑問である。

　この点について、国税不服審判所平成24年6月1日裁決（裁決事例集87号）は以下のように、上記通達⑵の趣旨について、「相当なものと認めら

れる。」として肯定している。

> 「我が国の法人税法が、例えば、減価償却費や圧縮損の損金算入につき確定した決算における経理を要件としているところ、我が国と本店所在地国との会計制度の違いにより特定外国子会社等がそれらを決算において費用として経理することが期待できない場合もあり得ることから、未処分所得の金額の計算に当たっては、特定外国子会社等の決算における経理によるべきことを原則としつつも、納税者がその決算を修正して作成した損益計算書における経理も損金経理の要件を満たすとしたもの」であり、「その取扱いは、当審判所においても相当なものと認められる。」

　上記裁決は、措置法通達66の6−10の(2)を「特定外国子会社等の決算における経理によるべきことを原則としつつも、納税者がその決算を修正して作成した損益計算書における経理も損金経理の要件を満たすとしたもの」と理解しており、その上で、同通達が相当なものと論じている。上記確認をした法条には、「特定外国子会社等の決算における経理によるべき」とすることなど、どこにも規定はされていないように思われる。そうであるにもかかわらず、同通達はそれを原則とすると示達しており、さらに、上記裁決も、その通達を相当なものとしているのである。

　ここでは、その法的根拠が示されていない上に、相当なものと認めることの理由が何ら示されていないように思われる。

　仮に、ここにいう、書類添付が課税要件であるとするならば、法律に規定のない要件を通達において付加しているということにもなりかねない。そのように理解するとすれば、そもそも通達が外部拘束力を有しないものであるという基本的な通達に対する理解を無視するものであり、また、そのような解釈は租税法律主義にいう課税要件法定主義に抵触するおそれがあるということになろう。

　そもそも、通達が納税者など外部者を名宛人として発遣されるものでないことからすれば、同通達の示す「この場合には、決算の修正の過程を明らかにする書類を当該損益計算書等に添付するものとする。」というのは、あくまでも、内部職員に対して、計算の過程については書類を確認するこ

ととするという意味での指示にすぎないものというべきであろう。そのような意味で理解すれば上記通達は問題がない。すなわち、納税者に向けて、書面添付要件を課しているものではなく、そのような書類によって確認を行うことが適当であるから、納税者に対して書類の添付を慫慂することによって確認をすべきとの意味以上のものはないと解することが妥当であろう。つまり、同通達の引用部分は課税要件ではないと理解すべきであろう。

第3節　廃止通達の影響

> **ポイント**
>
> 　通達が新たに発遣された場合や改正された場合の法的影響については既に述べてきたが、通達が廃止された場合の法的影響についても確認することとしよう。具体的事例として、本節では、①小規模宅地の特例に係る通達と②社会保険診療報酬関連通達、③旧所得税基本通達36－17を素材とする。

1　通達廃止の背景

通達が廃止されるケースとしては、次のようなケースが想定される。

①　関連する法律や取扱いが改正された場合

②　関連する法律や取扱いが削除された場合

③　関連する法律が明定された場合

④　裁判例等によって通達の違法性が指摘されるなどした場合（国税通則法99条事案も含む。124頁参照）

⑤　通達が法令に反しているとの疑義が生じた場合

⑥　行政運営等に問題が生じた場合

⑦　通達が現状に適合していないと判断された場合

⑧　通達縮減等の政府の要請があった場合

⑨　その他

④については、裁判例等において、通達に疑義があると指摘されるケースや学説等で指摘される場合などが考えられるが、そのような外部的な圧力だけでなく、内部における適宜の見直しによっても問題が惹起されることがある。

⑧については、特に、以下に述べるような中央省庁等改革基本法の制定により、国税庁においても通達の縮減が要請された経緯がある。

第3章　通達の適用の仕方

> **中央省庁等改革基本法20条《財務省の編成方針》**
> 　財務省は、次に掲げる機能及び政策の在り方を踏まえて編成するものとする。
> 　五　徴税における中立性及び公正性の確保を図るため、税制の簡素化を進め、<u>通達への依存を縮減する</u>とともに、必要な通達は国民に分かりやすい形で公表すること。

　この法律の適用により、国税庁では相当数の通達を削減している。

　⑨において問題となるのは、裁判例等においてその法的根拠が明確にされているにもかかわらず、諸般の事情で廃止にした場合に、新たな問題が発生する可能性等を挙げることができる。この点については後述（旧所得税基本通達36－17の取扱い）することとしよう。

2　通達の取扱いが法令化された場合の解釈論
(1)　小規模宅地の特例に係る通達

　通達の取扱いが個別税法に採用されるケースは、しばしば散見されるところである。例えば、法人税法上のデリバティブ関連法令（法法61の5等）はそれ以前に発遣されていたいわゆるデリバティブ通達（平成10年10月30日付け「金融商品に関する法人税の取扱いについて」）をベースにしたものである。

　ここでは、佐賀地裁平成20年5月1日判決（税資258号順号10956）[1]の事例を素材としよう。

　旧租税特別措置法69条の4は、小規模宅地についての相続税の課税価格の計算の特例（以下「本件特例」という。）について定め、選択特例対象宅地等については、小規模宅地等に限り、相続税法11条の2《相続税の課税価格》に規定する相続税の課税価格に算入すべき価額を、当該小規模宅地等の価額に各号に掲げる小規模宅地等の区分に応じ当該各号に定める割合（20％又は50％）を乗じて計算した金額と規定している。

　ところで、昭和50年6月20日付け「事業又は居住の用に供されていた宅

---

[1]　判例評釈として、渡辺充・明治学院大学法学研究87号1頁、占部裕典・速報判例解説5号〔法セ増刊〕299頁など参照。

地の評価について」通達（以下「本件個別通達」という。）は、宅地の評価方法を示すとともに「居住の用に供されていた宅地とは、相続開始時において被相続人が居住の用に供していた宅地をいい、これに該当する宅地が２以上ある場合には、相続開始時において被相続人が主として居住の用に供していた宅地をいうものとする。」としていたが、本件個別通達は、本件特例の創設に伴い廃止された。

　なお、本件個別通達は、その趣旨として「事業又は住居の用に供されていた宅地のうち最小限必要な部分については、相続人等の生活基盤維持のため欠くことのできないものであって、その処分について相当の制約を受けるのが通常である。このように処分に制約のある財産について通常の取引価格を基とする評価額をそのまま適用することは、必ずしも実情に合致しない向きがあるので、これについて評価上、所要のしんしゃくを加えることとしたものである。」と説明されていた。

　さて、この事案においては、原告が本件相続により取得した本件宅地について、これを「当該相続の開始の直前において、当該相続に係る被相続人の居住の用に供されていた宅地等」と認定して、本件特例（旧措法69の４①二）を適用できるか否かが争点とされた。そこで、本件特例の適用の対象となる「居住の用に供されていた宅地等」は、本件個別通達が示していたように「主として居住の用に供していた宅地等」に限られるかという争点において、当事者は次のように主張を展開した。

　すなわち、被告は、「本件特例は、宅地が、相続人等の生活基盤維持のために欠くことのできないもので、処分に相当の制約を伴うことが通常であることに対する配慮から、評価上、しんしゃくを加えるとの趣旨に基づく本件個別通達の趣旨をそのまま受け継ぎ法制化されたものである。」とし、「確かに本件個別通達における『主として』の文言は、本件特例への法制化において削除されてはいるが、これは、被相続人と生計を一にする当該被相続人の親族が居住の用に供していた宅地についても、本件特例の対象とすることとされたことに伴うものにすぎず、限度面積の範囲内である限り被相続人が居住の用に供していた宅地すべてを本件特例の対象とす

る趣旨であるとは到底考え難い。」と述べた。

　これに対して、原告は、「本件特例の趣旨は、本件個別通達の趣旨でもあったのであり、本件特例の創設の際に、本件個別通達にあった『これに該当する宅地が2以上ある場合には、相続開始時において被相続人が主として居住の用に供していた宅地をいうものとする。』との要件が削除された趣旨は別のところにあるはずである。」と反論した。

　佐賀地裁は、次のように説示している。

> 　「相続税と所得税の特例という違いはあるものの、所得税の場合には、措置法31条の3第2項に『居住の用に供している（家屋）』という文言があり、これについて規定する措置令20条の3第2項において、『その者がその居住のよう〔ママ〕に供している家屋を二以上有する場合には、これらの家屋のうち、その者が主としてその居住の用に供していると認められる一の家屋に限るものとする。』と規定しているにもかかわらず、本件特例においてはそのような制限はされていないことからすると、本件特例の解釈として、主として居住の用に供されていた宅地等に限るとすることは困難であって、面積要件さえ満たせば、複数存在することも許容されていると解するのが相当である。」

　この点に関し、被告は、本件個別通達は、「居住の用に供されていた宅地とは、相続開始時において被相続人が居住の用に供していた宅地をいい、これに該当する宅地が2以上ある場合には、相続開始時において被相続人が主として居住の用に供していた宅地をいうものとする。」と規定しており、その趣旨を引き継いで本件特例が法律化されたのであるから、本件特例も本件個別通達と同様の解釈をするべきである旨主張している。

　これに対して、佐賀地裁は、次のように被告の主張を排斥している。

> 　「税務調査会〔ママ〕の『昭和58年度の税制改正に関する答申』において『株式評価について改善合理化を図ることとの関連で、個人が事業の用又は居住の用に供する小規模宅地についても所要の措置を講ずることが適当である。』とされたことから、立法時における地価の動向にも鑑み、個人事業者等の事業の用又は居住の用に供する小規模宅地の処分についての制約面に一層配慮し、特に事業用土地については、事業が雇用の場であるとともに取引先等と密接に関連している等事業主以外の多くの者の社会的基盤として居住用土地にはない制約を受ける面があること等に鑑み、従来の通達（本件個別通達）による取扱いを発展的に吸収して相続税の課税上特別の配慮を加えることとして、法律化されたものであり、本件個別通達と比較すると、種々の変更が加えられているのであり、例えば、貸付地については、事業に至らない場合にまで

拡大されたりしているのであるから、本件個別通達に存在した『主として』という文言が本件特例では削除されているということは、文字どおり、本件個別通達の『主として』の制限を本件特例で解除したものにほかならないものというべきである。
　被告は、本件個別通達の趣旨を強調するが、それは法律の趣旨の一部にすぎないのであって、その趣旨のみから、本件特例には規定されていない『主として』を読み込むこと自体、法律の解釈としては無理があるというべきである。」

　ここで注意をしておきたいのは、個別税法の基となった通達がある場合に、かかる通達の趣旨も法律の趣旨の一部を構成するとの説示である。もっとも、控訴審福岡高裁平成21年2月4日判決（税資259号順号11137）では、原判決が取り消され、納税者は敗訴している（最高裁平成22年2月5日第二小法廷決定（税資260号順号11374）は上告不受理の決定をしている。）。

(2)　社会保険診療報酬関連通達

　次に東京地裁平成20年9月10日判決（税資258号順号11018）の事例をみてみよう。この事例は、租税特別措置法26条《社会保険診療報酬の所得計算の特例》1項に規定する医業に柔道整復業が含まれないとしていた昭和31年に発出された通達（昭和31年1月25日直所2-8）が平成12年に廃止されているから、同通達を根拠として同項の規定を解釈することは憲法84条に違反するとしてした所得税の更正処分の取消請求が棄却された事例である。

　原告（控訴人・上告人）は、柔道整復師であり、平成14年から平成16年までの各年分の所得税について、租税特別措置法26条1項（以下「本件特例規定」という。）の適用を前提として同項所定の率の必要経費を控除して確定申告をしたところ、課税庁から、柔道整復師は同項に規定する「医業又は歯科医業を営む個人」に当たらないことを理由として各更正処分及び過少申告加算税の各賦課決定処分を受けた。

　そこで、原告は、本件訴訟を提起し、原告が上記の「医業又は歯科医業を営む個人」に当たることなどを理由として、本件各賦課決定処分等の取消しを求めた。

　まずはじめに、ここで問題となっている通達を確認する必要がある。昭

第3章　通達の適用の仕方

和31年に発遣された通達（昭31.1.25直所2－8）（以下「本件通達」という。）には、租税特別措置法26条に規定する「医業及び歯科医業」とは、医師又は歯科医師による医業又は歯科医業をいうものであるから、助産婦、あん摩師、はり師、きゅう師、柔道整復師等による助産婦業、あん摩業、はり業、きゅう業、柔道整復業等は含まれないことに留意する旨が記載されていた。しかしながら、本件通達は平成12年に廃止された。本件事案は、平成14年ないし16年分の所得税について、平成18年2月に行われた更正処分に係るものであるから、この事案の対象年分においては、既に本件通達は廃止されている。

さて、柔道整復師である原告は、租税特別措置法26条1項に規定する医業に柔道整復業が含まれないとしていた本件通達が平成12年に廃止されているから、この通達を根拠として同項の規定を解釈することは、憲法84条に違反する旨主張した。

これに対して、東京地裁平成20年9月10日判決は、次のように説示している。

> 「租税法律主義は、法律の根拠に基づくことなしには、国家は租税を賦課徴収することはできず、国民は租税の納付を要求されないということを意味し、課税が法律に基づいて行われることを要求するものであるから、課税庁が法律の解釈につき通達を発出したとしても、当該通達自体が法規の性質を有するものとして課税の根拠になるものではなく、また、課税庁が当該通達を廃止したとしても、当該通達に係る解釈に影響を及ぼし得る関係法律の改廃又は社会事情の変更がなく、当該解釈が引き続き課税の根拠となる法律の解釈として相当と認められるものであれば、その廃止によって当該解釈に係る法律の根拠が失われるものではなく、憲法84条違反の問題が生ずるものでもない。」

このように、通達の廃止と租税法律主義との関係を述べている。そして、同地裁は次のように述べて、課税庁は、あくまでも租税特別措置法26条の解釈として、柔道整復師が同法の適用対象となる医師に含まれないとし、そのことは本件通達の廃止の前後を通じて一貫して変わらないと論じている。

第3節　廃止通達の影響

「本件通達が租税特別措置法26条1項に規定する医業に柔道整復業が含まれないとしていたのは、…租税特別措置法26条1項の解釈を確認的に関係機関に示達したものと解されるのであって、本件通達自体が法規の性質を有するものとして課税の根拠になるものではなく、本件通達の存在によって初めて上記解釈に基づく取扱いが許容されるわけではない。」

「本件通達発出後の柔道整復師法の制定及びこれに伴うあん摩師等法の改正も、柔道整復の法的性格など租税特別措置法26条1項の解釈に影響を及ぼし得るものではなく、他にその前後を通じて同項の解釈に影響を及ぼし得る関係法律の改廃又は社会事情の変更は見受けられず、当該解釈が引き続き同項の解釈として相当と認められる以上、本件通達の改廃の有無にかかわらず、本件通達に示された同項の解釈は引き続き法律上の根拠に基づくものであるというべきである。現に、…本件通達の廃止後も、東京国税局の職員の執筆に係る同規定の解説の文献には、本件通達と同旨の説明が記載されており…、このことからも、本件通達に示された同項の解釈が本件通達の廃止後も税務当局の公的見解として維持されていることが推認されるということができる。

したがって、本件通達の廃止後も、同通達に示された租税特別措置法26条1項の解釈は引き続き法律上の根拠に基づくものということができるから、その解釈に基づいて課税を行うことが憲法84条に違反するということはできない。」

このように東京地裁は、本件通達の廃止後も、そこに示された租税特別措置法26条1項の解釈は引き続き法律上の根拠に基づくものということができるから、その解釈に基づいて課税を行うことが憲法84条に違反するということはできないとするのである。

この判決の述べるとおり、通達の廃止は何ら法律の改正や廃止を意味するものではないから、特段の事情のない限り、行政解釈の変更を意味するものではないと解するべきである（金子・租税法110頁）。

この判断は、控訴審東京高裁平成21年4月15日判決（税資259号順号11179）においても維持され、最高裁平成22年2月18日第一小法廷決定（税資260号順号11383）において上告が不受理とされている。

3　通達の廃止が提起する問題

(1)　問題提起

ここで、2つ問題提起をしておきたい。第一に、廃止の手続についてである。第二に、廃止された通達に法律の根拠があると認められている場合

第3章　通達の適用の仕方

の廃止の影響についてである。

(2)　廃止手続についての問題

　通達制定時には例えば、後述するとおり、パブリックコメントなどの意見募集手続が用意されているのに、廃止の際にはかような手続が用意されていないということは行政手法のあり方として問題提起し得る論点ではないかと考える。

　通達が影響力を有するものであることから、制定時にパブリックコメントのような手続が用意されいるのであれば、廃止時にもその廃止の理由を明らかにし、国民からの意見を聴取することが考えられる。同手続が予測可能性を担保するためのものであり、行政手続の透明性に資するものと位置付けられているのであれば、それは廃止の際にも同様の問題があるからである。通達は法律ではないとはいえ、国民は、既存の通達があることを前提として、取引関係に入り、例えば企業環境、労働環境を整えて、団体に加入し、契約をし、各種の経済活動を行っている実態を踏まえれば、通達の廃止も、通達の制定と同様に国民の関心事項の1つであるといえよう。

　通達が廃止されたとしても、遡及して取扱いに変更がなされるべきではないから、事実上の影響はないとはいえない。

(3)　裁判所において許容された通達の廃止

　旧所得税基本通達36－17は、本文において次のように通達していた。

> 　債務免除益のうち、債務者が資力を喪失して債務を弁済することが著しく困難であると認められる場合に受けたものについては、各種所得の金額の計算上収入金額又は総収入金額に算入しないものとする。

　しかし、この通達は、現在廃止されている。

　岡山地裁平成25年3月27日判決（税資263号順号12184。69頁も参照）は、債務免除益には所得税基本通達36－17本文の適用があり、関係団体が理事長に貸し付けた債権について理事長の自己破産があったため当該理事長に債

務免除益が発生し、それが給与等に該当するとしても、関係団体側には源泉徴収義務は生じないと判示している。その説示の中で、次のように、同通達の法的妥当性を論じている。

〔所得税基本通達36－17について〕
「債権者から債務免除を受けた場合、原則として、所得税法36条1項にいう『経済的な利益』を受けたことになり、免除の内容等に応じて事業所得その他の各種所得の収入金額となるものであるが、例えば、事業所得者が、経営不振による著しい債務超過の状態となり、経営破綻に陥っている状況で、債権者が債務免除をしたなどという場合には、債務者は、実態としては、支払能力のない債務の弁済を免れただけであるから、当該債務免除益のうちその年分の事業損失の額を上回る部分については、担税力のある所得を得たものとみるのは必ずしも実情に即さず、このような債務免除額に対して原則どおり収入金額として課税しても、徴収不能となることは明らかで、いたずらに滞納残高のみが増加し、また、滞納処分の停止を招くだけであり、他方、上記のような事情がある明らかに担税力のない者について課税を行わないこととしても、課税上の不公平が問題となることはなく、むしろ、課税を強行することについて一般の理解は得られないものと考えられることから、このような無意味な課税を差し控え、積極的な課税をしないこととしたものである。」
「本件通達は、…債務免除益への非課税を規定したものと解されるのであり、このような規定の内容…その趣旨からすれば、本件通達による上記非課税の取扱いは、所得税法等の実定法令に反するものとはいえず、相応の合理性を有するものということができる。」

また、旧所得税基本通達36－17の取扱いが法律的な根拠を有するとする判決として、次の事例を紹介しよう。

大阪地裁平成24年2月28日判決（税資262号順号11893）は、旧所得税基本通達36－17の解釈として、次のように判示している。

「所得税法…の計算方法は、個人の収入のうちその者の担税力を増加させる利得に当たる部分を所得とする趣旨に出たものと解される。このことに鑑みると、同法36条1項が、経済的な利益をもって収入する場合にはその利益の価額を各種所得の計算上収入金額又は総収入金額に算入する旨規定しているのは、当該経済的な利益のうちその者の担税力を増加させる利得に当たる部分を収入金額及び総収入金額に算入する趣旨をいうものと解すべきである。そして、債務免除を受ける直前において、債務者が資力を喪失して債務を弁済することが著しく困難であり、債務者が債務免除によって弁済が著しく困難な債務の弁済を免れたにすぎないといえる場合には、当該債務免除という経済的利益によって債務者の担税力が増加するものとはいえない。そうすると、基本通達36－17本文は、当該債務免除の額が債務者にとってその債務を弁済することが著しく困難である部分の金額の範囲にとどまり、債務者が債務免除によって

> 弁済が著しく困難な債務の弁済を免れたにすぎないといえる場合においては、これを収入金額に算入しないことを定めたものと解するのが相当であり、このような解釈は、所得税法36条の趣旨に整合するものというべきである。」

　このように、通達が法律的根拠を有するものと肯定されているのであれば、かかる通達を廃止したとしても、同様の取扱いは依然として有効であるはずである。なぜなら、この取扱いの根拠は所得税法36条にあるからである。通達が廃止されたとしても、所得税法36条の解釈からかような取扱いが導出できるということは、この通達の廃止は特段の意味を持たないというべきなのではなかろうか。

　むしろ、通達の廃止に意味がないというよりも、そのような解釈ができることを明らかにする素材を失うこととなり、通達廃止によるマイナス効果のみが残されるように思われるのである。

　権利能力なき社団が理事長Aに対する貸付金を債務免除した事例において、最高裁平成27年10月8日第一小法廷判決（裁時1637号1頁）は、かかる債務免除益を「賞与」又は「賞与の性質を有する給与」に当たると判示した。すなわち、同最高裁は、次のように説示し、「本件債務免除益は、所得税法28条1項にいう賞与又は賞与の性質を有する給与に該当するものというべきである。」としたのである。

> 「Aは、同社団から長年にわたり多額の金員を繰り返し借り入れ、これを有価証券の取引に充てるなどしていた。同社団がAに対してこのように多額の金員の貸付けを繰り返し行ったのは、同人が同社団の理事長及び専務理事の地位にある者としてその職務を行っていたことによるものとみるのが相当であり、同社団がAの申入れを受けて本件債務免除に応ずるに当たっては、同社団に対するAの理事長及び専務理事としての貢献についての評価が考慮されたことがうかがわれる。これらの事情に鑑みると、本件債務免除益は、Aが自己の計算又は危険において独立して行った業務等により生じたものではなく、同人が同社団に対し雇用契約に類する原因に基づき提供した役務の対価として、同社団から功労への報償等の観点をも考慮して臨時的に付与された給付とみるのが相当である。」

　この限りにおいて、同社団は所得税法183条1項にいう給与等の支払をする者に当たることから源泉徴収義務を負うことになるはずであるが、最高裁は、次のように論じて差戻しの判断を下した。

「本件債務免除当時にＡが資力を喪失して債務を弁済することが著しく困難であったなど本件債務免除益を同人の給与所得における収入金額に算入しないものとすべき事情が認められるなど、本件各処分が取り消されるべきものであるか否かにつき更に審理を尽くさせるため、本件を原審に差し戻すこととする。」

　このような判断がなされたのは、前述のような廃止前の旧所得税基本通達36-17が示す事情がある場合には収入金額に算入しないとされていたことに対応しているのではないかと考えられる。

第4節　通達の遡及適用

> **ポイント**
>
> 租税法律主義の要請の下、遡及立法禁止原則という考え方が導出される。すなわち、爾後的に創設された法律を創設以前の時期にまで遡って課税されることがあってはならないとする原則的な考え方であるが、他面、通達については、通達が過去の取扱いに遡って適用されることがあり得るのであろうか。そして、そこには何らかの法的問題が所在しているのかというのが本節での関心事項である。

1　遡及立法禁止原則

　遡及立法禁止原則とは租税法律主義の要請する内容の一部であると考えられる。これは、租税法律主義が、課税対象とされる課税物件が確定される時点での法律の適用を前提とするものであると考えれば、爾後的に創設された法律を根拠として課税がなされることは許されないとする考え方である。

　また、遡及立法が許されることとなれば、租税法律主義の要請する予測可能性や法的安定性を損ねることになる。そこで、一般に、租税法律主義のもとでは、租税法の遡及立法は禁止されると解されている（酒井・スタートアップ165頁）。

　この点、例えば米国では、通達（Revenue Ruling 61-213）及び公刊情報（IRS Pub. No.17 "Your Federal Income Tax"）が改訂され、その後に発遣された通達（Revenue Ruling 80-173）が、「内国歳入法第7805条(b)に基づき、過年度に遡って適用する。」としたケースにおいて、かかる通達の遡及適用が禁反言の法理に反することになるか否かが争点とされたWilliam Becker v. Commissioner事件[2]がある。同事件では、それ以前の判例（Automobile Club of Michigan v. Commissioner事件[3]）の判断などが参

2　William Becker v. Commissioner, 751 F.2d. 146（3rd Cir. Court, 1984）.
3　Automobile Club of Michigan v. Commissioner, 353 U.S. 180. 183（1957）.

考とされた上で、「内国歳入庁が法令の適用誤りの是正を過年度分に遡及して適用することは禁反言の法理に反するものではない。」旨の判断が示されている。

では、我が国ではどのように考えるべきであろうか。

2 通達の遡及適用

(1) 事案の概要

ここでは、名古屋地裁昭和57年8月27日判決（行裁例集33巻8号1725頁）[4]の事例をみておきたい。

事案は以下のようなものである。

Aは、昭和48年1月22日、訴外会社から本件土地を4,496万円で取得した。その後、昭和51年12月25日、Aは、M社との間で、この土地を6,000万円で売り渡す旨の売買契約を結び、昭和52年1月20日、M社から代金全額を受領し、同社に所有権移転登記を経由した。本件土地はAが買い受けた当時、更地であり、Aは、この土地を未使用の状態でM社に売却した。Aは、昭和48年1月30日、本件土地を買い受けるために金融機関から3,000万円借り受け、同日から本件土地売却前である昭和51年6月1日までの間に元利金全額の返済をしたが、その間の本件借入金利子は425万余円であった。Aは、昭和52年分の分離譲渡所得の申告をするに際し、この借入金利子を本件土地の取得費に計上しなかった（なお、係争中にAが死亡したため、Aの妻である原告が訴訟承継人となっている。）。

48.1.22	1.30	51.6.1	51.12.25	52.1.20
取得	借入	元利金返済	売却契約	売却代金受領

原告は、「Aは、本件申告に当り、本件借入金利子は取得費に計上されるべきであると考え、昭和税務署係官にその旨意見を申述したが、同係官は、旧通達を理由に、Aの意見を否定し、旧通達に沿う申告指導をしたた

---

4 判例評釈として、中里実・自研60巻9号132頁参照。

め、Aは、やむなくこれに従った。ところが、その後、更正請求期間が経過した後に、Aの意見と同一内容の改正通達が施行されたが、右通達は、遡及適用を否定しているため、原告としては、更正請求による減額更正の途をとざされている。かかる場合においては、被告は、信義則上改正通達を本件借入金利子に適用して、これを取得費に算入すべきであ〔る〕」旨の主張をした。なお、被告は、「改正通達の適用について改正通達の適用は『今後処理するものから』とされているとおり、示達された日である昭和54年10月26日以降適用されるものである。」として反論している。

まずは、本件で問題となっている「旧通達」と「改正通達」の内容について簡単にみておこう。

> **旧所得税基本通達38-8（旧通達）**
> 　固定資産の取得のために借り入れた資金の利子…のうち<u>当該固定資産の使用開始の日までの期間に対応する部分の金額</u>は、…業務に係る各種所得の金額の計算上必要経費に算入されたものを除き、当該固定資産の取得費または取得価額に算入する。

ところで、資産を全く使用しないまま他に譲渡した場合において、上記通達にいう「使用開始の日」とは、社会通念上当該固定資産を使用し得る状態となった時、すなわち土地の場合は、その現況自体に本質的変更を加えずに使用する限り何時でも使用し得る性質のものと解されるから、原則として当該土地の所有権が移転され、引渡しがなされた時と解されていた。したがって、この理解に従って、上記旧通達を適用すると、本件のような場合に、借入金利子は、当該土地取得の日までは取得費に算入され、その後は取得費に算入されないものとして取り扱われることになる。したがって、本件の場合、土地取得の日は借入金発生の前であるから、借入金利子の発生から土地取得の日までは0日となり、取得費算入部分はないということになる。

(2) 借入金利子の取扱いに係る学説

そもそも、借入金利子の取扱いについては、学説上議論があった。

① 消極説

　譲渡所得に対する課税は、資産の値上りにより資産所有者に帰属する増加益を資産の移転を機会に清算して課税するものであり、借入金利子は、資産取得との関係では、客観的取得価格を構成するものでなく、間接的な支出にすぎないから取得費に含めるべきではない。

② 積極説

　取得費とは、資産取得と相当因果関係にある支出費用を指し、借入金利子は、まさに資産の取得に要した費用であるから取得費に含まれる。また一般に、借入金で取得された資産の譲渡による所得は、それだけ担税力が減殺されるから、応能負担の原則上からも取得費性を認めるべきである。

　その後、東京高裁昭和54年6月26日判決（行裁例集30巻6号1167頁）[5]は次のように判示して、旧通達の取扱いを否定した。

> 「資産取得のための出費が右取得との間に相当因果関係をもつといえるか否かは、当該取得のための支出の必要性の度合を考量し、かつ、その出費額を取得金額から控除することが当該租税負担の合理性、衡平性の観点から相当であるか否かを考慮して決せられるべきことがらであって、取得と出費との間に被控訴人〔筆者注：税務署長〕主張のように直接因果関係の存する場合に限定しなければならない理由は見出し難い。直接因果関係のある支出であっても、不相当な支出金額は『取得に要した金額』ということができない反面、因果関係が必ずしも直接的でなくても相当因果関係を認める余地があるものといわなければならない。手持資金によって資産が取得される場合との対比を考えれば、借り入れた資金による取得の場合の借入金利子支払額は、その借入及び利子支払が必要相当であったと認められるかぎり、『取得に要した金額』として課税所得から控除することが租税負担の衡平性のうえから妥当であり合理的であるといわなければならない。」

　すなわち、上記判決は、学説上の積極説（②）に立つ判断を展開したものであるといえよう。

5　判例評釈として、水野忠恒・税務事例12巻4号7頁、木村弘之亮・判評259号147頁、横山茂晴・租税判例百選〔第2版〕78頁など参照。なお、原審東京地裁昭和52年8月10日判決（行裁例集30巻6号1180頁）は、資産を購入するための借入金に対する利子は、当該資産を取得するために直接必要とした支出といえず、また、負債利子は一般に原価性を有しないと解されるので、所得税法38条1項にいう「資産の取得に要した費用」には当たらないとした。

第3章　通達の適用の仕方

(3) 通達の改正

　上記東京高裁判決を1つの契機として、国税庁長官は昭和54年10月26日に、上記所得税基本通達38－8を次のように改正した（改正通達）。

> **所得税基本通達38－8（改正通達）**
> 　固定資産の取得のために借り入れた資金の利子…のうち、当該固定資産の使用開始の日（当該固定資産を使用しないで譲渡した場合は、譲渡の日）までの期間に対応する部分の金額は…当該固定資産の取得費又は取得価額に算入する。

　この通達の取扱いによると、借入金の利子のうち、期間対応部分の金額については、固定資産の取得費又は取得価額に算入されることになるのである。すなわち、本件にこの通達を適用すると、かっこ書にある「当該固定資産を使用しないで譲渡した場合は、譲渡の日」までの期間の借入金利子について、取得費又は取得価額に加算されることとなる。

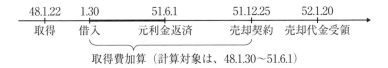

　本件の場合、この通達が適用されれば、借入金利子は固定資産の取得費又は取得価額に算入されることになるというのが原告の主張であった。

　この点につき、名古屋地裁は、次のように論じる。

> 「通達が改正されたときはそれが全国的に下級行政庁の租税徴収事務ないし税務指導を画一的に規律する関係上、特段の事情なき限り、遡及適用を認めない方が、租税行政の円滑な推進に資するものと考える。」

　すなわち、通達の遡及適用は認められないとの立場に立ち、納税者の主張を排斥したのである。しかしながら、このような説示にいかなる意味があるのであろうか。通達は原則として法源性を有しないのであるから、課税が通達に従ったものであるという前提はそもそも間違いであるといわざるを得ない。そのように考えると、ここにいう遡及適用を認めないとすることの意味は必ずしも明確ではない。行政当局内部における適用問題に言

及しただけであるとも理解できなくはないが、ここでは、通達の実質的支配力を前提とした説示がなされたと理解すべきであるように思われる。しかしながら、通達の実質的支配力があることを認めたとしても、その実質的支配力が課税を行う局面（納税者の納税義務を措定する局面）で考慮されることには疑問を覚える（例えば、加算税の正当な理由などの局面で納税者が実質的に通達に影響を受けているということを配慮するという面での通達の実質的支配力の議論であれば理解できる。）。議論のあるところと思われるが、疑問が残るといわざるを得ない。

> 現に名古屋地裁は、通達の性質について、「一般に租税法の規制の対象である経済現象は、きわめて複雑多様であり、しかも、絶えず流動するから、租税行政庁が的確に課税対象を捉え、適切に課税標準を算出し、担税力に応ずる公平課税の目的を達成するためには、法律が抽象的な規範を定立するに止まり、政令等により具体的な解釈基準を示していないような場合（所得税法38条1項にいう取得費はまさにこの適例である）には、租税行政庁として、法律の定める抽象的規範の意味内容を補充し、あるいは解釈し、併せて、下級行政庁の取扱方針を一律ならしめる目的をもって通達を発する必要性の存することは多言を要しないところであり、また一度発せられた通達についても経済状勢の変動ないし租税判例の動向等を踏まえて、改正する必要の生ずることも多言を要しないところである。」とし、「もとより、通達は、租税法規の解釈について裁判所を拘束するものではないが、それが合理性を有すると認められれば裁判所において是認、支持されるのが通常である。」と述べているのである。
> もっとも、名古屋地裁判決は、新旧通達の中間説に立ったものであるとしている[6]。他方、原告の主張する東京高裁判決が積極説に立っているものと思われ

---

6 同判決は、「旧通達は、借入金利子のうち、取得資産の使用開始前の期間に対応する分は、それに見合う収益（取得資産の使用）が生じていないから原価性（取得費性）が認められるが、使用開始以後の期間に対応する分は、むしろ使用の対価（維持管理費性）とみるべきであるから、原価性が認められず、取得費としては認められないとの見解に立つものと解される。

そして改正通達は、旧通達と同一の見解に立脚しつつ、借入金利子のうち取得後何らの用途に使用することなく、他に譲渡した場合には、譲渡時までの期間に対応する借入金利子は、それに見合う収益が生じていないことを理由に、これを取得費に算入することを認めたものであり、旧通達にいう『使用開始の日』を、現実に使用せず、他に譲渡したときは、『右譲渡の日』までとあらためたものと解される。」

「新旧両通達は、中間説ともよばれ…、所得は、費用の収益対応の考え方により計算されるべきものであるから、すべての費用は、それに対応する収益が生ずるまでは、これに原価性を認めるべきであるとの考え方に立脚している。」とする。

第3章　通達の適用の仕方

ることからすれば[7]、東京高裁判決と新通達は合致した立場にあるわけではなかったと整理されることになる。

　そのほか、通達の遡及適用が争われた事例として、京都地裁昭和55年10月24日判決（行裁例集31巻10号2084頁）がある。これは、農地法3条所定の知事の許可を受けていない農地の耕作権を解消させるために耕作権者が支払を受けた離作料も、租税特別措置法（昭和50年法律第16号による改正前）31条にいう「土地の上に存する権利」の譲渡による譲渡所得に当たるものとして、同条及び同法（昭和49年法律第17号による改正前）34条の2の適用を受けることができるとされた事例である。

　被告は、「通達は上級行政機関が関係下級行政機関等を義務づけるものであるが、その効力の生じる時点は原則として当該通達が発せられた以降であり、本件通達は昭和49年9月28日に発せられ、昭和49年分以降の所得税について適用されることになっているので、それ以前に生じた事象である本件にそもそも適用される余地はない。このように解すると、通達の前後で法解釈の断層が生じることになるが、法規の改廃がなされないときにも、法の解釈は判例の変遷等にみられるように時を経るにつれ次第に変っていくものであり、少しも道理にもとるものではない。」と主張していた。

　これに対し、京都地裁は次のように断じている。

> 「被告は、本件事案が本件通達の発せられた以前に生じたものであるから、これが適用される余地はないと主張するが、通達は、上級行政庁の下級行政庁への命令であり、国民に対して拘束力をもつ法規ではなく、裁判所もこれに拘束されるものではないから、本件通達が発せられた後の事案についてのみこれに従って解釈し、それ以前の事案についてはこれに従った解釈をすべきでないとする根拠はなくこの点に関する被告の主張も理由がない。」

7　同判決は、「原告主張の東京高裁判決〔筆者注：前述の東京高裁昭和54年6月26日判決〕は、積極説に立つものであるが、改正通達は、積極説に立つものではなく、中間説に立ちながら、積極説にいう借入金の支払利子を担税力の減殺要因とみる考え方および応能負担の原則の考え方をとり入れ、未使用のまま譲渡したときは、譲渡の日までの借入金利子を取得費として認めたものであると推認され旧通達を右特定の場合に限定して取得費の範囲を拡張したものであるから、十分に合理性を有するものと解されるが、さればと言って、旧通達が施行当時一見して明白に違法な解釈であったと即断することは到底できない（旧通達施行当時右通達を合理性あるものとして是認した判決例も存する）。」と判示している。

上記判断は控訴審大阪高裁昭和57年8月26日判決（行裁例集33巻8号1697頁）においても維持されている。そもそも、通達に外部拘束力がないとするのであれば、通達の「適用」そのものに疑問が寄せられてもよいようなものの、本件判決は、通達の「適用」自体には疑問を寄せることをせず、通達の遡及「適用」についてのみ疑問を呈する。

　通達の適用に対する裁判所の判決には、本節でみたように、通達の外部拘束力はないとしながらも、しばしば疑問の残る判断が展開されているのも事実である。

3　通達の発遣・通達の廃止

　上記のとおり、通達はあくまでも法律の解釈を行っているにすぎないものであることからすれば、通達によって課税が開始されるとか、課税要件に変更が来たされるということはないはずである。具体的にいえば、ある通達が発遣されたとしても、それが、法律の創設に伴ってのものであれば格別、そうでなければ、法律の解釈が新たにそのようになったということは原則としてないのであるから、通達が発遣されたとしても、それは従前からなされていた解釈を留意的に明らかにしたものであるという意味以上のものはないことになるということである。このことは、通達が廃止される場面と同様であり、通達が廃止されたとしても、その通達が法令に違反していたなどの特段の理由がない限り、法律が廃止されたわけではないのであるから、それをもって、解釈が変更されるということは原則としてあり得ないというべきであろう。

　したがって、通達の遡及適用という問題は基本的には存在せず、ひいては通達の適用開始時期という問題は生じないはずである。

　しかし、そうであるとすれば、通達の適用開始を明定することの意味はどこにあるのであろうか。実際に、上記名古屋地裁の事例では、国税庁長官の改正通達の示達書には、「右通達は今後（示達日である昭和54年10月26日以後の意）処理するものからこれによられたい」とが明記されていた旨も判示されている。

第3章　通達の適用の仕方

　あくまでも通達は上意下達の命令手段であるから、下級行政庁職員に対してその命令の効果の発動日を明らかにする必要があるのであって、この通達附則等に示されている適用開始期日の存在が外部拘束力の発動日を意味するものではないことは明らかである。

4　参　考

　以下に通達の適用期日を示す通達附則の例を示す。

法人税基本通達　附則（抜粋）

（施行期日）
1　法人税基本通達（以下「基本通達」という。）は、昭和44年7月1日から施行する。
（適用時期の原則）
2　基本通達は、別段の定めのあるものを除き、基本通達の施行の日（以下「施行日」という。）以後に処理する法人税について適用する。
（適用時期の特例−1）
3　基本通達のうち、次に掲げる事項の適用については、それぞれ次による。
　(1)　2−3−1（未成工事支出金勘定から控除する仮設材料の価額）は、施行日以後の建設工事等につき新たにその用に供する仮設材料について適用し、同日前に建設工事等の用に供されている仮設材料については、なお従前の例による。
　(2)　4−3−1及び4−3−2（広告宣伝用資産の受贈益等）は、施行日以後に取得する広告宣伝用資産について適用し、同日前に取得した広告宣伝用資産については、なお従前の例による。
〔以下省略〕

改正法人税法（昭和45年4月改正）等の施行に伴う法人税の取扱いについて（抜粋）

直審（法）58（例規）
昭和45年7月16日

　法人税法の一部を改正する法律（昭和45年法律第37号）及び法人税法施行令の一部を改正する政令（昭和45年政令第106号）の施行に伴い、法人税基本通達（昭和44年5月1日付直審（法）25）の一部を改正するとともに、その経過的取扱いを下記のとおり定めたから、これによられたい。
　なお、法人税基本通達の改正部分は、法人の昭和45年4月1日以後開始する事業年度の法人税について適用する。

記

第1　法人税基本通達の改正　（略）
第2　経過的取扱い
（少額の減価償却資産の基準引上げの適用）
8　令第133条（少額の減価償却資産の取得価額の損金算入）の少額の減価償却資産の基準の引上げは、昭和45年4月1日前に開始した事業年度に取得し、同日以後開始する事業年度に事業の用に供した減価償却資産についても適用があることに留意する。

第4章

通達の実際

第1節　通達に使用する用語

> **ポイント**
>
> 通達において、どのような用語が使用されているかということは直接的には納税者にとって無関係であると思われるが、他面、かかる通達が公表されているのであるから、通達について一定程度の読み方が求められるのも事実であろう。本節では、簡単に、実務家にとって必要と思われる範囲内で重要なもののみを確認しておくこととしよう。

1　通達に使用する用語

(1) 通　知

「通知」とは相手方に報知するものである。国税局相互間あるいは税務署相互間においては「通報」が用いられることも多い。

(2) 上　申

「上申」とは、下級行政庁から上級行政庁に対して指示を仰ぐことをいう。近時は、「照会」が使われることもあるが、そこでの意味は本来の「上申」である。「稟（りん）申」、「稟（りん）議」、「稟（りん）請」等が用いられることはほとんどない。

(3) 進　達

「進達」とは、上級官庁が処理すべき事項について、意見等を付して取り次ぐものであり、下級官庁が経由機関となるものをいう。

(4) 照　会

「照会」とは、他官庁又は民間からの単なる問合せをいう。例えば、文書回答手続はここにいう「照会」に対する文書による一定の回答手続を指す。回答義務の有無によって、照会と申請が区別される。

(5) 申　告

「申告」とは、官庁に対して義務的に提出するものを指す。確定申告がその代表的な例である。

第4章 通達の実際

(6) 申　請

「申請」とは、官庁に対して回答を求めるものであって、これに対して受理官庁に回答する義務が生じるものをいう。

いわゆる荒川民商事件上告審最高裁昭和48年7月10日第三小法廷決定（刑集27巻7号1205頁）[1]は、「所得税法234条1項〔筆者注：現行法では国税通則法74条の2〕の規定は、国税庁、国税局または税務署の調査権限を有する職員において、当該調査の目的、調査すべき事項、申請、申告の体裁内容、帳簿等の記入保存状況、相手方の事業の形態等諸般の具体的事情にかんがみ、客観的な必要性があると判断される場合には、前記職権調査の一方法として、同条一項各号規定の者に対し質問し、またはその事業に関する帳簿、書類その他当該調査事項に関連性を有する物件の検査を行なう権限を認めた趣旨」であると論じているが、「申請」「申告」の体裁内容等が調査の客観的必要性の判断に影響を及ぼすとしている。例えば、申請や申告がいい加減な体裁であるということも調査の必要性の判断基準となり得るのである。

✎　なお、税理士法2条は、その1項において次のように規定する。

> 税理士法2条《税理士の業務》
> 　税務代理（税務官公署…に対する租税に関する法令若しくは行政不服審査法…の規定に基づく<u>申告、申請</u>、請求若しくは不服申立て…につき、又は当該申告等若しくは税務官公署の調査若しくは処分に関し税務官公署に対してする主張若しくは陳述につき、代理し、又は代行すること…をいう。）

(7) 回　答

「回答」とは、他官庁又は民間からの照会に対して返答するものをいう。

(8) 回　報

「回報」とは、同格官庁の照会に対して返答することをいう。

---

[1] 判例評釈として、金子宏・行政判例百選Ⅱ263頁、小早川光郎・租税判例百選〔第4版〕206頁、曾和俊文・行政判例百選Ⅰ〔第3版〕214頁、清永敬次・シュト137号12頁、南博方・ジュリ565号38頁、柴田孝夫・昭和48年度最高裁判所判例解説〔刑事篇〕99頁、酒井・ブラッシュアップ426頁など参照。

(9) 報　告

「報告」とは、下級官庁が上級官庁からあらかじめ指示されたことに対して報知することをいう。

(10) 申　報

「申報」とは、下級官庁が上級官庁からあらかじめ指示されていないことに対して報知することをいう。

(11) 回　送

「回送」とは、間違って配付されたもの等を真実の宛先に送り返すこと又は経由機関がその提出先に送付することをいう。通達においては、「移送」や「転送」は用いないとされていたが、近時はこの点は必ずしも厳格ではない。

(12) 規　程

「規程」とは、事務執行上の一定の目的やその手続のために設けられた複数の規律を体系的にまとめた総体を意味する。

(13) 規　定

「規定」とは、「規程」や「規則」などの規範中にある個々の条項のことを指す。「所得税法上の規定によれば」というように条項号を指す。

「規程」と「規定」は、別の概念であることからこれらの混同を避けるため、前者を「キホド」と読み、後者を「キテイ」と読むことが多い。

ところで、福岡地裁昭和32年2月4日判決（税資39号219頁）は、次のように説示している。

「税務官庁において、訓令、指令、示達、通牒、通達、回答などの名称を以ってだされるいわゆる取扱通達は、税務官庁の系統的組織内において、租税法規、財政会計法規、行政組織法規と共に、具体的な執務の基準を示すことを目的として出されているものであって、法令として上級機関から下級機関を拘束するものとして出されているものに属しないから一般の第三者に対しては勿論法的拘束力を有することはない。しかしながら純然たる税務官庁自体の事務規程としての取扱通達はともかくとして、右通達は一般に公用されており、官庁内部の秘密事項ではないのであって税務諸官庁は一応その通達に依拠して実務を処理する現状である以上、納税者その他外部関係者との交渉をもつ事項、特に租税法規の具体的解釈を内容としているものなどについては、租税法規の補充として、それ自体事実上規範的性格を有する面があることは認めざるをえない。」

この判決が述べるように、様々なネーミングが付されているからといって、税務官庁内部における執行上の基準ないしは命令にすぎないのである。もっとも、そうであったとしても、かかる通達が実質的支配力を有しているという点については既に第1章第4節において論じたところである（36頁以下参照）。

2 通達の記号等

電車には、例えば、「クハ205－3107」などの表示があり（仙石線）、この表示の意味を知るのは鉄道ファンにとっては楽しいものであろう。国税庁長官通達にも、「課個3－7外3課共同」などの番号が示されている。この番号にはどのような意味があるのであろうか（後掲の参考資料6（303頁）参照）。

まず、「課」というのは、国税庁課税部という意味であり「調」は調査査察部、「徴」は徴収部、「総」は長官官房を表わす。「個」というのは個人課税課が発遣する通達という意味である。例えば、「法」は法人課税課、「資」は資産課税課、「消」は消費税課、「審」は審理室（175頁も参照）である。「3－7」とは、国税庁課税部個人課税課の3番目の係がその年になってから発遣した7番目の通達という意味である。通常、多くの課では総務係を「1」とし、各係にそれぞれ番号が付されている。例えば、ある時期における国税庁課税部個人課税課の各係には、1が総務係、2が企画係、3が審理係というような番号が付されているとすると、「3－7」とは、審理係が発遣したものということがわかる。

なお、これらの番号の後に「外3課共同」という表現がみられるが、これは共同通達という意味で、稟議決裁をした課が個人課税課のほかに3課あるという意味である。通達の起案は個人課税課であるものの、そのほかの3つの課（室）の課（室）長もその内容を了解したという意味がある。

3 通達に使用される概念

通達は法律ではないので、条文を解釈するときのような文理解釈はなじ

まない。むしろ、機械的解釈は通達の読み方としては問題があるのであるから（129頁以下参照）、内容を重視して柔軟に解釈しなければならない場面も多い。そうであっても、通達に示された用語（概念）の解釈が問題となることもしばしばあるのが現実である。

以下では、いくつかの例を紹介することとしたい。

(1) 「他の者」の意義

損害賠償請求権事件広島地裁平成25年1月15日判決（裁判所HP）では、法人税基本通達2－1－43《損害賠償金等の帰属の時期》にいう「他の者」の意義が論点とされた。

そこでは、法人の従業員が行った特殊景品の抜き取り行為とそれに伴う売上原価の過大計上という不正行為につき、過大に計上されていた売上原価の損金算入が否定され、さらに法人が被った損害については法人の損金計上がなされることになるが、同時に会社から従業員に対する損害賠償請求権が発生するため、同時両建てでかかる損害賠償請求権相当額の益金が発生することになるのかどうかが争点とされた。

ところで、法人税基本通達2－1－43は、「他の者から支払を受ける損害賠償金…の額は、その支払を受けるべきことが確定した日の属する事業年度の益金の額に算入するものであるが、法人がその損害賠償金について実際に支払を受けた日の属する事業年度の益金の額に算入している場合には、これを認める。」と通達している。この「他の者」に同事案における従業員が含まれるかどうかという点につき、上記広島地裁は、ここには法人内部の者は含まれないと判示した。

(2) 「固定資産税」の意義

共同住宅等の貸付けを業とする者である納税者は、貸付けの業務の用に供する目的で、貸付業務用の不動産購入に当たり売主に対し、購入年の固定資産税の税額に相当する金額のうち日割計算による未経過分に相当する清算金（本件清算金）を支払ったが、かかる清算金が不動産所得の金額の

171

計算上必要経費に含まれるかあるいは資産の取得原価に含まれるかが争点となった事例として、東京高裁平成26年4月9日判決（訟月60巻11号2448頁）がある。納税者は、所得税基本通達37-5《固定資産税等の必要経費算入》が、業務の用に供される資産に係る固定資産税は、当該業務に係る各種所得の金額の計算上必要経費に算入することと通達しているので、ここにいう「固定資産税」に本件清算金が含まれ、不動産所得の金額の計算上、必要経費に算入されるべき旨主張した。

　これに対して、同東京高裁は、「しかしながら、同通達の規定は、納税義務者として支払う固定資産税のことをいうものと解されるから、同通達の存在をもって、本件各清算金を必要経費に算入すべきことにはならないというべきである。」として、同通達にいう「固定資産税」とは、「納税義務者として支払う固定資産税」を指すと判示した。

第2節　基本通達の制定

> **ポイント**
>
> 税務通達は非常に膨大な量がありかつその内容は複雑である。通達は、日々流動する経済活動に合わせて発遣されるものであるから、致し方ない面もあるといえよう。しかし、膨大すぎる通達が、納税者や租税専門家のみならず、処分行政庁職員の正確な判断を困難なものとしているようであれば本末転倒である。こうした批判を受け、既往の通達の整備・法令の改正に伴う通達の早期制定等の様々な取組みが行われてきたところである。本節では、現行通達制定の背景等につき概観してみよう。

1　審理事務の運営

　現在、国税庁から発遣されている関係法令の解釈通達は、固定的な法令を流動する経済事象に適合するように措置し、あわせて行政の円滑な運営を行うことを目的として、それぞれの施行時における必要性に基づいて制定されたものである。

　しかし、このようにして累積されてきた通達の体系については、①あまりにも膨大かつ複雑で、実務面における適用の限界を超えていること、②所得計算の微細な点に至るまで一定の方法を定めているため、局署における取扱いが画一的に流れ、実情に即した弾力的な運用を妨げるきらいがあること、③局署の調査担当者が法令通達の適用面における是否認の諸査に追われ、税務調査の基本である所得の実額の把握、潜在的脱税者の発見等がおろそかにするおそれがあること等の諸点についての批判も行われていた。

　そこで、審理事務の運営は、これらの諸点について反省を加え、早期に既往の通達の整備を図るとともに、改正法に関する分かりやすい通達の早期制定と関係職員に対する法令通達の正しい解釈の周知徹底を図ることに重点をおいて実施されてきている。

第4章　通達の実際

2　基本通達の制定

　従来の所得税及び法人税の基本通達は、昭和25年度の所得税法及び法人税法の全文改正に伴って制定されたものであり、当初は、所得税の基本通達は715項目、法人税の基本通達は357項目からなっていた。

　所得税及び法人税の関係通達は、この基本通達のほかに、その後、毎年のように行われてきた税制改正に伴う通達があり、また、新しい経済事象に応じて定めた個別通達があるので、量的に極めて膨大で、内容的にも複雑なものとなってきた。一方、昭和40年3月に行われた所得税法及び法人税法の全文改正に伴い、これらの既往の通達については、新法の下における通達として総合的に整備することが必要となった。

　そこで、昭和40年度以来、所得税及び法人税の既往の関係通達を全面的に整備統合し、新しい基本通達を制定するための作業が進められてきたところ、法人税の基本通達については、昭和44年5月1日付直審（法）25をもって制定し、原則として、同年7月1日以後の申告、更正等をする事業年度から適用することとされた。その通達数は569項目で、既往の通達数に比し、かなり減少している（なお、所得税の基本通達についても、昭和45年7月1日付け直審（所）30をもって制定されている。）。

　なお、現行の法人税基本通達は、それが法人税の基本的な通達として、企業経理に影響することが大であることから、その審議の過程においては、最終案につき、昭和43年12月から昭和44年2月までの間に5回にわたり、学識経験者、民間の実務家を構成メンバーとする法人税基本通達整備審議会が開催され、その意見を聴取したほか、民間の関係団体から提出された意見についても十分に検討を加え、妥当と認められる見解は積極的に採り入れて制定されたものである。

3　改正法関係通達の制定

　租税関係の法令は毎年のように改正されているが、改正法の施行に伴う取扱通達については、改正法の施行のつど、通達の簡素平明化の要請に応え、分かりやすい通達の早期制定が図られている。

4　法令・通達の周知徹底

　課税の適正を期するためには、まず関係職員が法令・通達の趣旨を十分に理解し、これを正しく適用することが必要である。また、通達体系の簡素平明化に伴い、関係職員が個別事案を処理するに当たっては、いきおい条理や社会通念等によって判断する分野も広くなり、そうした状況に対処する能力を養成することが必要となっている。

　このため、毎年できる限り多くの機会に審理課担当職員を各局署の説明会に派遣し、改正法又は新たに制定された通達等の説明を行うとともに、各税の関係印刷物を配付する等して、その周知徹底が図られている。

5　改正法案の審議

　毎年、国税庁では、税制の簡素平明化と税務行政の効率的な運用を図るため、主として執行上の観点から当面の税制改正意見を取りまとめ財務省主税局に提出されている。また、主税局及び内閣法制局における改正法案の審議に参加する中でその意見の反映に努めている。

> **国税庁審理室**
> 　国税庁審理室は、過去において審理課とされていた。
> 　審理課は、昭和37年政令第225号による大蔵省組織令の一部改正により、昭和37年6月1日に新設された。それまでの直税部の機構は、税目別に事務を分掌する三課制（所得税課、法人税課及び資産税課）を採用し、各課は、局署に対する管理事務と法令の解釈及び適用に関する通達の制定等の事務をそれぞれ分掌していた。
> 　しかし、①経済事象がますます複雑になるにつれて法令の内容もいよいよ多岐にわたり、特に所得税、法人税を通ずる取扱いの統一の必要性が強まったこと、②民間における租税法の研究が進むにつれて、税務部内においても租税法を掘り下げて研究する審理専担の事務処理体制が必要となったこと、③管理事務と審理事務とは極めて異質なものである上に、両事務をあわせて行うときは課長の負担が過重となり、管理事務の能率的処理が困難となってくること等の事情が考慮され、審理事務は審理課において専担することとし、他の三課は管理事務を専担するという体制が確立された。
> 　このように、審理課は直税関係法令に係る審理事務を専担することとなったが、その後、個別事案（国税局の上申、納税者の質問、陳情等）が著増し、審理課においてそれらを基本的な通達の制定作業等と並行的に処理することが困

第4章 通達の実際

　難となったので、昭和39年7月6日に長官特命により特別審理室が設けられ、審理事務のうち個別事案に関する事務並びに不服申立て及び訴訟に関する事務は、同室において所掌することとなった。
　したがって、現在の審理室においては、直税関係法令に係る基本的な通達の整備や一般的な解釈通達の制定等の事務に専念することとなっている。

第3節　法令解釈通達と事務運営指針

> **ポイント**
>
> 　通達の分類については学説や論者によって見解の相違はあるが、国税庁は「法令解釈通達」と「事務運営指針」とに大別している。所得税基本通達等は基本的には前者に該当するが、名称によって明確に区分がなされているわけではないことに注意したい。通達を理解する上では、これら名称の違いにとらわれることなく、その通達が法令の解釈を示すものであれば、「法令解釈」と理解すべきであろう。本節では、この「法令解釈通達」と「事務運営指針」をみてみよう。

1　通達の分類

　通達の分類については、多くの先行業績がある。

　例えば、中川一郎教授は、通達を「解釈通達」、「裁量通達」、「取扱通達」、「留意通達（解説通達）」に分類されるし、武田昌輔教授は、「行政執行通達」と「法令解釈通達」に分類される。なお、さらに、「法令解釈通達」は、「純粋的解釈通達」と「執行的解釈通達」で構成されるとする。また、品川芳宣教授は、「執行通達」、「解釈通達」、「補充通達」、「留意通達」、「緩和通達」に分類され、首藤重幸教授は、「執行通達」と「解釈通達」に分類した上で、そのほか、「事務的取扱通達」と「手続通達」を加えられることも示唆される。

　このようにカテゴリーについては様々な見解があるが、国税庁においては、「法令解釈通達」と「事務運営指針」とに分け、前者を法令の解釈の指針を示すもの、後者を事務上の留意事項や執行に関する指示を表すものと位置付けている。また、そのほかにも、情報の連絡という意味においては、「通知」「情報」「事務連絡」など種々の方法で上級官庁から下級官庁への情報を発出している。

　ただ、ここで重要なのは、ネーミングの問題ではない。たとえ、「事務連絡」という表現や「情報」という表現が表題に用いられているとして

も、その内容が上級官庁から下級官庁への命令であれば、それは「通達」であり、法令の解釈を示すものであれば、それは法令解釈通達としての意味を有すると理解すべきであろう。

　法令解釈通達とは、国税庁長官から発せられる法令の解釈に関する命令である。所得税基本通達や法人税基本通達といった基本通達は基本的にこの法令解釈通達である。もっとも、具体的に内容を吟味すると次にみる事務運営指針としての性質の強いものも散見されるが、原則として、基本通達には、法令の解釈が示されている。

　これに対して、事務運営指針とは、事務上の取扱いが中心となるものであるから、部局長による事務上の取扱いや運営に関する準則となるものがここに含まれる。

2　法令解釈通達の例

　ここで、実際の法令解釈通達がどのようなものであるか、1つ取り上げてみてみよう。

課審 5 － 1　（例規）
課審 3 － 9
課審 4 － 1
課所 4 － 1
課資 1 － 3
課法 2 － 4
課消 2 － 5
徴管 5 － 3
平成10年 3 月13日

国税局長　　殿
沖縄国税事務所長　　殿

国税庁長官

信託受益権が分割される土地信託に関する所得税、法人税、消費税並びに相続税及び贈与税の取扱いについて

標題のことについては、下記のとおり定めたから、これによられたい。

(趣旨)
　土地の流動化、有効利用の推進等の見地から投資単位を小口化するため当初の信託受益権が分割される土地信託商品が創設されることに伴い、平成10年度税制改正の要綱において「委託者を受益者とする土地信託について当初の受益権を分割した場合においても、その受益権の分割・譲渡の態様などからみて、受益者が信託財産を所有している実態にあるものの信託財産の異動及び受益権の譲渡については、受益者がその信託財産を所有しているものとして、長期譲渡所得の課税の特例等を適用する」ことが明らかにされたことから、このような当初の信託受益権が分割される土地信託に関する所得税、法人税、消費税並びに相続税及び贈与税の取扱いを定めたものである。

記

(用語の意義)
1　この通達において、次に掲げる用語の意義は、それぞれ次に定めるところによる。
　(1)　信託受益権が分割される土地信託信託のうち次に掲げる要件のすべてを満たすものをいう。
　　イ　土地若しくは土地の上に存する権利(以下「土地等」という。)又は土地等及びその上にある建物その他の不動産を信託財産とし、その管理、運用又は処分を主たる目的とする信託であること。
　　ロ　委託者を受益者とする信託であること。
　　ハ　信託受益権は、当初の信託受益権を譲渡するために委託者により分割されるものであること(受益者に相続開始があったことにより、当該受益者の相続人(包括受遺者を含む。)の数に相当する口数の範囲で当該相続人により分割される場合を除き、その信託期間を通じて再分割されないものに限る。)。
　　ニ　信託受益権の内容が、信託財産の収益を享受する権利と信託財産の元本を享受する権利とに区分されることのないものであること。
　　ホ　受託者を信託業務を営む銀行とする信託であること。
　(2)　信託財産信託の信託財産又は当該信託財産に帰属する財産債務をいう。
　(3)　信託受益権信託の利益を受ける権利をいう。

第4章　通達の実際

(4) 委託者、受託者、受益者それぞれ信託の契約上の委託者、受託者、受益者をいう。

(関係法令の適用)
2　信託受益権が分割される土地信託のうち、信託期間満了時に受益者に信託財産を交付することを原則とするものであること、信託受益権の分割口数及び分割後の信託受益権の一口当たりの金額等からみて、受益者が信託財産を所有している実態にあると認められるものに係る所得税、法人税、消費税並びに相続税及び贈与税に関する法令（以下「関係法令」という。）の規定の適用については、次に掲げるところによるほか、昭和61年7月9日付直審5－6ほか4課共同「土地信託に関する所得税、法人税並びに相続税及び贈与税の取扱いについて」通達の「第2　所得税に関する取扱い」から「第4　相続税及び贈与税に関する取扱い」までの定めに準じて取り扱うものとする。
(1) 受託者による信託財産の取得、運用又は譲渡については、信託財産に帰属する財産債務はその信託の受益者が各自の信託受益権の割合に応じて自ら有するものとして関係法令の規定を適用する。
(2) 分割された信託受益権の譲渡又は取得については、当該信託受益権はその信託の目的となっている信託財産に帰属している財産債務そのものを当該信託受益権の割合に応じて直接有する権利であるものとして関係法令の規定を適用する。
(注)　信託の設定による委託者から受託者への信託財産の移転又は信託の終了に伴う受託者から受益者への信託財産の移転は、所得税、法人税及び消費税に関する法令の規定の適用上、資産の譲渡又は取得には該当しないことに留意する。

3 事務運営指針の例

次に、事務運営指針の例を1つみてみよう。

申告所得税の過少申告加算税及び無申告加算税の取扱いについて
（事務運営指針）

[平成12年7月3日　課所4－16]
課資3－5
課料3－9
査察1－25

　この事務運営指針では、申告所得税の過少申告加算税及び無申告加算税の取扱いについて定めています。

（趣旨）
　申告所得税の過少申告加算税及び無申告加算税の賦課に関する取扱基準の整備等を図ったものです。

課所4－16
課資3－5
課料3－9
査察1－25
平成12年7月3日
改正　平成24年10月19日

国税局長　殿
沖縄国税事務所長　殿

国税庁長官

申告所得税及び復興特別所得税の過少申告加算税及び無申告加算税の
取扱いについて（事務運営指針）

　標題のことについて、国税通則法（以下「通則法」という。）第65条及び第66条の規定の適用に関し留意すべき事項等を下記のとおり定めたから、今後処理するものからこれにより取り扱われたい。

（趣旨）
　申告所得税及び復興特別所得税の過少申告加算税及び無申告加算税の賦課に関する取扱基準の整備等を図ったものである。

第4章 通達の実際

記

第1 過少申告加算税の取扱い

(過少申告の場合における正当な理由があると認められる事実)

1 通則法第65条の規定の適用に当たり、例えば、納税者の責めに帰すべき事由のない次のような事実は、同条第4項に規定する正当な理由があると認められる事実として取り扱う。

(1) 税法の解釈に関し、申告書提出後新たに法令解釈が明確化されたため、その法令解釈と納税者の解釈とが異なることとなった場合において、その納税者の解釈について相当の理由があると認められること。

(注) 税法の不知若しくは誤解又は事実誤認に基づくものはこれに当たらない。

(2) 所得税及び復興特別所得税の確定申告書に記載された税額(以下「申告税額」という。)につき、通則法第24条の規定による減額更正(通則法第23条の規定による更正の請求に基づいてされたものを除く。)があった場合において、その後修正申告又は通則法第26条の規定による再更正による税額が申告税額に達しないこと。

(注) 当該修正申告又は再更正による税額が申告税額を超えた場合であっても、当該修正申告又は再更正により納付することとなる税額のうち申告税額に達するまでの税額は、この(2)の事実に基づくものと同様に取り扱う。

(3) 法定申告期限の経過の時以後に生じた事情により青色申告の承認が取り消されたことで、青色事業専従者給与、青色申告特別控除などが認められないこととなったこと。

(4) 確定申告の納税相談等において、納税者から十分な資料の提出等があったにもかかわらず、税務職員等が納税者に対して誤った指導を行い、納税者がその指導に従ったことにより過少申告となった場合で、かつ、納税者がその指導を信じたことについてやむを得ないと認められる事情があること。

(修正申告書の提出が更正があるべきことを予知してされたと認められる場合)

2 通則法第65条第5項の規定を適用する場合において、その納税者に対する臨場調査、その納税者の取引先に対する反面調査又はその納税者の申告書の内容を検討した上での非違事項の指摘等により、当該納税者が調査のあったことを了知したと認められた後に修正申告書が提出された場合の当該修正申

> 告書の提出は、原則として、同項に規定する「更正があるべきことを予知してされたもの」に該当する。
> （注）　臨場のための日時の連絡を行った段階で修正申告書が提出された場合には、原則として、「更正があるべきことを予知してされたもの」に該当しない。

　なぜ、この通達が事務運営指針であって、法令解釈通達ではないのかという点については議論のあるところである。

　なるほど、上記通達は事務運営指針とされており、上記の申告所得税に係るもののほか、法人税、相続税・贈与税、消費税等と税目ごとに各主管課から類似の通達が発遣されている。そもそも、過少申告加算税及び無申告加算税であれば国税通則法65条ないし66条、重加算税であれば同法68条の解釈に係るものとして、特段税目ごとに取扱いは異なるはずのものではないから、各税目に共通の法令解釈通達が発遣されるべきであるともいえよう。しかしながら、加算税の取扱いは、事務系統ごとに留意すべきポイントが異なり、行政運営方法にも大きく影響するところであることなどから、各税務行政上の取扱いを強調する意味で事務運営指針とされているのである。例えば、上記事務運営指針第1、1(4)のいわゆる誤指導の場合の「正当な理由」（加算税免除）などは、申告所得税事務に特有の「確定申告の納税相談」が織り込まれているようにである。

　同様に、平成12年7月3日付け国税庁長官通達「個人の青色申告の承認の取消しについて」も、同じ趣旨から青色申告法人の取扱いとは異なる事務運営指針として発遣されている。

第4節　税務運営方針

> **ポイント**
>
> 国税庁では毎年、その年における税務運営上の基本的考え方や重要施策を「税務運営方針」という形で示達している。本節では、この「税務運営方針」についてみてみよう。

1　税務運営方針とは何か

　税務運営方針とは、税務行政の適正な運営の指針として国税庁が毎年制定しているものであり、円滑適正な税務行政を実現する基本的な考え方と重要施策を明らかにしたものである。

　具体的内容は、「基本的な考え方」と各事務の「重要事項」に分けて説明されている。この制定に当たっては、各事務系統にとっては極めて重要な方針の策定がその前提とされており、税務運営方針は、その方針の周知のための通達としての意味を有する。

　国税庁20年史の「税務運営方針」に関する記述をみてみよう。

> 「昭和24年発足以来、国税庁は、社会構造の変化、経済の成長、国民生活の向上などに伴い、より合理的な税務行政および税務機構の確立と、その円滑な運営をめざして、絶えず新しい数多くの問題と取りくんできた。
>
> 　そして、その税務運営上の指針とするため昭和25年度から『事務計画』を策定し、昭和28年度に『税務運営方針』と改定して、以来毎年継続してこれを定めている。」

2　税務運営方針の経緯

　「基本的な考え方」については、当初、「法令の解釈の統一および取扱通達の整備」、「事務の定型化」、「下部機関に対する実地監督的事務の調整」などを掲げていたが、昭和28年度には、「納税者の身になって（税務運営の方法）」、「常に仕事の結果を見よ（負担の公平）」及び「理想に向ってたゆ

まぬ努力を（事務の計画化と能率化）」という三本柱に変更し、さらに昭和31年度には「納税者の信頼と協力を得ること」、「税法を正しく適用すること」及び「実情に即した計画的な事務の運営を図ること」に変わり、昭和36年度に「近づきやすい税務署にすること」、「適正な課税を行なうこと」及び「綱紀を正し、明るい職場を作ること」に変更し、現在に至っている。

また、各税事務共通の重要事項として、納税者に対する応接、広報活動の積極化、職場秩序の維持、職場環境の整備、職員の教養と訓練、地方関係団体及び関係民間団体との協調などを取り上げ、さらに、各税事務については、その年度における重要施策を具体的に取り上げて、税務行政運営の基本方針としている。

3　昭和51年税務運営方針

巻末の参考資料1（275頁）を参照されたい。

第4章　通達の実際

第5節　パブリック・コメント

> **ポイント**
>
> 本節では、行政機関が行う行政立法について行政手続法に定められているパブリック・コメントについて概観しよう。国税庁では、この行政手続法上のパブリック・コメントに加えて、同法の対象ではないものの、重要と思われる行政手続の制定において任意のパブリック・コメントを実施している。国民が通達の制定過程において意見を述べる唯一の手段であるこの制度を理解することは重要である。

1　行政民主化とパブリック・コメント

　従来、我が国には、通達制定などへの国民参加を定める一般的な手続法の定めは存在しなかったが、平成17年の行政手続法の改正において、パブリック・コメントの手続が制定された。すなわち、通達等の制定過程への国民のアクセスの手法としての「意見公募手続等」が法定されたのである。いわば、このパブリック・コメントとは、行政立法への国民参加の手続であるといってもよい（原田・行政法106頁）。

　行政手続法は、国の行政機関が規制に係る政省令、規則、告示、審査基準、処分基準、行政指導指針を制定改廃する際にはその案を公表して、国民の意見を広く聴取し、これを考慮した上で、これらの行政立法を行うこととして規定している（行手法39）。パブリック・コメントは特定の者の権利保護に資するものでは決してなく、広く国民が政策的意見を聴取する制度である。

　原田尚彦教授は、行政の複雑化・専門技術化に伴い、国民生活にかかわりの深いルールが官僚の手で策定される場面の多い現代においては、パブリック・コメントは行政民主化の一環としてますます重要性を高めることとなると位置付けられ、これを形骸化させることなく努めて公正に運用して、的確に民意を規範づくりに反映していかねばならないとされる（原田・行政法106頁）。ただし、反映された民意を全く配慮せずにした政省令

等が直ちに違法となるか否かについては議論のあるところであろう。

2 パブリック・コメントの仕組み

　平成5年に制定された行政手続法には、行政立法手続規定は置かれなかったが、平成11年の閣議決定「規制の設定又は改廃に係る意見提出手続」により行政運営上の措置として導入された。その後、運営実績をみて、平成17年に改正された行政手続法では、命令等に関する一般原則とともに、命令等の制定手続として意見公募手続が新設された。このパブリック・コメントにより、命令等制定機関は、命令等を定めようとする場合には、当該命令等の案及びこれに関連する資料をあらかじめ公示し、広く一般の意見を求めなければならないこととされたのである。

> ✍ 命令等とは、内閣又は行政機関が定める、①法律に基づく命令又は規則、②審査基準、③処分基準、④行政指導指針をいう（行手法2八）。国税庁では、行政手続法39条におけるパブリック・コメントの規定に基づき、広く一般から意見を募集している。

　行政手続法においては、次のような意見公募手続が規定されている。

行政手続法39条《意見公募手続》
　命令等制定機関は、命令等を定めようとする場合には、当該命令等の案（命令等で定めようとする内容を示すものをいう。以下同じ。）及びこれに関連する資料をあらかじめ公示し、意見（情報を含む。以下同じ。）の提出先及び意見の提出のための期間（以下「意見提出期間」という。）を定めて広く一般の意見を求めなければならない。
2　前項の規定により公示する命令等の案は、具体的かつ明確な内容のものであって、かつ、当該命令等の題名及び当該命令等を定める根拠となる法令の条項が明示されたものでなければならない。
3　第1項の規定により定める意見提出期間は、同項の公示の日から起算して30日以上でなければならない。

　命令等制定機関は、意見公募手続を実施して命令等を定めるに当たっては、必要に応じ、当該意見公募手続の実施について周知するよう努めるとともに、当該意見公募手続の実施に関連する情報の提供に努めることとされている（行手法41）。また、同機関は、意見公募手続を実施して命令等

を定める場合には、意見提出期間内に当該命令等制定機関に対し提出された当該命令等の案についての意見を十分に考慮しなければならない（行手法42）。

そして、命令等制定機関は、意見公募手続を実施して命令等を定めた場合には、当該命令等の公布と同時期に、次に掲げる事項を公示しなければならないとされている（行手法43①）。

① 命令等の題名
② 命令等の案の公示の日
③ 提出意見（提出意見がなかった場合にあっては、その旨）
④ 提出意見を考慮した結果（意見公募手続を実施した命令等の案と定めた命令等との差異を含む。）及びその理由

もっとも、命令等制定機関は、必要に応じ、上記③の提出意見に代えて、当該提出意見を整理又は要約したものを公示することができるとされている（行手法43②）。この場合においては、当該公示の後遅滞なく、当該提出意見を当該命令等制定機関の事務所における備付けその他の適当な方法により公にしなければならない。その際、第三者の利益を害するおそれがあるとき、その他正当な理由があるときは、当該提出意見の全部又は一部を除くことができる（行手法43③）。そして、公示の方法について、行政手続法は、電子情報処理組織を使用する方法その他の情報通信の技術を利用する方法により行うものとしている（行手法45）。現在は、ホームページ上での公表がなされている。

3　パブリック・コメントの具体例

パブリック・コメントの例としては、国税庁ホームページに掲載されている「『所得税基本通達の制定について』（法令解釈通達）の一部改正（案）（競馬の馬券の払戻金に係る所得区分）に対する意見公募の結果について」（巻末の参考資料2（286頁））を参照されたい。

参考資料2に示したパブリック・コメントの例は、いわゆる馬券訴訟上告審最高裁平成27年3月10日第三小法廷判決（刑集69巻2号434頁）が出た

ことを受けて、所得税基本通達34－1の見直しを必要としたことから発出されたものである。この手続によって、120通の意見が提出されており、国民の関心の高さが分かる。

　巻末の参考資料3（291頁）に示したパブリック・コメントの例は、行政手続法39条4項に基づく手続（結果の公示等）である。これは、「行政手続における特定の個人を識別するための番号の利用等に関する法律の施行に伴う関係法律の整備等に関する法律（平成25年法律第28号）」等の施行に伴い、法令解釈通達の所要の改正を行うものであり、「行政手続法39条4項2号及び8号に該当することから、意見公募手続を実施しませんでした。」という公示である。

　行政手続法は、意見公募手続を要しない場合を同法39条4項に列挙している。同項2号は、「納付すべき金銭について定める法律」の制定や改正によって、「金銭の額の算定の基礎となるべき金額及び率並びに算定方法」についての通達を定める場合に該当することも多く、その場合はパブリック・コメントを要しないとされている。また、巻末資料3に示したパブリック・コメントの例は、同条項8号の例に該当すると判断されている。すなわち、「行政手続における特定の個人を識別するための番号の利用等に関する法律の施行に伴う関係法律の整備等に関する法律（平成25年法律第28号）」等の施行に伴う通達改正のうち、パブリック・コメントを要しない一定の「軽微な変更」に当たると同手続を要しないのである。

行政手続法39条《意見公募手続》
4　次の各号のいずれかに該当するときは、第1項の規定は、適用しない。
　一　公益上、緊急に命令等を定める必要があるため、第1項の規定による手続（以下「意見公募手続」という。）を実施することが困難であるとき。
　二　納付すべき金銭について定める法律の制定又は改正により必要となる当該金銭の額の算定の基礎となるべき金額及び率並びに算定方法についての命令等その他当該法律の施行に関し必要な事項を定める命令等を定めようとするとき。
　三　予算の定めるところにより金銭の給付決定を行うために必要となる当該金銭の額の算定の基礎となるべき金額及び率並びに算定方法その他の事項を定める命令等を定めようとするとき。
　四　法律の規定により、内閣府設置法第49条第1項若しくは第2項若しくは

> 国家行政組織法第3条第2項に規定する委員会又は内閣府設置法第37条若しくは第54条若しくは国家行政組織法第八条に規定する機関（以下「委員会等」という。）の議を経て定めることとされている命令等であって、相反する利害を有する者の間の利害の調整を目的として、法律又は政令の規定により、これらの者及び公益をそれぞれ代表する委員をもって組織される委員会等において審議を行うこととされているものとして政令で定める命令等を定めようとするとき。
> 五　他の行政機関が意見公募手続を実施して定めた命令等と実質的に同一の命令等を定めようとするとき。
> 六　法律の規定に基づき法令の規定の適用又は準用について必要な技術的読替えを定める命令等を定めようとするとき。
> 七　命令等を定める根拠となる法令の規定の削除に伴い当然必要とされる当該命令等の廃止をしようとするとき。
> 八　他の法令の制定又は改廃に伴い当然必要とされる規定の整理その他の意見公募手続を実施することを要しない軽微な変更として政令で定めるものを内容とする命令等を定めようとするとき。

第6節　文書回答手続

> **ポイント**
>
> 　本節では、文書回答手続について確認をしておくこととしたい。国税庁が受けた照会を文書によって回答する文書回答手続では、その回答内容が公表されるとともに、国税庁内部において共有されることになることから、通達と同様の機能を有していると思われる。
> 　国税庁が実施している「文書回答手続」は、個別の照会に対する文書による回答が発出される制度である。この手続によってなされた回答は国税庁のホームページに掲載されることになり、国税庁はこの回答を関係部署間で共有することとしている。仮に、かかる回答内容と異なる処理を行おうとする場合には、協議が図られることとされていることを念頭に置くと、回答内容には信義則の適用があり、実質的には通達と同様の効果をもたらしているといえよう。

1　文書回答手続の意義

　申告納税制度の下で、納税者が適正に申告を行うには、納税者自身が税務上の取扱いについて十分な理解をしておく必要がある。国税庁は、申告前における照会あるいは取引前における照会に対して回答を行う制度として、文書回答手続を用意している。これは、「行政の透明性確保」や「納税者の便宜」という要請に応じるものである。申告納税制度のもとにおける適正・公平な課税の実現に資する手続と位置付けることができよう（酒井克彦「事前照会に対する文書回答手続の在り方」税大論叢44号474頁）。

　金子宏教授は、制度が分かりやすくて使いやすいことも、ルール・オブ・ロー（法の支配）の1つの内容だとした上で、「税制も投資環境の一つですから、アドバンス・ルーリングのような制度がいっそう整備されて、短期間のうちに公定解釈を示し、いったん示したものは取り消せないということを、制度として導入していくことによって、投資環境が良くなるのではないか」と、投資環境のインフラという面からの重要性も論じられている（「座談会　金子宏先生に聞く（第1回）」法時84巻4号74頁）。

　なお、税務署や国税局で応じた事前照会は、平成25年度160件、平成26

年度131件となっている（「国税庁レポート2015」14頁）。

2 文書回答手続の概要

(1) 文書回答手続の対象となる事前照会の範囲

文書回答手続の対象となる事前照会の範囲は次のとおりである。

事前照会者が、自ら実際に行った取引等又は将来行う予定の取引等で個別具体的な資料の提出が可能なものについての国税に関する法令の解釈・適用その他の税務上の取扱いに関する事前照会であって、これまでに法令解釈通達などにより、その取扱いが明らかにされていないもので、次の①及び②に該当することが必要である。

① 取引等に係る国税の申告期限前（源泉徴収等の場合は納期限前）の事前照会であること

② 次のことに同意すること

・審査に必要な資料の提出をすること

・照会内容及び回答内容が公表されること（公表について関係者の同意を得ることを含む。）

・照会内容等の公表等に伴って発生した不利益や問題については、事前照会者の責任において、関係者間で解決すること

（注1）事前照会者から申出がない限り、事前照会者名は公表されない。

（注2）事前照会を代理人を通じて行う場合は、その代理人は税理士法2条に規定する「税理士業務」を行うことができる者であることが必要となる。

(2) 文書回答手続の対象にならない事前照会の範囲

文書回答手続の対象にならない事前照会の範囲は次のとおりである。

① 仮定の事実関係や複数の選択肢がある事実関係に基づくもの

② 調査等の手続、徴収手続、酒類等の製造免許若しくは酒類の販売業免許又は酒類行政に関係するもの

③ 個々の財産の評価や取引等価額の算定・妥当性の判断に関するもの（例えば、法人税法上の役員の過大報酬等の判定や個々の相続財産の評価に関

するものなど)
④ 取引等の主要な目的が国税の軽減等であるものや通常の経済取引等としては不合理であると認められるもの
⑤ 提出された資料だけでは事実関係の判断ができず、実地確認や関係者への照会等による事実関係の認定を必要とするもの
⑥ その他、この文書回答手続の対象として適切でないと認められるもの
(注) 次のように、別途手続が定められているもの(例示)については、担当部署で受け付けている。
イ 国税に関する法令に定める承認申請等に関するもの(国等に対する財産の寄附についての譲渡所得等の非課税承認に関する事前確認など)
ロ 譲渡所得等に係る収用等の特例の適用に関する事前協議
ハ 国等に対する寄附金の事前確認
ニ 独立企業間価格の算定方法等の確認

> なお、「同業者団体等からの照会に対する文書回答手続」が別途用意されている。これは、納税者の予測可能性の向上の観点からみて有用である等、国税当局が適当と考える場合に、同一の業種・業態に共通する取引等であって、事実認定を要しない同業者団体等から受ける照会であり、これについても、一定の要件の下に、文書による一般的な回答を受けることができる。これは、同業者団体等から、傘下の構成事業者に共通する「取引等に係る税務上の取扱い」に関して、文書による照会があった場合になされる回答である。

3 文書回答手続通達

文書回答手続については、国税庁長官通達「事前照会に対する文書回答の事務処理手続等について(事務運営指針)」が発遣されている。その一部は巻末の参考資料4 (292頁) を参照されたい。

4 文書回答手続の具体例

具体的な事例としては、国税庁ホームページに掲載されている「県の津波対策施設等の整備に対して企業等が支出する寄附金に係る税務上の取扱いについて」(平成25年2月28日)(巻末の参考資料5 (298頁))を参照されたい。

第5章

通達をめぐる重要論点

第1節　通達に反する税理士の指導と説明義務

> **ポイント**
>
> 　税理士等は依頼者が被った不測の損害につき、専門家責任を問われることがある。例えば、対象となる処理につき通達が発遣されているにもかかわらず、税理士が依頼者に対してその通達に反した処理を指導したことにより依頼者が損害を被った場合、税理士は善管注意義務違反を問われるのだろうか。通達は法源ではないため、通達に反する処理を行うことが必ずしも認められないわけではない。本節では、税理士が通達に反する処理を行う場合のその説明義務のあり方につき、依頼者の自己決定権の観点も含め検討してみたい。

はじめに

　税理士の過誤に対して、損害を被った依頼者や第三者から契約責任や不法行為責任を原因として、損害賠償請求が提起されることがある。その中には、適切な助言・指導が期待されているにもかかわらず、税理士の専門的知識の不足やミス、税務当局との見解の相違などにより、依頼者に不測の税負担を生じさせる事例が認められる。

　本節では、大阪高裁平成10年3月13日判決（判時1654号54頁）[1]を素材に、「通達に反する税理士の指導と説明義務」の問題について検討することとする。

　本件は、法人税の申告に当たっての貸倒損失の損金処理が、法人税基本通達に反するにもかかわらず、その点につき、顧問税理士から依頼者に十分な説明がなされず、更正処分を受け、過少申告加算税等の賦課を受けたとして、依頼者が顧問税理士に対して債務不履行責任による損害賠償を求めた事例である。

1　本判決を取り扱った論稿として、橋本恭宏「税理士の指導による法人税の確定申告によって過少申告加算税の課税を受け損害を蒙った場合と税理士の責任」ジュリ1159号145頁、酒井克彦「通達に反する税理士の指導と説明義務―大阪高裁平成10年3月13日判決を素材として―」税弘52巻10号90頁など参照。

第5章　通達をめぐる重要論点

1　事案の概要

(1)　事　実

　顧問税理士Y（被告・被控訴人〔控訴人〕）から納付予定額を聞いたX社（原告・控訴人〔被控訴人〕）代表取締役は、訴外Aに対する貸付金債権が回収できなくなっていることをYに告げ、税金を何とか少なくすることはできないだろうか等と述べて、税額の減額と納税時期を遅らせる方法について相談した。Yは、法人税基本通達9－6－2《回収不能の金銭債権の貸倒れ》により、貸付けについて担保がある場合には、その担保を処分した後でなければ貸倒損失として損金処理ができない旨定められており、税務当局は原則として同通達に従って課税するであろうことは承知していた。

　しかしながら、当時はいわゆるバブル経済の崩壊により不動産等の価格が下落するという異常な経済状況下にあり、担保物の換価に日時を要することは自明であって、代表取締役の説明によっても、現実に損失が生じているというので、担保物の処分前に貸倒れとして損金処理をしても、税務当局に認められる可能性があると判断し、X社に対し、積極的にAに対する貸付金の一部を損金処理することを指導した。すなわち、Yは、バブル経済崩壊という異常な経済状況下であるから、担保物の処分前でも税務当局によって貸倒損失として損金処理が認められる可能性があり、仮に、税務署で損金処理が認められなくても国税不服審判所に不服申立てをすることができる等と説明し、Aに対する貸付金債権の一部を損金処理するように指導したのである。

　X社はYの指導の下に法人税の確定申告をしたが、損金処理が不当であるとの理由で更正処分を受けた。その後、X社は不服審査の申立てをしたものの、過少申告加算税と延滞税の賦課が決定したことから、Yの指導により相当の損害を被ったとして、Yに対して債務不履行による損害賠償請求訴訟を提起した。

(2) 判決の内容

ア　大阪地裁平成9年5月20日判決

　第一審大阪地裁平成9年5月20日判決（判時1633号113頁）（以下「本件地裁判決」という。）は、まず税理士の義務について次のように述べた。

> 「税理士は、税務の専門家であるから、依頼者から税務に関する相談を受けたときは、税務に関する法令、実務に関する専門的知識に基づいて、依頼者の依頼の趣旨に則り、適切な助言や指導を行う義務がある。
> 　Yは、X社との間で顧問契約を締結し、決算の方針の決定、決算書類及び確定申告書類の作成に関して助言と指導を行ってきた者であるから、X社の行う確定申告について、税務に関する法令、実務に関する専門的知識、特に、基本通達は、税務に関する法令の解釈や運用に関する指針として重要なものであり、これらを十分に調査・検討の上、違法・不当な申告を行うことによりX社が修正申告を余儀なくされたり、更正処分や過少申告加算税の賦課処分をうける等により損害を被ることのないように指導及び助言をする義務がある。」

　そして、以下のように続け、Yの責任を認めた。

> 「税理士としては、依頼者から回収の困難な債権があるとして、税の軽減方法について相談を受けたとしても、安易な見通しや自己の意見に基づいて、基本通達に反するような処理を行うことを指導・助言すべきではない。仮に、基本通達に反する処理を指導する場合には、基本通達の趣旨、これに反する処理をした場合のリスク（税務調査、更正処分、過少申告加算税の賦課等）を十分に、具体的に説明した上で依頼者の承諾を得、かつ、基本通達に反する処理を行うことに相当な理由があり、その必要性が肯定される場合でなければ、そのような処理を行うことを指導・助言すべきではない。
> 　そして、事前に税務当局の意向を打診するなどして依頼者に対して指導する処理方法が受け入れられる可能性について客観的に検討する必要もある。」
> 「Yは、X社の代表取締役に対して基本通達に反する処理を行うことにより、税務当局によって認められない可能性について一応説明したが、事前に税務当局に打診した形跡はなく、また、右のような処理をすることにより更正処分を受けることになること、過少申告加算税が賦課されること等の不利益を受ける可能性が高いことを十分説明したとは認められず、全体としては、X社の代表取締役に対し、Aに対する債権について損金処理が認められる印象を与える説明となっていたといわざるを得ない。」

イ　大阪高裁平成10年3月13日判決

　控訴審大阪高裁平成10年3月13日判決（以下「本件高裁判決」という。）も次のように述べ、原審判断を維持した。

> 「税理士は、…税理士法所定の使命を担うほか、依頼者との間には委任の関係があるから、受任者として委任の本旨に従った善良な管理者としての注意義務を負ってお

第5章　通達をめぐる重要論点

り、依頼者の希望が適正でないときには依頼者の希望にそのまま従うのではなく、税務に関する専門家の立場から依頼者に対し不適正の理由を説明し法令に適合した適切な助言や指導をして、依頼者が法令の不知や税務行政に対する誤解等によって生じる損害を被ることのないようにすべき注意義務があるというべきである。又、税理士は、委任契約の受任者として法令の許容する範囲内で依頼者の利益を図るべきであるところ、依頼者から基本通達に反する税務処理を求められたり、専門家としての立場からそれなりの合理的理由があると判断して基本通達と異なる税務処理を指導助言したりする場合において、基本通達が国税庁長官が制定して税務職員に示達した税務処理を行うための基準であって法令ではないし、個々の具体的事案に妥当するかどうかの解釈を残すものであるから、確定申告をするに当たり形式上基本通達に反する税務処理をすることが直ちに許されないというものではないものの、税務行政が基本通達に基づいて行われている現実からすると、当該具体的事案について基本通達と異なる税務処理をして確定申告をすることによって、当初の見込に反して結局のところ更正処分や過少申告加算税の賦課決定を招くことも予想されることから、依頼者にその危険性を十分に理解させる義務があるというべきである。」

2　解　説

(1)　税務に関する専門家としての解釈

ア　通達の意義と税理士の行う助言・指導

　通達は、上級行政庁が法令の解釈や行政の運用方針などについて、下級行政庁に対してなす命令である（金子・租税法109頁）。これまで述べてきたとおり、通達が租税法の法源ではないことについては、通説・判例の認めるところである。

　しかしながら、日々の租税行政は通達に依拠して行われているのが現実であることを踏まえ、金子宏教授は、実際上の通達の機能として、「納税者の側で争わない限り、租税法の解釈・適用に関する大多数の問題は、通達に即して解決されることになるから、現実には通達は法源と同様の機能を果たしている、といっても過言ではない。」とされる（金子・租税法110頁）[2]。

---

[2] 岩﨑政明「租税行政規則の外部効果─特に法解釈・事実認定に関する税務通達の拘束力について」横国4巻2号25頁も参照。通達が納税者を事実上拘束する性格を有するという指摘として、品川芳宣「税務通達の法的性格─法的拘束力と納税者の対応（その1）」租税研究619号51頁、同「税務通達の法的拘束力と納税者の予測可能性」税理43巻14号2頁、松澤智「いわゆる通達行政に対する税理士の採るべき立場」税理34巻5号8頁、吉良実「税務通達の規範性」税法248号19頁。

第1節　通達に反する税理士の指導と説明義務

　例えば、この点、課税庁が通達によらない課税処分を行った事件である東京地裁平成4年7月29日判決（行裁例集43巻6＝7号999頁）[3]は、次のように説示する。

> 「租税平等主義という観点からして、これが形式的にすべての納税者に適用されることによって租税負担の実質的な公平をも実現することができるから、特定の納税者あるいは特定の相続財産についてのみ評価基本通達に定める方法以外の方法によってその評価を行うことは、たとえその方法による評価額がそれ自体としては相続税法22条の定める時価として許容できる範囲内のものであったとしても、納税者間の実質的負担の公平を欠くことになり、原則として許されないものというべきである。」

　この東京地裁の判示は、控訴審東京高裁平成5年3月15日判決[4]（行裁例集44巻3号213頁）においても支持されているが、このように通達に従った課税が原則と解されるのであれば[5]、通達に反する税理士の行う税務処理は課税庁に否認され、場合によっては裁判所においても当該課税処分が肯認されることにもなろう。通達が租税法の法源ではないとしても、そのような税務処理が結果的に依頼者に不測の税負担を招来することに繋がれば、結果においてかかる税務処理を助言・指導した税理士は注意義務違反に問われることになるとも考えられる。

　これに対して、これも課税庁が通達によらないで課税処分を行った事例であるが、東京地裁平成7年7月20日判決（行裁例集46巻6＝7号701頁）[6]は次のように述べる（なお、控訴審である東京高裁平成7年12月13日判決（行裁例集46巻12号1143頁）では控訴が棄却されている。）。

> 「単に通達があるというだけでは、国民はこれに拘束されないし、裁判所は、通達に示された法令の解釈に拘束されず、通達に定める取扱準則等が法令の趣旨に反していれば、独自にその違法を判断できるものというべきであって、通達による実務的な取扱いの影響が大きいことをもって、通達それ自体に法規としての効力を認めること

3　判例評釈として、堺澤良・TKC税研情報9巻1号120頁参照。
4　判例評釈として、岸田貞夫・ジュリ1059号212頁、太田幸夫・平成6年度主要民事判例解説〔判タ臨増〕298頁、谷口勢津夫・租税23号184、占部裕典・租税判例百選〔第4版〕156頁など参照。
5　ほかにも後述する東京地裁平成4年3月11日判決、東京地裁平成5年2月16日判決（判タ845号240頁）なども参照。
6　判例評釈として、水野忠恒・租税25号158頁参照。

第5章　通達をめぐる重要論点

はできない」

「財産評価通達169に定める評価方法を形式的に適用することなく、本来的に上場株式の客観的な市場価格であることが明らかな証券取引所の公表する課税時期の最終価格による評価を行うことには合理性がある」

「このような取引について財産評価通達169を適用することは、偶発的な財産の移転を前提として、株式の市場価格の需給関係による偶発性を排除し、評価の安全を図ろうとする同通達の趣旨に反することは明らかで…結果として贈与税負担の回避という効果を享受する余地のない納税者との間での租税負担の公平を著しく害し、また、相続税法の立法趣旨に反する著しく不相当な結果をもたらすこととなるというべきである。」

このような考えは、ほかにも、東京地裁平成4年3月11日判決（判時1416号73頁）[7]などにおいても採られているものである（控訴審東京高裁平成5年1月26日判決（税資194号75頁）及び上告審最高裁平成5年10月28日第一小法廷判決（税資199号670頁）でも、第一審判断が維持されている。）[8]。

本件高裁判決は、「個々の具体的事案に妥当するかどうかの解釈を残すものであるから、確定申告をするに当たり形式上基本通達に反する税務処理をすることが直ちに許されないというものではない」と判示しているが、上記東京地裁平成7年7月20日判決などを前提とすれば、税理士が法人税基本通達によらなかったとしても、そのことにより直ちに注意義務違反に問われることにはならないと考えるべきであると思われる。

イ　通達に反する依頼者への助言・指導と節税過誤訴訟

通達に反して依頼者の指導を行ったことが税理士の責任となるかどうか

---

[7]　判例評釈として、武田昌輔・税弘40巻10号83頁、長屋文裕・平成4年度主要民事判例解説〔判夕臨増〕274頁など参照。

[8]　金子宏教授は、財産評価基本通達について、「財産評価の基本的な方針を定めたのち、納税者間の公平の維持、納税者および租税行政庁双方の便宜、徴税費の節減等の観点から各種財産について画一的かつ詳細な評価方法を定めているが、それらの方法によることが不合理な場合には、他の合理的な方法によって評価を行うことができると解すべきである」とされる（金子・租税法630頁）。品川芳宣教授は、財産評価基本通達6の規定振りからすれば、「場合によっては　評価通達上の基準価額によらないで課税し得ることを示すとともに、その場合には、国税庁長官の指示を条件としている。」とされる（品川・税務通達49頁）。

が争われた類似の節税過誤訴訟として、東京地裁平成2年8月31日判決（判タ751号148頁）[9]がある。これは、税理士が、租税特別措置法37条の買換特例の適用を受けるためには通達に示された特別の施設を作るべきことを指導しなかったために、通達に反することとなり、特例の適用を受けられなかったとして、依頼者が税理士に損害賠償を請求した事例である。

同地裁は、次のように示し、税理士の責任を否定した。

> 「本件特例の適用が認められる要件は、租税特別措置法37条に規定するところであって、同条の『買換資産』に該当するためには、『事業の用に供したもの』であることを要するが、右要件に該当するか否かは、当該資産の従前の利用状況、当該資産の形態等を総合して客観的に判断されるべきことであり、駐車場について、舗装及び車止めの施設の有無が、その要件でないことはいうまでもない。」

すなわち、通達は、「税務行政上の解釈指針を示したものにすぎない。」として、通達に反する助言を行った税理士の責任を否定しているのである。通達に反する助言・指導が許容されていないというわけではないことは自明であると思われる。

(2) 税理士独自の判断と説明義務

上記検討のとおり、税理士の自己の見解に従った助言・指導が制限されているものではないと理解するのが相当であろう。本件も、税理士の見解に従った税務処理を否定するものでは決してない。自己の見解が合理的であるならば、税理士はかかる見解を採用することに伴う税務否認リスク[10]を十分に認識し、依頼者に十分説明した上で、助言・指導を行うべきことになろう。

自らが了解していないところで、税理士の見解が税務当局の取扱いに合致しないことに起因する不測の租税負担までを負う義務が、依頼者に課されているとは思われない。税理士の見解が依頼者の意思決定に及ぼす影響

---

[9] 本判決を取り扱った論稿として、酒井克彦「不服申立ての助言と税理士の損害賠償責任—東京地裁平成2年8月31日判決を素材として—」税弘52巻11号65頁参照。
[10] 税務否認リスクについては、酒井克彦「節税商品の特殊性と説明義務（上）」税通58巻14号193頁参照。

の程度に鑑みれば、税理士の見解によって依頼者の自己決定権が侵害されたとみるに相応しい場合もあろう。

　税理士は自己の見解に基づいて依頼者に助言・指導を行うとしても、依頼者の自己決定権を侵害するものであってはならないことはもちろんだろう。依頼者は租税に関する専門的知識を有していないのが通常であるから、税理士の説明が依頼者の自己決定権に相当の影響を及ぼすことがあり、依頼者の自己決定権を侵害するおそれは大きい。加えて、本件のように課税庁が解釈変更をするかもしれないといった可能性のみに依拠した税理士の判断の甘さを基礎とする過誤などの場合は、当然に注意義務違反に問われることになるだろう。

図表5－1　通達に反する税理士の見解と責任

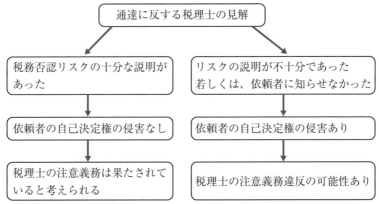

　税理士のあるべき姿としての理念型と損害賠償論における注意義務との峻別を意識した上で、税理士における裁量権行使は、課税庁の法解釈という制約の中で「依頼者の利益」を図るものであるとする見解もある[11]。そ

11　池田秀敏「専門家責任論と税理士の忠実義務」税法546号13頁。同氏は、「賠償論として考える場合の『適正な申告』の中に、理念的な問題を含めることは適切でない。通達もまた解釈の一つに過ぎない以上、それを絶対的に正しいものとすることができないと同時に、絶対的に誤りであると判断することもできないからである。例えば、通達がもはや少数の支持しか得られない解釈を採用しているとしても、それと同じ解釈を妥当とする個々の税理士の判断を誤りとすることはできないはずである。」とされる。

うした中、少なくとも損害賠償論に限れば、税理士が通達を拠りどころとする処理を行っている限り、損害賠償の責めを負わされることにはならないとも思われる。

　しかしながら、通達とは、そもそも納税者に対して強制力を持つものではないことは既述のとおりである。税務行政庁内部の示達事項の影響が間接的・反射的に納税者に対して及ぶことがあり得るにすぎない性質のものである以上、適法性を有する合理的な解釈と評価し得るような税理士の見解が税務当局の見解に反したとしても、税理士がかかる見解に基づく助言・指導を行うことが直ちに注意義務違反に当たると解すべきではなく、説明義務履行の問題に移行すると解するのが相当であろう[12]。

3　まとめ

　本件高裁判決は、税理士が基本通達に反する税務処理をすることが直ちに許されないものではないとする。そうであるとしても、税理士としては通達の妥当性に疑問を抱き、自己の見解によるべきであると考える場合には、依頼者に対しその見解に係る税務否認リスクを含めて説明をし、依頼者の自己決定権の行使に正当に採り込まれたときに初めて（通達に反する処理を採用することについて説明し、そのリスクと方針について十分に依頼者が理解を示したときに初めて）、税理士は責任を免れると考えられる（なお、本件地裁判決では、顧問税理士Yが基本通達に反する損金処理を行うことについて、依頼者X社も承知した上で行われた等の一切の事情からみて、X社にもその責任の一端があると解され、X社の損害については5割の過失相殺がなされている点も看

12　松澤智教授は、より説明義務による考えを強調し、「通達に反する申告であると更正処分を受ける可能性があるけれども、これに関する判例、学説によれば通達解釈と異なる考えが有力であるという情報開示、説明義務がある。」とされる（松澤『税理士の職務と責任〔第3版〕』137頁（中央経済社1995））。これに対して、弁護士の池田秀敏氏は、「判例、学説にかかわらず課税庁が従前の解釈を維持している場合、通達変更の可能性が容易には予測できない場合において、このような説明義務を一般化することはできない」と反論される（池田・前掲注11、13頁）。また、後藤正幸氏は、「かかる説明はあくまでも後日の紛争を避けるためのものに過ぎない」とされる（後藤「専門家としての税理士の責任」税法536号37頁）。

過してはならないであろう。)。

　税理士が、通達に反する処理を依頼者に助言・指導する場合、税務否認リスクがある旨等を十分に説明する義務があることをここで強調しておきたい。

第2節　恣意的な財産評価の排除と評価通達の適用

> **ポイント**
>
> 　相続税の課税実務において、財産評価基本通達の影響は相当程度に大きいと思われる。もちろん、租税法律主義の下、同通達が財産評価について租税行政庁に自由裁量を認めているものと解すべきではない。他方で、相続税法22条のいう「時価」をめぐり、財産評価基本通達の適用の可否が多くの訴訟の争点となっていることも事実である。それでは、同通達の適用場面において、税務署長等、租税行政庁の恣意性をいかに排除すべきであろうか。本節では、財産評価基本通達が行政先例法となり得るかという問題にも触れつつ考察してみよう（行政先例法については、第2章第3節（61頁）も参照）。

はじめに

　租税法は侵害規範であるから、納税者に不利益な内容の慣習法の成立の余地はないが、租税行政庁によって一般的にしかも反復・継続的に行われる行政上の取扱いがあり、それについて、一般の間に法的確信が定着した場合には、慣習法としての行政先例法の成立を認めるべきであるとする見解が学説上有力である（金子・租税法108頁）。

　ところで、相続税上の課税実務では財産評価基本通達（以下「評価通達」という。）に従って財産評価を行っているが、この評価通達をめぐっては様々な問題が取り巻いている。例えば、相続税法22条《評価の原則》は財産の価額は「時価」によるとしか規定しておらず、専ら「時価」の意味は解釈に委ねられているのであるが、かかる通達に従って評価がなされる場合と通達に従わずに評価がなされる場合とがあり、その適用・不適用の判断が恣意的になされているのではないか、などといった問題が裁判上の争点になることもある。本節では恣意的な財産評価の排除という観点と、行政先例法として評価通達を位置付けることとの理論的な接点について考えてみたい。

第5章　通達をめぐる重要論点

1　財産評価における恣意性の排除

　清永敬次教授は、「財産の評価が、ある通達によって一般的に行われているようなときに、ある特定の納税者については特別の事情がないにもかかわらず別の基準による評価がなされるような場合…租税平等主義により、特定の納税者に対する別の評価基準の適用は恣意的な差別として許されないというべきであろう。」とされる（清永・税法33頁）。

　また、金子宏教授も「特定の土地についてのみ一般的評価水準をこえて高く評価することは、平等原則に反して違法となると解すべきである」とされる（金子・租税法633頁）。

　評価基準を適用するか否かが租税行政庁によって恣意的になされるとすれば、そこには平等原則上の問題があるとするのは通説の採る立場であり妥当であると考える（70頁以下参照）。

2　裁量と評価

(1)　客観的時価とその評価作業における抽象性

　評価通達は、評価の基準について各国税局長に大きな権限を与えているが、この点について、金子宏教授は、「相続税法が、財産の評価はその時価によるとしていることが、財産評価につき行政庁の自由な裁量を認める趣旨でないことは、いうまでもない」とされる（金子・租税法631頁）。

　この点、最高裁昭和49年6月28日第三小法廷判決（税資75号1123頁）の事例において、上告人は次の理由をもって上告している。

> 「時価は客観的性質を有するが、納税者にとっては極めて抽象的な規定であって、所得税法において単に『個人の所得』に対し、また法人税法において『法人の所得又は利益』に課税すると規定するに等しく、納税者は具体的に『時価』の算定につき見解を異にするのが通常である。従って実際には納税申告に当り、税務署長に対しその認める価額を調査して、その指示する価額に従い申告しなければ…過少申告加算税を課せられる結果となる。これは『時価』の算定を実質的には、同条により包括的に税務署長に一任したものと断定せざるを得ない。国税について法律により課税庁に一任することが憲法第84条に違反する」

　これに対して、同最高裁は以下のように述べ、上告理由を排斥した。

第2節　恣意的な財産評価の排除と評価通達の適用

> 「相続税法22条の規定が『時価』の算定を課税庁に一任したもの、又は一任したと同視すべきものであると解することはできず、したがって、所論違憲の主張は前提を欠き、また、同条の規定が所論申告納税方式に反するものとはいえない。」

　上記金子教授の指摘や、最高裁の述べるところのように、相続税法が財産評価を租税行政庁に一任し、自由な裁量を認めたものであるという論理は少し話が飛躍していることも否めない。

　他方、この事件での上告理由について、「時価」の客観的性質が認められることと、かかる客観的な性質を有する時価を認定することの基準の抽象性とに峻別した主張であると捉えるとすると、その主張はなるほどと思わせるところがあるのではなかろうか。

図表5－2　「上告理由」にみる「時価」の問題点

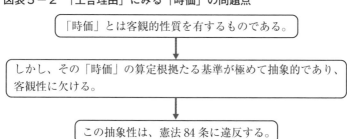

　ここにいう評価基準の抽象性という点から出発すれば、2つの問題点がみえてくる。

　すなわち、第一に、評価基準が通達に依存しているという点である。ここでは、通達が客観性をいかに実現できるかという点での技術的・理論的な問題を包摂している。通達による基準に従うとした場合に、果たして客観的な時価に辿り着くことができるのかという問題である。次に、通達に従うとした場合に時価の算定を実質的には税務署長に一任してしまうという問題点がある。ここでは、租税法律主義の問題が惹起される。以下、これら2つの問題点について簡単に述べてみたい。

第5章　通達をめぐる重要論点

(2)　評価基準の採用に関する裁量問題
ア　合法性の原則との関係
　第一の問題として、通達の適用によって客観性のある「時価」の算定を実現することができるのかという問題がある。突き詰めれば絶対的真実の追及を行い得るのかということになるが、そこには客観的課税標準の追及という点で非常に大きな問題が所在すると考える。
　例えば、地方税法388条《固定資産税に係る総務大臣の任務》1項に基づいて総務大臣が定める固定資産評価基準に従って決められる固定資産税上の不動産時価の問題ではあるが、かかる時価について、金子教授は、「固定資産税の課税標準は…時価を意味するものと解されているが．固定資産のうち土地については、実際には極めて低く評価されているのが普通である。この場合に、特定の土地についてのみ、近隣の同一条件の土地に比して高く評価することが許されるかどうかが、問題となる。…合法性の原則をリヂッドに適用すれば、もともと固定資産は時価一杯に評価すべきであって、そもそも一般的に低く評価することが違法である、ということになるかもしれない。」と論じられる（金子『租税法講座〔第1巻〕租税法基礎理論』246頁（ぎょうせい1976））。
　この論点は、そもそも、実勢時価こそが相続税法22条にいう「時価」をいうとする時価説と、評価通達による時価を許容する通達準用説との対立によって解決されるべき問題と思われる（風岡範哉『相続税・贈与税通達によらない評価の事例研究』182頁（現代図書2008）参照）。すなわち、時価の客観性を強調する立場からは時価説が妥当するであろう。さらに、合法性の原則を強く要請する立場からも時価説に軍配が上がる。

　🖉　時価説を採用した裁決例として、国税不服審判所平成15年6月19日裁決（裁決事例集65号576頁）、同平成13年4月27日裁決（裁決事例集61号533頁）などがある。裁判例として、さいたま地裁平成17年1月12日判決（税資255号順号9885）、東京地裁平成9年11月28日判決（税資229号898頁）、東京高裁平成5年3月15日判決（行裁例集44巻3号213頁。201頁も参照）、東京地裁平成4年7月29日判決（行裁例集43巻6＝7号999頁。201頁も参照）などがある。

他方、通達準用説は、時価は客観的交換価値を意味するものの、納税者間の平等的取扱い、納税者の便宜、また、課税庁の事務負担の軽減、課税実務の迅速な処理等、徴税費用の軽減の見地から通達による評価を時価とみなすものである。

> 通達準用説を採用したものとして、東京地裁平成19年1月31日判決（税資257号順号10622）、東京地裁平成17年10月12日判決（税資255号順号10156）[13]、東京地裁平成7年4月27日判決（判タ921号178頁。70頁も参照）などがある。

　いずれにしても、客観的な交換価値という観点からも、ひいては合法性の原則という見地からも、低く設定された評価基準は本来的には許容されておらず、そのような評価に基づいて課税処分を行う裁量権も租税行政庁にはないはずではあるが、学説上もその点については必ずしも厳しい追及をしてはいないようである。これはなぜであろうか。この点は、相続税法22条に規定する「時価」が客観的な交換価値をいうものと解されるとしても、客観的な交換価値は必ずしも一義的に確定されるものではないという点にその理由の1つがあるのではなかろうか。

　つまり、客観的な交換価値たる「時価」が必ずしも一義的に確定されないことから、これを個別に評価すると、評価方法等により異なる評価額が生じるおそれがあるのも事実であり、これを回避するため、課税実務上は、評価通達に定められた評価方法による画一的な財産評価が行われているという実情が一般に理解されているからではなかろうか（あわせて、課税庁の事務負担の問題や、課税事務の迅速な処理への懸念という問題を排除するとの理由も考え得るが、これは二次的な理由であるというべきかもしれない。）。

13　判例評釈として、品川芳宣・TKC税研情報15巻1号36頁、同・税研125号97頁など参照。

図表5－3　時価説と通達準用説

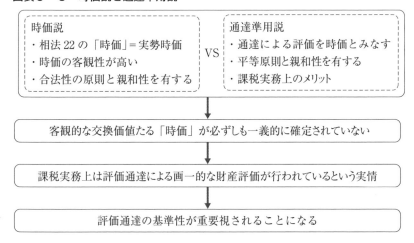

イ　評価通達の適用・不適用

　基準性をどう求めるかは通達制定上の技術的な問題として整理することができるようにも思われる。その一面として、いかにしてより精度の高い評価基準を設定できるか（言い換えれば、いかに客観的な交換価値たる「時価」に算定結果を近づけることができるか）という問題があり、これは技術的な側面として強調されるべきものである。

　他方、理論的側面においては、評価通達に従う場面と従わない場面での取扱い上の差異をいかに解決すべきかという点こそが大きな問題ではなかろうか。技術的に、評価通達によってある程度の客観的な評価額が観念できると理論付けたとしても、評価通達による場合とよらない場合の評価結果に大きな開きがあるとすれば、結局のところそのいずれかの評価は客観的な時価から乖離したものであるということを意味する。税務署長の裁量によって評価通達に従ったり従わなかったりするのでは、評価そのものが税務署長の裁量いかんにかかわるということになり、既に客観的な評価から逸脱したものになってしまうという問題がある。

第2節　恣意的な財産評価の排除と評価通達の適用

図表5−4　評価通達の基準性の問題

　では、この問題はいかに乗り越えるべきであろうか。考えられる構成の1つとしては、原則的に通達による評価額を基準として評価すべきという見解が考えられる（通達準用説）。

　例えば、農地の売却後で所有権の移転前に相続が開始された場合の相続財産の評価が問題となった事例がある。最高裁昭和61年12月5日第二小法廷判決（訟月33巻8号2149頁）[14] は、所有権移転前に買主に相続が開始した場合について、相続税の課税財産は土地の所有権ではなく、所有権移転請求権等の債権的権利であり、その評価は契約金額によるべきであり、売買代金と同額になると判示している。

> 「たとえ本件土地の所有権が売主に残っているとしても、もはやその実質は売買代金債権を確保するための機能を有するにすぎないものであり、上告人ら…の相続した本件土地の所有権は、独立して相続税の課税財産を構成しないというべきであって、本件において相続税の課税財産となるのは、売買残代金債権…であると解するのが相当である。」

　この判断について、山田二郎氏は、「評価通達に評価方法が定められていないからといって、当然にその取引価額によるということになるのでは

14　判例評釈として、岩﨑政明・租税判例百選〔第6版〕147頁、山田二郎・ジュリ908号105頁、堺澤良・TKC税研時報3巻1号68頁、品川芳宣・税研56号24頁など参照。
　第一審東京地裁昭和53年9月27日判決（行裁例集32巻1号118頁）においては、納税者の主張が肯定されたが、控訴審東京高裁昭和56年1月28日判決（行裁例集32巻1号106頁）において、本文引用部分の争点については逆転し、契約上の代金債権額による評価が是認された。控訴審の判例評釈として、樋口哲夫・租税判例百選〔第2版〕110頁、高梨克彦・シュト235号1頁、岩﨑政明・税務事例14巻1号26頁など参照。

第5章　通達をめぐる重要論点

なく、通達に定めている土地の評価方法に準じて評価するというのが、通達に沿った取扱いではないか」とされる（山田「農地の売却後その所有権移転前に相続が開始した場合の相続財産の評価」同『租税法重要判例解説(1)』337頁（信山社2007））。なるほど、評価通達は、「財産の価額は、時価によるものとし、時価とは、課税時期…においてそれぞれの財産の現況に応じ、不特定多数の当事者間で自由な取引が行われる場合に通常成立すると認められる価額をいい、その価額は、この通達の定めによって評価した価額による。」（評基通1(2)）として、評価通達によって評価した価額をもって相続税の課税財産の評価額としているところからすれば、取引価額が明らかでない場合にのみ補充的に同通達を適用すべきと考えているわけではなさそうである。

さらに、評価通達は、「この通達に評価方法の定めのない財産の価額は、この通達に定める評価方法に準じて評価する。」（評基通5）としているところをみれば、同通達に評価方法が定められていない場合には、同通達の評価方法に準じて、あくまでも通達基準に沿った形で評価を行うべく通達しているのである。かように考えると、山田氏の主張されるところは説得的でもある。

また、比較的類似した事例として、買い受けた農地について県知事の許可が下りる前に相続が開始した場合の財産評価の妥当性をめぐるケースがある。控訴人（納税者）らは、本件土地の所有権移転請求権は農地の所有権移転を最終目的とするものであるから、農地の所有権が移転された状態以上にはならないはずであり、また、上記に示した評価通達の第1章5が「この通達に評価方法の定めのない財産の価額はこの通達に定める評価方法に準じて評価する。」と定めているから「農地及び農地の上に存する権利」に準じて評価すべきであると主張した。これに対し、東京高裁昭和55年5月21日判決（訟月26巻8号1444頁）[15]は、次のように判示した。

15　判例評釈として、山田二郎・税務事例13巻3号15頁、岩﨑政明・ジュリ751号120頁、品川芳宣・税通35巻12号202頁など参照。

第2節　恣意的な財産評価の排除と評価通達の適用

> 「本件のように農地法上の許可のない状態における農地の所有権移転請求権の評価については、例外的なこととして、右通達にはなんら規定するところがない。そこで、かかる場合の右請求権の評価についてどのような解釈をとるべきかが問題となるのである」
>
> 「農地法上の許可を要する農地の売買における許可のない間の買主の権利は、債権的な所有権移転請求権であるにすぎず、控訴人ら主張の農地及び農地の上に存する権利…とは性質を異にするものであるうえ、相続税法上の課税において右両者を同一視することは、罰則まで設けて農地の無許可の権利移動を制限している農地法の法意に反することとして、許されないものというべきである。したがって、本件土地の所有権移転請求権は、農地としての土地所有権もしくはその上に存する物権的権利たる財産として評価すべきではなく、本件土地の所有権を取得する以前の状態における債権的権利たる財産として評価すべきものであると解するのが相当である。」

　山田氏は、通達準用説の立場から「農地であるときは評価通達の適用があり、許可前の所有権移転請求権であるときは評価通達の適用がないというのは、売買によって取得したその経済的価値が全く同じものであるのに、おかしいということである（むしろ違いがあるというのなら、許可がおりたら評価が高くなるというのなら合理性があるが、許可前の方が高いというのは常識からいっても説得力を全く欠いている）。」とされ（山田・前掲稿344頁）、このことは租税平等主義に照らしても問題があると指摘される。

　もっとも、通達準用説を採用すると、同じ土地を個人から個人が取得した場合には通達による評価がなされるのに対して、法人から個人が取得すれば、個別時価によるというように売主が個人か法人かによって評価が異なってしまうという現象が実務上生じるという点が指摘されている（風岡・前掲書182頁）[16]。このように考えると、通達準用説にはおのずと限界があるといわざるを得ないであろう。

16　この点、土地評価の実務では、いわゆる負担付贈与通達（平成元年3月29日付け長官通達直評5、直資2－204「負担付贈与又は対価を伴う取引により取得した土地等及び家屋等に係る評価並びに相続税法第7条及び第9条の規定の適用について」）において、「通常の取引価額」によると通達されていることもあり、対価を伴う取引の場合には、一般の相続や遺贈のような偶発的な無償譲渡の場合とは異なり自由な取引として当事者が取引の時期等を選択でき、財産の時価を認識した上で双方の合意に基づいて財産の移転ができることから、評価上の安全性に配慮した相続税評価額を適用するのではなく、通常の取引価額によると考えられている。

3　行政先例法と評価通達

　原則として通達に従った評価がなされるべきとした場合には、時価の評価を実質的には税務署長に一任してしまうという結果に繋がる点は上記のとおりである。この点がまさに、前述の最高裁昭和49年6月28日判決の事件における上告人の主張であり、租税法律主義の見地からの疑問が起こり得るところである。法源性のない通達に拘束力を持たせることには問題があろう（酒井・フォローアップ138頁、180頁以下）。

　上記2(2)の問題、すなわち、通達の評価基準の採用に関する税務署長の裁量の問題を解決するために、でき得る限り通達に従うべきというような主張も確かに考え得る。端的にいえば、あえて「通達に従う」という縛りを用意することによって、税務署長の裁量の範囲を確定させ、裁量の余地をなくしてしまおうという考え方である。

　しかし、これでは国民の民主的な意思が反映されないところで、つまり、納税者の自己同意が及ばないところで決定されるルールを、結果的とはいえ課税上のルールと位置付けることは租税法律主義の趣旨に反することになりはしないかという問題が生起する。

　そこで、行政先例法の成立を認めるべきとの主張が考えられる。

　金子教授は、「評価基本通達の基本的内容は、長期間にわたる継続的・一般的適用とそれに対する国民一般の法的確信の結果として、現在は行政先例法になっていると解されるので、特段の理由がないにもかかわらず、特定の土地について評価基本通達と異なる方法を用いて高く評価することは違法であると解すべきであろう。」とされるところである（金子・租税法633頁）。

　この点については、例えば、長崎地裁昭和36年5月19日判決（行裁例集12巻5号1017頁。63、87頁も参照）が次のように説示し、行政先例法の成立を肯定的に捉えている（なお、控訴審福岡高裁昭和37年4月19日判決（税資36号473頁）も同旨）。

第2節　恣意的な財産評価の排除と評価通達の適用

「そもそも通達は、上級行政庁の下級行政庁等に対する示達の形式であって（国家行政組織法第14条第2項参照）、行政の取扱の基準を示し法令の解釈を統一する等の目的をもって発せられるもので、元来は、法規としての性質を有するものではなく、このことは国税庁長官から発せられる税務通達についても同様であるということができる。ただ、これらの通達が発せられると、下級行政庁等は、これに従って事務を処理することとなり、長期にわたってこれを繰り返していく場合には、この事実上の取扱が一般の法的確信を得て慣習法たる行政先例法として認めらるべき場合もあり得る」

もっとも、このような裁判例はまれであり、行政先例法の成立については裁判例の多くが否定的である。例えば、東京地裁平成5年2月16日判決（判タ845号240頁）が以下のように説示するとおりである（なお、控訴審東京高裁平成5年12月21日判決（税資199号1302頁）も同旨）。

「専ら法律の定めるところに従って課税が行われるべきであるとする租税法律主義の原則（憲法84条）の支配する租税法の分野においては、例え納税者にとって有利な内容のものであっても、法律の定める範囲より更にその内容が限定されているという意味で法律の定めとは異なる内容の行政上の先例が、法律と同一の拘束力を持った慣習あるいは先例法として機能するという余地を認めることは困難なものといわなければならない。」

図表5－5　評価通達の基準性の問題まとめ

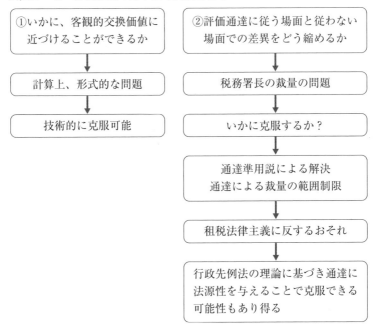

4　まとめ

　行政先例法の成立については裁判例の多くが否定的であるものの、前述した有力な学説が、評価通達を行政先例法として位置付けようとするところには、課税庁における通達に従った評価にかかわる恣意的な処分に縛りをかけるべきという意味が含意されているようにも思える[17]。上述のとおり、あえて通達を行政先例法とすることで、税務署長の裁量範囲を明確にするという意味合いである。

　評価通達はあくまでも通達であり、その適用の有無に係る判断はいわば内部的な拘束力の問題にとどまるものではあるが、このような見方を排斥することは租税公平主義の見地から有益な議論であるかもしれない。

17　他方、行政先例法の成立に批判的な見解として、木村弘之亮『租税法総則』139頁（成文堂1998）参照。

第3節　公正処理基準と税務通達

> **ポイント**
>
> 　法人税法22条4項は、法人の所得計算に当たり「一般に公正妥当と認められる会計処理の基準」(公正処理基準)に従うと規定する。これは、一般に「企業会計準拠主義」と呼ばれているが、法人税法と企業会計の関係は、ストレートなものでなく商法・会社法を経由したいわゆる三層構造にあるものと理解するのが通説である。ところが、そのように理解したとしても、企業会計準拠主義には租税法律主義を脅かす大きな問題が伏在しているのではないか。本節では、組合課税通達を素材にこの問題を検証してみたい。

はじめに

　法人税法は、益金に算入する金額や損金に算入する金額の計算について、「一般に公正妥当と認められる会計処理の基準」(以下「公正処理基準」という。)に従うこととしている(法法22④。企業会計準拠主義)。こうした法人税法の構造がいかなる意味を持つのかを解明することは、同法を理解するに当たり極めて重要な意味を有するといえよう。

　他方、この企業会計準拠主義が租税法律主義に反するのではないかという問題も従来から議論されてきた[18]。もっとも、この点は、商法(会社法)にいう「一般に公正妥当と認められる(企業)会計の慣行」に準拠したものであると考えれば、租税法律主義に反するものではないといえるだろう。すなわち、法人税法は商法(会社法)に準拠しているのであって、その商法(会社法)が企業会計に委任をしているとの理解である(三層構造)。法人税法22条4項は企業会計に白紙委任をしたものではなく法的根拠を有する基準であると論じることができる(中里実「租税法と企業会計(商法・会計学)」商事1432号26頁)。

　しかし、それでも、企業会計準拠主義には租税法律主義を脅かす問題が

18　この点については、酒井克彦「公正妥当な会計処理の基準の意味するもの(上)—法人税法における『課税標準』の計算構造—」税務事例45巻4号63頁参照。

伏在しているのではなかろうか。本節では、この点について、組合課税における通達の機能と商法（会社法）における「一般に公正妥当と認められる（企業）会計の慣行」を素材として、これまでの議論とはやや異なる角度から検証を加えてみたい[19]。

1　問題点の所在

　企業会計準拠主義を採用する法人税法22条4項における公正処理基準に係る問題点について以下の2点に着目してみたい（金子・租税法323頁）。
　①　企業会計原則や会計慣行が必ずしも公正妥当であるとは限らないこと
　②　企業会計原則や会計慣行が必ずしも網羅的であるとは限らないこと
　企業会計原則や確立された会計慣行が、必ずしも公正妥当であるとはいい切れないとか、網羅的であるとは限らないということであれば、公正処理基準に依拠しようにも、その根底が揺らいでしまうことになる。

　なお、企業会計原則や財務諸表規則等の内容が抽象的である点や、我が国の場合、業界が自主的に具体的な会計基準を作成する動きが弱いことなどの理由から、租税行政庁がイニシアティブをとって通達を発遣し、健全な税務会計慣行を導くべきであるという考え方もある（小宮保『法人税の原理』221頁（中央経済社1968）参照。なお、同「法人税における通達の性格とその妥当性」税通11巻6号23頁も参照）。こうした考えでは、租税行政庁がイニシアティブをとって発遣した通達に基づく税務会計慣行が企業の会計実務として確立すれば、当該通達は、先駆者としての機能を果たしたとして廃棄すべきであるとされる。

　要するに、企業会計が適切なルールを自主的に作成しないのであれば、租税行政庁主導の通達により会計実務の方法を示し、それが会計慣行として確立されたとき、当該通達は会計慣行確立により役目を終えるという考え方である。

　しかし、こうした見解は妥当であろうか。いわば行政が主導で、通達等

19　なお、酒井・フォローアップ185頁も参照されたい。

により税務会計実務を形成し、かかる慣行が成立すれば、租税法の理念である公平な課税の実現が担保できるという期待の下、公正処理基準に租税法的な意味が付与されるという点には肯定できるところもあるが[20]、それでも本来の租税法律主義の見地からは躊躇を覚えるのである。

2 税務通達と公正処理基準

(1) 租税訴訟にみられる見解

興銀事件控訴審東京高裁平成14年3月14日判決（民集58巻9号2768頁）[21]は、税務通達と公正処理基準の関係性について次のように述べる。

> 「これ〔筆者注：法人税法22条4項〕は、法人所得の計算が原則として企業利益の算定技術である企業会計に準拠して行われるべきことを意味するものであるが、企業会計の中心をなす企業会計原則…や確立した会計慣行は、網羅的とはいえないため、国税庁は、適正な企業会計慣行を尊重しつつ個別的事情に即した弾力的な課税処分を行うための基準として、基本通達…を定めており、企業会計上も同通達の内容を念頭に置きつつ会計処理がされていることも否定できないところであるから、同通達の内容も、その意味で法人税法22条4項にいう会計処理の基準を補完し、その内容の一部を構成するものと解することができる。」

どうやら、興銀事件における東京高裁は、国税庁の通達が会計処理の基準を補完するという意味で公正処理基準の一部を構成するものと捉えており、公正処理基準に租税法の観点を持ち込むことに肯定的な立場であるように思われる。

しかし、この考え方は、上告審最高裁平成16年12月24日第二小法廷判決（民集58巻9号2637頁）[22]において否定されている。また、公正処理基準の中に税法独自の観点を持ち込むような解釈を許すべきではないとの見解もあ

---

20 酒井・前掲注18、63頁参照。
21 判例評釈には膨大な論稿があるが、主なものとして森冨義明・平成14年度主要民事判例解説〔判タ臨増号〕242頁、品川芳宣・TKC税研情報11巻5号27頁、大淵博義・税務事例34巻9号1頁、10号9頁など参照。
22 膨大な判例評釈等のうち主なものとして、阪本勝・曹時58巻5号186頁、中里実・租税判例百選〔第4版〕106頁、佐藤英明・ジュリ1310号180頁、大淵博義・税通61巻12号36頁、13号47頁、14号53頁、谷口勢津夫・民商133巻3号120頁、酒井・法人税法517頁など参照。

第5章　通達をめぐる重要論点

る[23]。

　こうした見解は、税法基準以前に公正処理基準が存在することを前提としているといえるが、公正処理基準に税法独自の観点を持ち込むべきではないとするこれらの考え方は支持されているのであろうか。そこで、以下では、公正処理基準が依拠するとされている商法（会社法）における「一般に公正妥当と認められる（企業）会計の慣行」について検証してみたい。

(2)　公正処理基準と商法（会社法）

　法人税法22条4項の公正処理基準について、租税法学の通説は、商法（会社法）を経由して、一般に公正妥当と認められる会計処理の「慣行」によると考える（金子・租税法322頁）[24]。したがって、公正処理基準を理解するためには、商法（会社法）にいう「一般に公正妥当と認められる（企業）会計の慣行」を確認する必要があるだろう。

　商法1条《趣旨等》2項は、「商事に関し、この法律に定めがない事項については商慣習に従い、商慣習がないときは、民法…の定めるところによる。」とし、同法19条は、「商人の会計は、一般に公正妥当と認められる会計の慣行に従うものとする。」と規定する。また、会社法431条は、「株式会社の会計は、一般に公正妥当と認められる企業会計の慣行に従うものとする。」とし、同法614条は、「持分会社の会計は、一般に公正妥当と認められる企業会計の慣行に従うものとする。」と規定している。

　では、商法（会社法）は、いかなるものを「一般に公正妥当と認められる会計の慣行」とか、「一般に公正妥当と認められる企業会計の慣行」と

23　例えば、この点については、山田二郎「法人税法上の貸倒損失」金判1134号2頁参照。その他、松本茂郎「法人税法22条4項が意味するもの」税法201号22頁、近江亮吉「法人税法第22条第4項の規定の位置、機能及び適用について(1)～(4)」税法202号12頁、203号9頁、207号20頁、208号1頁など。
24　その他、中里実「企業課税における課税所得算定の法的構造(1)～（5・完）」法協100巻1号50頁、3号477頁、5号935頁、7号1295頁、9号1545頁や、同「税制改革の背景」税大論叢40周年記念論文集271頁等を参照。

考えているのであろうか[25]。

この点、長銀配当損害賠償事件第一審東京地裁平成17年5月19日判決（判時1900号3頁）[26] は、次のように判示する。

> 「『会計慣行』の意義・内容については、その文言に照らし、民法92条における『事実たる慣習』と同義に解すべきであり、一般的に広く会計上のならわしとして相当の時間繰り返して行われている企業会計の処理に関する具体的な基準あるいは処理方法をいうと解すべきである。」
>
> 「言い換えると、企業会計の処理に関する具体的な基準あるいは処理方法が、少なくともわが国の特定の業種に属する企業において広く行われていることが必要であり、また、相当の時間繰り返して行われていることが必要と解すべきである…。そして、当該会計慣行が特定の業種に属する企業において広く行われ、しかも、相当の時間繰り返して行われているという事実があってはじめて、当該会計慣行が『公正なる会計慣行』となり、これによって当該会計慣行とされた会計処理の方法が、法改正等の手続を経ずに、商法32条2項を介して法的な強制力を持ち得ることになると解される。」

この事件において原告は、「会計慣行」とは、すでに行われている事実に限らず、新しい合理的な慣行が生まれようとしている場合には、それを含むと解すべきであると主張したが、これについて東京地裁は次のように述べる一方、特段の事情がある場合に限って例外が認められる旨を示している。

> 「商法32条2項が『会計基準』という用語ではなく『会計慣行』という文言を用いて、立法作用によらないで企業会計の基準を変更し得ることを容認した趣旨からすると、企業会計の実務の実際の動向を考慮することが当然の前提となっていると解すべきである。」
>
> 「『慣行』という以上は、広く会計上のならわしとして相当の時間繰り返して行われていることが必要というべきであって、いかにその内容が合理的なものであっても、そのことだけで直ちに『会計慣行』になり得ると解することはできないというべきである。」

---

25 法制審議会商法部会における検討などを経て、旧商法32条2項の規定が創設された点や、会社法への継承などについては、酒井・フォローアップ188頁も参照。

26 判例評釈として、太田剛彦・平成17年度主要民事判例解説〔判タ臨増〕178頁、片木晴彦・平成17年度重要判例解説〔ジュリ臨増〕104頁、得津晶・ジュリ1369号114など参照。

第5章　通達をめぐる重要論点

「〔もっとも〕商業帳簿に関する規定を解釈するに当たっては、『公正なる会計慣行』を斟酌することが要請されているとはいえ、特段の事情があれば『公正なる会計慣行』以外の会計処理の理論や方法によることも許されると解すべきであり、原告が主張するような合理的な会計処理の方法が生まれようとしている場合には、これを特段の事情のある場合に当たるとして、そのような新しい会計処理の方法によることも許されると解する余地はあるというべきである。〔括弧内筆者〕」

　ここでは、特段の事情のある場合には、新しい会計処理の方法によることも会計慣行に従った処理をしたことになる旨を判示している点に注目したい。

図表5－6　東京地裁の考える「公正なる会計慣行」

商法（会社法）の会計慣行	＝	民法92条における『事実たる慣習』 一般的に広くならわしとして、相当の時間繰り返して行われているもの
公正なる会計慣行	＝	〔原則〕 ①特定の業種に属する企業において広く行われているものであり、 ②相当の時間繰り返し行われている事実 〔例外〕 ③特段の事情がある場合 　→合理的な会計処理の方法が生まれようとしている場合

　なお、租税法と商法はその目的を異にするものであるから、税法基準を商法上の基準に持ち込むことについては疑義があるところではある。この点は、同事件で、原告側から批判的主張が展開されたところでもあるが、同東京地裁は、次のように判示し、税法基準を商法上の基準に持ち込むことについて否定的な立場を採ってはいない。

「税法と商法が本来目的を異にする点は、原告ら主張のとおりであるが、銀行の経営の健全性及び適切性の観点から、適正な決算処理を監督する趣旨で、大蔵省検査に依拠し、不良債権償却証明制度を介して償却・引当を行うとする不良債権償却証明制

> 度により補充される改正前決算経理基準自体もまた、適正な決算処理を確保する趣旨において、正確な銀行の財務状態及び損益状態の反映という商法の目的にも反していなかったと考えられる[27]。
> 　なお、有税による償却・引当は、償却・引当のコストに加えて同額の納税コストが発生し、銀行の決算を悪化させ、かえって、銀行経営の健全性を揺るがす事態を生ぜしめると考えられており、このような観点からも、税法基準による不良債権の償却・引当は、銀行の会計実務として定着しており、その内容は合理性を有していた、すなわち『公正なる』ものであったというべきである。」

　このように、商法（会社法）上の「一般に公正妥当と認められる企業会計の慣行」に税法基準が該当するとされてきているのであるが、このことは、租税法上の取扱い、租税法上の実務慣行が何らかの形で、商法（会社法）上承認される会計慣行となり得ることを示唆しているといえよう。

　なお、商法（会社法）上承認される会計慣行について、同東京地裁は上記のとおり、民法92条における「事実たる慣習」と同義であると判示しているが、そもそもそれらが用語を異にしていることからすれば、商法（会社法）上承認される会計慣行の形成は、民法92条における「事実たる慣習」の形成ほど厳格に解すべきではないようにも思われる[28]。したがって、一般的に広く会計上のならわしとして相当の時間繰り返し行われている企業会計の処理に関する処理方法があるのであれば、それが商法（会社法）上承認される会計慣行であると認められることは十分に考えられるのであって、その基礎となる広く繰り返し行われてきた処理方法が、租税法上の取扱い、又は税務通達等に沿って行われている租税実務上の処理方法

27　逆基準性についての研究には膨大なものがあるが、例えば、江村稔『企業会計と商法』15頁（中央経済社1977）、中里・前掲注24「（5・完）」9号1545頁、渡辺進「企業会計に対する税法の介入」会計100巻6号1頁、岸田雅雄「法人税の課税ベース」租税17号26頁、増井良啓「法人税の課税ベース」金子宏編『租税法の基本問題』489頁（有斐閣2007）。岡村忠生「法人課税の基本問題と会社法制―資金拘束とインセンティブ―」税法559号69頁なども参照。

28　中里・前掲注24「(4)」7号1295頁、田中誠二「商法改正要綱案の問題点」旬刊商事法務研究520号2頁など。反論として、大隅健一郎『商法総則〔新版〕』218頁（有斐閣1978）、矢沢惇『商法改正の諸問題』16頁（商事法務研究会1970）、松澤智『租税実体法〔増補版〕』119頁（中央経済社1980）など。

であることも十分にあり得る[29]。このことは、立法的手当が遅れている課税領域においては、よりその可能性が高まると考えられるところである。

3 通達における「課税上の弊害」要件

(1) 法人税基本通達14－1－2と公正処理基準

ところで、租税法の規定のみではその取扱いが明らかではない点を、税務通達においてカバーしている領域の代表例として、組合課税通達がある。法人税基本通達14－1－2は、次のように取扱いを定めている。

> **法人税基本通達14－1－2《任意組合等の組合事業から分配を受ける利益等の額の計算》**
> 　法人が、帰属損益額を14－1－1及び14－1－1の2により各事業年度の益金の額又は損金の額に算入する場合には、次の(1)の方法により計算する。ただし、法人が次の(2)又は(3)の方法により継続して各事業年度の益金の額又は損金の額に算入する金額を計算しているときは、多額の減価償却費の前倒し計上などの課税上弊害がない限り、これを認める。
> (1)　当該組合事業の収入金額、支出金額、資産、負債等をその分配割合に応じて各組合員のこれらの金額として計算する方法
> (2)　当該組合事業の収入金額、その収入金額に係る原価の額及び費用の額並びに損失の額をその分配割合に応じて各組合員のこれらの金額として計算する方法
> 　この方法による場合には、各組合員は、当該組合事業の取引等について受取配当等の益金不算入、所得税額の控除等の規定の適用はあるが、引当金の繰入れ、準備金の積立て等の規定の適用はない。

29　清永敬次教授は、通達が公正処理基準に適合するものであるときに、かかる通達の解釈が裁判所によって支持される旨論じられる（清永「法人税法22条4項の規定について」税法202号29頁。また、中川一郎教授は、通達が公正処理基準を具現化しているものと考えるならば、通達は法人税法22条4項を介して法的根拠を有することとなり「その結果実質的には、法的拘束力を有するものと認めることになりはしないか。」と危惧される（中川「法人税法22条4項に関する問題点の整理」税法202号34頁）。この点について、酒井克彦「所得税法上の公正処理基準規定の創設―記帳に基づく申告制度へのインフラ整備―」アコード・タックス・レビュー4号1頁も参照。

> (3) 当該組合事業について計算される利益の額又は損失の額をその分配割合に応じて各組合員に分配又は負担させることとする方法
>   この方法による場合には、各組合員は、当該組合事業の取引等について、受取配当等の益金不算入、所得税額の控除、引当金の繰入れ、準備金の積立て等の規定の適用はない。

　この取扱いに法律上の根拠があるのか否かについては議論のあるところだが、考えられる法的根拠は法人税法22条4項に求められる。そうであるとすれば、(2)の方法（いわゆる中間方式）及び(3)の方法（いわゆる純額方式）の適用について、通達が「課税上弊害がない限り、これを認める。」としていることの意味が問われることになりはしないか。

> ✎　類似の組合通達である所得税基本通達36・37共－20《任意組合等の組合員の組合事業に係る利益等の額の計算等》における中間方式及び純額方式の要件には、法人税基本通達14－1－2のような「多額の減価償却費の前倒し計上などの課税上弊害がない限り」という制限は明記されていない。なお、所得税基本通達を基礎とした課税上の取扱いにつき、法人税基本通達と同様に「課税上の弊害」要件が考慮されるべきとの課税庁の主張が排斥された事例として、第一審東京地裁平成23年2月4日判決（判タ1392号111頁）[30]及び控訴審東京高裁平成23年8月4日判決（税資261号順号11728）[31]を参照。

　組合課税に関しては、法人税法上に「別段の定め」がない。そこで、課税実務はその取扱いについて税務通達を用意しているわけであるが、仮に当該通達に基づく処理方法が公正処理基準に昇華したのであれば、素直にその処理方法に従うことが法人税法22条4項における要請なのであり、「課税上の弊害」の有無などを問うような余地はないはずである。
　上述のとおり、税務通達で定められた処理方法が、広く繰り返し行われることで、商法（会社法）上承認される会計慣行を形成する可能性は否定できない。そして、商法（会社法）上承認される会計慣行となった以上は、それがたとえ税務通達を基礎としてなされた処理方法であっても法人

30　判例評釈として、高橋祐介・平成23年度重要判例解説〔ジュリ臨増〕213頁、森稔樹・速報判例解説10号〔法セ増刊〕227頁など参照。
31　判例評釈として、品川芳宣・税研160号84頁参照。

税法22条4項にいう公正処理基準となるのである。

　商法（会社法）における会計慣行の基礎となる処理方法の要件に、「課税上の弊害」などという租税法独自の観点からの要件を織り込むことがはたして適切といい切れるであろうか。

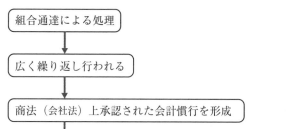

図表5－7　通達が公正処理基準になるまで

　差し当たり、通達の存在が行政先例法として認められるかどうかという論点に触れずに措いたとしても、「課税上の弊害」という租税法独自の観点をあらかじめ含めた通達の処理基準が、結果的に法人税法22条4項にいう公正処理基準となることには疑問が指摘されよう。

(2)　「課税上の弊害」

　上記通達にいう「課税上の弊害」の意味するところはいかなるものであろうか（酒井克彦「法人税法における重要性の原則の適用を巡る法的問題—短期前払費用についての若干の検討—」中央ロー・ジャーナル12巻4号参照）。

　適正公平な課税の実現に何らかの弊害がある場合という意味であろうか、あるいは、租税負担の不当な軽減を図るおそれがある場合をいうのであろうか。前者の場合、仮に租税負担が本来よりも重くなる場合（換言すれば、国がより多くの租税を徴収できることとなる場合）であっても、「課税上の弊害」となるのに対して、後者は租税負担が不当に軽減される場合（国からしてみれば、租税の徴収が減少又はできなくなる場合）のみ「課税上の弊害」に該当することになる。これらの捉え方の違いは極めて大きな意味を

有すると思われる。

図表5－8　2つの「課税上の弊害」の意味

①適正公平な課税が行えないという意味 → 租税負担の増加・減少ともに含む

or

②租税逃れが行われるという意味 → 租税負担の減少のみを指す

仮に、前者の捉え方が妥当であるとすると、そもそも、法人税基本通達14－1－2(2)の中間方式を採用すると、各組合員は、引当金の繰入れ、準備金の積立て等の規定の適用を受けられなくなり、また、(3)の純額方式を採用すれば、各組合員は、受取配当等の益金不算入、所得税額の控除、引当金の繰入れ、準備金の積立て等の規定の適用はないことになるのであるから、納税者の負担は増え、大いに「課税上の弊害」があるといえそうである。

このように考えると、通達の取扱いそのものがすでに「課税上の弊害」を内包していることになり、自己矛盾を起こしているということになる。

したがって、この通達にいう「課税上の弊害」とは、「多額の減価償却費の前倒し計上などの」と前置きされているように、租税の負担を不当に軽減させるような租税逃れ的な意味内容をもったもの、すなわち、後者の考え方と捉えるべきなのであろう。

こうした、租税逃れ対策という課税庁側の思惑があらかじめ織り込まれた通達に基づいた実務上の処理が慣行として定着し、商法（会社法）上の「一般に公正妥当と認められる（企業）会計の慣行」となり、結果的に、法人税法22条4項にいう公正処理基準とされる余地があることは問題視されるべき論点であるように思われる。

そもそも、前述の興銀事件控訴審東京高裁平成14年3月14日判決が、適正公平な課税の実現という目的を織り込んだかたちで法人税法22条4項を理解しようとする態度に出ていることに対しては批判の強いところである。同法22条4項の解釈についてそれが許容されると、法人税法上、「別段の定め」のない場合であっても、企業会計と異なる処理を同法22条4項

により強制することを正面から認めることにもなり、法人税法の基本構造を無視したものになってしまうし、ひいては租税法律主義に反する可能性さえ否定できないのではないだろうか（中里実「貸倒損失―時価主義の下の資産評価」税研104号39頁）。

　このような批判とここで取り上げた通達課税などの問題点を併せ考えると、公正処理基準を通して、組合通達が法人税法上の「別段の定め」のような機能を果たすことにもなりかねないようにも思われるのである[32]。

---

[32] 佐藤英明「租税法律主義と租税公平主義」金子宏編『租税法の基本問題』（有斐閣2007）は、租税法律主義において課税要件法定主義が最も重い要請であるとされる。

第4節　法人税基本通達に示された保険の取扱いが個人課税事案に及ぶか

> **ポイント**
>
> 当然のことではあるが、法人税法と所得税法は異なる法律であり、法人税法の規定が直接に個人課税（個人所得課税）を規律することはない。もちろんその逆もしかりであるが、通達でも同様のことがいえるであろうか。例えば、ある事項につき、法人税基本通達に取扱いが用意されている一方、所得税基本通達にはそれに関する規定が存在しないような場合、法人税法上の通達が所得税の計算に影響を及ぼすことはあり得るのだろうか。本節では、とりわけそうした問題が多いと思われる保険税務領域における事例を参考にしつつ、広くは法人税法と所得税法の径庭についても踏み込んでみることとしよう。

はじめに

　保険の領域においては、通達による取扱いが、保険取扱者に対して極めて強い支配的影響力を有している。そこでは、通達があたかも法律であるかのように考えられているふしさえあり、このような状況は租税法律主義の見地からみて強い疑問を抱かせるものである。

　加えて、保険の領域においては、法人税法上の通達は示されているものの、所得税法上の取扱いが不明確であることも少なくない。その場合、所得税法上はいかに解するべきかという問題が生じ得るところである。

　本節では、1つの仮定事例を前提として、法人税基本通達における保険の取扱いが個人所得課税にまで及ぶか否かについて検討してみたい。なお、本節では、保険についての事例を取り上げるが、この問題は、法人税法上の通達が所得税法の取扱いに影響を及ぼし得るのかという更に大きな問題にも通じるものでもある。差し当たり、ここでは、あくまで保険領域の問題に絞って考察するが、この先にある大きな問題にも十分留意しておきたいと考える。

1　事案の概要

(1)　美容整形外科医院を開業している事業所得者Xは、生命保険会社との

間で、Xを契約者、正規雇用の看護師5名を被保険者、満期保険金の受取人をX、死亡保険金の受取人を看護師の遺族、高度障害保険金の受取人を看護師とする養老保険契約を締結した。
(2)　本件保険契約の締結に際し、Xは、被保険者となる看護師に対し、本件保険契約は、退職金として積み立てるもの又は死亡時等に保険金が支払われるもので福利厚生目的である旨、及び保険料はXが負担する旨を説明し、各看護師は、保険契約書に自署、押印した。
(3)　Xが営む医院には退職金規程がないが、退職金は退職した勤続1年以上の正規雇用の看護師に支給することを入職時に約束しており（説明書あり）、その額は、退職時における基本給の額に退職事由及び勤務年数に一定の支給率を乗じて算定することとされていた。
　　なお、定年制度はなく、看護師の退職時の平均年齢は25歳である。
(4)　当該医院には、福利厚生に関する規程が定められておらず、保険金を仮にXが受け取ったとしても、その金額が、あるいはそれを原資とした金額が、看護師に給付されることは保証されていない。
(5)　Xは、法人税基本通達9－3－4《養老保険に係る保険料》の考えにならって、本件保険契約に係る保険料について、その2分の1相当額を福利厚生費として、各年分の事業所得の金額の計算上、必要経費に算入して所得税の確定申告書を提出した。
(6)　税務署長Yは、本件保険契約は福利厚生を目的として締結されたものではなく、Xは実質的に自己資金を留保しつつ、その保険料を必要経費に算入することを企図して、多額の解約返戻金等のある本件保険契約を締結したものであるとし、当該保険料は必要経費に当たらないとして、Xの所得税の更正処分を行った。
(7)　Xは、本件処分の全部の取消しを求めて、訴訟を提起した。

2　論　点

　法人税基本通達では、法人が契約した養老保険に係る保険料については、2分の1相当額等を損金算入できると通達されているところ、個人所

第4節　法人税基本通達に示された保険の取扱いが個人課税事案に及ぶか

得税における事業所得の金額の計算においても、このような法人税基本通達の取扱いと同様、事業主の負担した保険料の2分の1相当額を必要経費に算入することが可能か否か。

3　検　討

(1)　積立保険料の性質

　ここでは、まず、問題となっている積立保険料の性質を確認するところから始めてみたい。

　保険会社の販売している保険で積立保険と呼ばれるものは、損害保険、傷害保険、疾病保険、あるいはそれらの組合せ保険である。積立保険は、保険料を掛捨てとせず、長期にわたって補償を与えると同時に、満期返戻金や契約者配当金を支払うものであり、その保険料は補償部分と積立部分に大別される。

　この種の契約では、保険契約者の支払う保険料は保険金支払の原資となる危険負担部分の保険料（以下「危険負担保険料」という。）と満期返戻金支払の原資となる積立保険料とで構成され、後者が大きな割合を占めるのが通例である。積立保険料には、利息を付すことが保険料の計算上約束されている。また、保険会社（保険者）は、収受した積立保険料を予定利率以上で運用することで、満期時には、保険契約者に対して予定利率で計算された満期返戻金を還元する。

　このように、積立保険の特徴として重要な点は、満期時に満期返戻金と契約者配当金が支払われる点にあり、すなわち、保険契約者からみれば、支払った積立保険料に相当する金額が満期返戻金として手元に戻ることが約されているのである。この点、支払額と受取額との関係でみれば、保険料の支払額と受け取る満期返戻金の額がほぼ同額となることから、保険料支払額と満期返戻金はあたかも紐付きの関係であるとみることが可能である。かような意味では、定期預金のような貯蓄と同様の性質を有しているとみてよいと思われる（長谷川俊明『Q&A保険の活用と法務・税務—生保・損保・第三分野の保険—』187頁（新日本法規出版2006））。

> もっとも、積立保険では、満期返戻金が保険給付とはいえないため、それが全面的に保険であるかどうかについての疑義も起こり得る。山下友信教授は、「満期を迎えることにより経済的損失が発生しているとはいえ、そのような偶然の事実に関してなされるのではない満期返戻金という給付を保険給付とはいえないからである。しかし他方で、満期返戻金が保険給付でないとすると、その原資を保険契約者が積立保険料として支払っているのはなぜか、またそれが保険料ではないとすると、最低利回り保証付の投資信託類似の金融取引ではないかなどという疑問となるわけである。」とされる（山下『保険法』36頁（有斐閣2005））。
> また、山下教授は、「積立保険は、厳格な生損保兼営禁止や他業禁止の規制のもとで損害保険会社が総合金融機関化をすすめるために考え出された苦肉の保険商品であって、その時代背景のもとでは十分な存在意義を有したものと考えられるが、業務に関する規制が大幅に緩和された今日ではそのあり方の見直しがなされてしかるべきものと考える。」とされる（山下・前掲書37頁）。

(2) 積立保険料の損金該当性

　積立保険では、本来満期返戻金に利息相当が加味されるが、話を簡潔にするため、差し当たり利息相当額について度外視すれば、前述のとおり、「保険料支払額＝満期返戻金」となるため、保険会社の側からみると、そこにはリスクは存在しておらず、危険負担を引き受けるという役務提供を行っていないとみることもできよう。

　このことは、保険契約者の側からみれば、危険負担を引き受けてもらうという役務の提供を受けていないことになる。この点が、危険負担保険（いわゆる、掛け捨て保険）と異なっている点であり、むしろ、定期積立預金などと同種の貯蓄と同様の性質を有するものである。再説すれば、保険契約者から保険料という名目で支払われているものは、保険会社の危険負担に対する対価ではないのである。このことは、金融機関に対して預金をするのと同様、資産の形式的な移転と同様であり、提供された役務に対する対価という意味ではないから、経済的価値の費消とはいえないように思われる。

　そのため、例えば、積立保険に係る契約を法人が締結していた場合に、法人が積立保険料を支出したとしても、それは、預金を行ったのと同様、

第4節　法人税基本通達に示された保険の取扱いが個人課税事案に及ぶか

　資産勘定間における勘定移転という会計上の処理が行われるのみであって、何らの価値の費消を認識するものではないことから、会計上の費用にも損失にも該当しないと考えられる。このように考えると、積立保険料はあくまでも「資産」として捉えるべきであろう。

　さらに、法人税法は、いわゆる企業会計準拠主義に従い、一般に公正妥当と認められる会計処理の基準に従って損金計上を行うこととされているから（法法22④）、積立保険料が、会計上の費用・損失に該当しない以上、法人税法上の原価・費用・損失にも当たらず、法人所得の金額の計算において損金の額に算入すべきでないことになる[33]。

　このような考え方は、法人税基本通達9－3－4の考え方とも整合するように思われる。法人税基本通達9－3－4は、「養老保険に係る保険料」の取扱いを定めている。ここにいう「養老保険」とは、被保険者が死亡した場合に保険金が支払われるほか、保険期間の満了時に被保険者が生存している場合にもいわゆる満期保険金が支払われることとなっている生命保

---

[33]　例えば、いわゆるファイナイト事件東京高裁平成22年5月27日判決（判時2037号22頁）は、法人税基本通達9－3－9《長期の損害保険契約に係る支払保険料》につき、「積立保険料とその他の部分（危険保険料及び付加保険料）とで異なる会計処理がされることを想定しているのであり、積立保険料は、保険金の支払原資に充てられず、専ら満期返戻金の支払原資に充てられることから、資産計上され、その他の部分（危険保険料及び付加保険料）は、たとえ保険契約期間中に保険事故が生じず、その一部が返戻される場合であっても、保険金との対応関係が認められるから、損金の額に算入されている」との解釈を示し、続いてファイナイト再保険料が、「危険保険料及び付加保険料とからのみなり、結果として保険事故である地震が生じなかった場合には、保険契約者にプロフィット・コミッションの支払という形で再保険料の一部が返戻されることになるという事後調整部分が含まれてはいるものの、およそ保険金の支払原資に充当されることのない積立保険料を含んでいない」と判示している。判例評釈として、浅妻章如・判評636号162頁、横溝大・ジュリ1449号132頁、酒井克彦・会社法務A2Z 81号58頁など参照。
　なお、法人税基本通達9－3－9は、「法人が、保険期間が3年以上で、かつ、当該保険期間満了後に満期返戻金を支払う旨の定めのある損害保険契約…について保険料…を支払った場合には、その支払った保険料の額のうち、積立保険料に相当する部分の金額は保険期間の満了又は保険契約の解除若しくは失効の時までは資産に計上するものとし、その他の部分の金額は期間の経過に応じて損金の額に算入する。」と通達している。

険(これを生死混合保険という。)であるが、その保険料は、満期保険金の支払財源に充てるための積立保険料と、被保険者が死亡した場合の死亡保険金の支払財源に充てるための危険保険料及び、保険会社の新規募集費その他の経費に充てるための付加保険料とから成っている。この養老保険に係る保険料の法人税法上の取扱いにつき、法人税基本通達9－3－4は、次のように通達している。

> 法人税基本通達9－3－4《養老保険に係る保険料》
> (1) 死亡保険金及び生存保険金…の受取人が当該法人である場合　その支払った保険料の額は、保険事故の発生又は保険契約の解除若しくは失効により当該保険契約が終了する時までは資産に計上するものとする。
> (2) 死亡保険金及び生存保険金の受取人が被保険者又はその遺族である場合　その支払った保険料の額は、当該役員又は使用人に対する給与とする。
> (3) 死亡保険金の受取人が被保険者の遺族で、生存保険金の受取人が当該法人である場合　その支払った保険料の額のうち、その2分の1に相当する金額は(1)により資産に計上し、残額は期間の経過に応じて損金の額に算入する。ただし、役員又は部課長その他特定の使用人(これらの者の親族を含む。)のみを被保険者としている場合には、当該残額は、当該役員又は使用人に対する給与とする。

このように、法人税基本通達は、各種保険金等の受取人が誰であるかに着目して、保険料の支払時の取扱いを規定していることが分かる。

すなわち、法人税基本通達9－3－4では、保険事故が発生した場合の死亡保険金の受取人が、役員、使用人、これらの親族である場合には、これに対応する保険料の支払を、「一種の福利厚生費として」扱い、この場合には、経済的な価値の費消があったものと捉えて、これを損金の額に算入するとしているのである(渡辺淑夫「法人税基本通達等の一部改正について(1)」国税速報3354号32頁)。他方、保険事故が発生しなかった場合の生存保険金(満期返戻金)が、会社による長期の運用の後に会社に対して返戻されるものである場合、経済的価値の費消がないものと捉えられることから、資産に計上するものとして扱われるのである。

この通達の取扱いからは、前述した積立保険の貯蓄性が前提とされてい

第4節　法人税基本通達に示された保険の取扱いが個人課税事案に及ぶか

るとみることができよう。

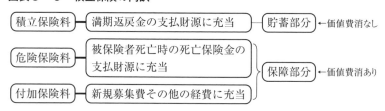

図表５－９　積立保険の内訳

(3) 法人税基本通達９－３－４にいう２分の１基準の妥当性―養老保険の二面性

ところで、養老保険については、広島国税不服審判所平成８年７月４日裁決（TAINS　F0-2-054）が次に述べるとおり、保障と貯蓄との二面性があると理解することができる。すなわち、同国税不服審判所は、次のように述べる。

> 「ニ　一般に『養老保険』といわれる生命保険は、被保険者が死亡した場合に死亡保険金が支払われるほか、保険期間の満了時に被保険者が生存している場合にも満期保険金が支払われる生死混合保険であり、その保険料は、満期保険金の支払財源に充てるための積立保険料と、被保険者が死亡した場合の死亡保険金の支払財源に充てるための危険保険料及び新規募集費その他の経費に充てるための付加保険料とから成り立っている。」
> 「つまり、養老保険の保険料には万一の場合の保障と貯蓄との二面性がある」

上記のように、養老保険の概説をした上で、次のように続ける。

> 「これを会計処理の面からみると、死亡保険金の受取人が被保険者の遺族で、満期保険金の受取人が保険契約者である法人の場合、その支払った保険料のうち、法人が受取人である満期保険金に係る部分、すなわち積立保険料の部分については法人において資産に計上すべきことはいうまでもない」
> 「死亡保険金に係る部分、すなわち危険保険料部分については、受取人が被保険者の遺族となっていることからみて、法人において資産に計上することを強制することは適当でな〔い〕」
> 「このような場合の危険保険料部分の取扱いについては、原則として、一種の福利厚生費として期間の経過に応じて損金の額に算入できるものと解することが法人税法第22条の規定に沿うものと認められる。」

237

このように、広島国税不服審判所は、積立保険料の部分が法人において資産に計上すべきことはいうまでもないと断言する一方、危険負担保険料に係る損金性について、積立保険料とは異なり、「資産に計上することを強制することは適当ではな〔い〕」としているのである。そして、当該危険負担保険料部分については、一種の福利厚生費として処理することが法人税法22条の規定に沿うとする。

　ここに引用した裁決文からも明らかなように、あくまでも、ここでは法人税法22条の規定の解釈をしているのであって、何か租税法に通底する経費性一般の議論をしているのではない。そのことは、先に引用した箇所にあるように「会計処理の面からみると」としている点からも法人税法に特有の議論であることが判然とする。すなわち、法人税法は、同法22条4項において「前項各号に掲げる額〔筆者注：損金の額〕は、一般に公正妥当と認められる会計処理の基準に従って計算されるものとする。」とするように、企業会計準拠主義を採用し、企業における一般に公正妥当と認められる会計処理の基準に従って計算するものとされていることを前提とした上での理論構成であるといえよう。

　また、このくだりが次のような説示から入っていることからみても明らかである。

> 「ハ　ところで、法人税法では、生命保険に係る保険料の取扱いについて、別段の定めをおいていないため、同法第22条の規定により取り扱われることになる。
> 　法人税法第22条第1項は、内国法人の各事業年度の所得の金額は、当該事業年度の益金の額から当該事業年度の損金の額を控除した金額とする旨規定し、同条第3項は、内国法人の各事業年度の所得の金額の計算上、当該事業年度の損金の額に算入すべき金額は、別段の定めがあるものを除き、当該事業年度の収益に係る売上原価等のほか販売費、一般管理費その他の費用の額及び資本等取引以外の取引に係る損失の額とする旨規定している。
> 　また、法人税法22条第4項は、同条第3項の当該事業年度の損金の額に算入すべき金額は、一般に公正妥当と認められる会計処理の基準に従って計算されるものとする旨規定している。」

　このように述べた上で、前述の「ニ　一般に『養老保険』といわれる生命保険は…」と続いているのである。

第4節　法人税基本通達に示された保険の取扱いが個人課税事案に及ぶか

したがって、あくまでも、「危険保険料部分の取扱いについては、原則として、一種の福利厚生費として期間の経過に応じて損金の額に算入できるものと解する」というのは、法人税法独自の取扱い、いわゆる公正処理基準に基づく解釈であるということを確認しておく必要がある。

さらに、この国税不服審判所の説示を続けて眺めると、今度はいわゆる保険料の2分の1処理に触れている。

>「そして、通常、生命保険の契約書等においては養老保険契約に係る保険料につき積立保険料部分と危険保険料部分とが区分して記載されていないため、保険契約者においてこれを区分して経理することは困難であると考えられることからすれば、簡便的に、養老保険の支払保険料を2分し、その1に相当する額を当該支払保険料の危険保険料部分として損金の額に算入する旨を定めた法人税基本通達9－3－4の取扱いは、特段の事情がない限り、相当であると認められる。」

この点は、あくまでも、法人税法が、養老保険にみられる「保障と貯蓄の二面性」、すなわち、「損金算入部分と損金不算入部分の二面性」を前提としたものを論じているにすぎず、また、あくまで2分の1処理というものは、積立保険料部分と危険保険料部分との区別ができないことによる簡便的な方法であるという。

上記の裁決例「ニ」の引用部分によると、養老保険については、貯蓄部分と保障部分があり、法人税基本通達においては、便宜的に、貯蓄部分と保障部分を2分の1ずつに分けて認定しているところであるが、実際は、どの部分が貯蓄部分であって、どの部分が保障部分であるかは必ずしも明確ではない。

法人税法上の損金算入は、企業会計準拠主義により、企業会計の考え方に大きく依拠しているのであるが、上記国税不服審判所は、「通常、生命保険の契約書等においては養老保険契約に係る保険料につき積立保険料部分と危険保険料部分とが区分して記載されていないため、保険契約者においてこれを区分して経理することは困難である」という点に注目をして、法人税基本通達は2分の1という簡便法を採用しているというのである。すなわち、ここでは、企業会計上の処理の便宜を前提とした処理方法であって、会計処理が不可能であるから設けられた次善の策であるというのであ

る。企業会計に通達が先行していることは必ずしも法人税法22条4項の予定するところではないかもしれないが（なお、この通達の逆基準性の論点については本章第3節を参照）、その点をひとまず措いたとしても、「経理することは困難である」という点からすれば、「簡便的に、養老保険の支払保険料を2分し、その1に相当する額を当該支払保険料の危険保険料部分として損金の額に算入する旨を定めた法人税基本通達9－3－4の取扱いは、特段の事情がない限り、相当であると認められる。」という。

このようにみると、法人税基本通達9－3－4の取扱いは、極めて企業経理との関係が色濃く反映された取扱いであるということができよう。すでに述べたとおり、法人税法は、企業における会計処理に大きく依存した形で、損金に算入すべき金額を画している。したがって、このような通達が租税法律主義に反しないとすればという前置きはあるものの、それはあくまでも、これまで述べてきたように、企業会計準拠主義を採用する法人税法に特有の処理方法として認められているものであるというべきであろう。

図表5－10

(4) 所得税法における必要経費

ア　納税主体の二面性

ここまで、法人税法上の積立保険料の処理について確認してきたが、こうした法人税法上の処理方法が存在することを理由に、同様の処理を所得税法において認めることは可能であろうか。ここでは、所得税法における必要経費と、法人税法上の損金の関係について考えてみたい。

そもそも所得税法は個人納税者1人ひとりを納税主体とし、その納税主体に帰属する課税物件（所得）を課税の対象とするところ、個人は法人と

第4節　法人税基本通達に示された保険の取扱いが個人課税事案に及ぶか

は異なり、1人の個人が所得稼得者としての顔を有すると同時に、他面では単なる生活者として消費生活を営んでいる。すなわち、一法的主体である納税者個人は、ある場面では事業所得者等として認識され、他の面では生活者として認識されるのである。この点、例えば法人税と同様、事業主たる所得稼得者個人にも法人格のような器を用意し、そうした器をもって、1人の納税者に内在する事業主の側面と、生活者としての側面をすみ分けることも方法の1つとして考え得る。これにより、業務関連性を画定し、必要経費の認定をする際の1つの判断材料とすることも可能であろう。

　しかし、所得税法が対象とする個人にはそのような法的な判断枠組みが用意されているわけではない。すると、見方によっては、ある個人は、ある場面では事業活動の主体であり、ある場面では消費生活の主体を意味することになる。

　例えば、小説家を1つの例として考えてみよう。小説家は作品を作るためにアイディアを練る必要があり、旅行をしたり、高級レストランに行くなど様々な機会を作品の創作意欲を生み出すためのチャンスと考え、多くの経験を積む必要があろう。それらはすべてが小説家という事業所得稼得者としての活動であると捉えることもできる一方で、単なる趣味娯楽としての消費生活であると考えられないこともない。ここで、仮に間接的業務関連性全般についても必要経費性が認められるとなると、およそ全生活のすべてが間接的業務関連であることは間違いない。かかる生活全般にわたる諸費用につき、業務関連性があるとして必要経費性が認められるとなれば、法人のような器による擬制がないところでは、際限なくすべての生活費が必要経費に算入され得ることを意味する。タレント活動にしても、芸術活動にしても、同じである。また多かれ少なかれ、かような視点はおよそすべての個人事業者においても程度の差こそあれ同様の問題を提起するところであろう。この点は、法人税課税が形式的に割り切った課税を可能とするのと、同様に解することができないことを意味しているのであって、ここにこそ、所得税課税の本質があるといっても過言ではない。

241

図表5-11　個人事業主の2つの側面

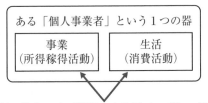

旅行、飲食、映画鑑賞…全生活はいずれの活動？

イ　法人税法上の取扱いとの径庭

そして、こうした本質を前提として、所得税法は、法人税法にはない「家事関連費」という概念を用意し、所得税法45条1項1号により、家事関連費の必要経費への算入を原則的に制限しているのである。

> **所得税法45条《家事関連費等の必要経費不算入等》**
> 　居住者が支出し又は納付する次に掲げるものの額は、その者の不動産所得の金額、事業所得の金額、山林所得の金額又は雑所得の金額の計算上、必要経費に算入しない。
> 一　家事上の経費及びこれに関連する経費で政令で定めるもの

このように、家事関連費などといった概念もなく一般的に損金算入制限規定のない法人税法と、家事関連費の必要経費不算入規定のある所得税法とで、経費控除の考え方がそれぞれ別に立法的に手当てされていることには注意しなければならないだろう。

例えば、平成18年度税制改正において、法人税法55条が設けられ、不正行為の費用等の損金不算入が規定された。

> **法人税法55条《不正行為等に係る費用等の損金不算入》**
> 　内国法人が、その所得の金額若しくは欠損金額又は法人税の額の計算の基礎となるべき事実の全部又は一部を隠蔽し、又は仮装すること（以下この項及び次項において「隠蔽仮装行為」という。）によりその法人税の負担を減少させ、又は減少させようとする場合には、当該隠蔽仮装行為に要する費用の額又は当該隠蔽仮装行為により生ずる損失の額は、その内国法人の各事業年度の所得の金額の計算上、損金の額に算入しない。
> 2　前項の規定は、内国法人が隠蔽仮装行為によりその納付すべき法人税以外の租税の負担を減少させ、又は減少させようとする場合について準用する。

これについて、渡辺淑夫教授は、「現行の法人税法では、収入を得るための必要経費のみを所得計算上控除することとしている所得税法とは異なり、およそ税法上に別段の定めがない限り、すべての費用・損失は所得計算上の損金として控除する仕組みになっているから（法法22③）」（渡辺淑夫『法人税法〔平成27年度版〕』615頁（中央経済社2015））、隠ぺい・仮装行為によって法人税の負担を減少させ、又は減少させようとする場合に、そのために要する費用の額又はこれにより生ずる損失の額を損金に算入することを認めない規定を設けたというのである。

なるほど、平成18年度税制改正において、所得税法には法人税法55条のような規定が設けられなかった。同年の改正によって導入されたのは、賄賂等の額の必要経費の不算入を規定する所得税法45条2項のみである。

> 所得税法45条《家事関連費等の必要経費不算入等》
> 2　居住者が供与をする刑法（明治40年法律第45号）第198条（贈賄）に規定する賄賂又は不正競争防止法（平成5年法律第47号）第18条第1項（外国公務員等に対する不正の利益の供与等の禁止）に規定する金銭その他の利益に当たるべき金銭の額及び金銭以外の物又は権利その他経済的な利益の価額（その供与に要する費用の額がある場合には、その費用の額を加算した金額）は、その者の不動産所得の金額、事業所得の金額、山林所得の金額又は雑所得の金額の計算上、必要経費に算入しない。

この規定の趣旨については、例えば、「所得税法上、必要経費は事業所得等の総収入金額に係る売上原価その他当該総収入金額を得るために直接に要した費用の額及びその年における販売費その他これらの所得を生ずべき業務について生じた費用の額とすると規定されている（所法37①）ことから、公務員等に供与する賄賂は必要経費に該当しないことと取り扱われており、また、法人税法上においても、賄賂は租税特別措置法第61条の4第3項に規定する交際費等に該当することとされ、実質的に損金の額には算入しない取扱いとなっていたところですが、腐敗防止国連条約の批准を踏まえ、必要経費に算入しないことの明確化を図ることとされました。」とされているとおり（浅井要「所得税関係のその他の改正」『平成18年版改正税法のすべて』225頁（大蔵財務協会2006））、そもそも、所得税法45条2項がな

くても、必要経費には算入されないこととされていたところ、国連腐敗防止条約の批准を受けて、確認的に明確化しただけにすぎないと説明されているのである。

ここでも明らかなとおり、法人税法では、賄賂等の支出についての法人税法に損金算入禁止規定がなく、租税特別措置法上の規定に基づいて交際費等として損金制限されていただけにすぎなかったのである。法人税法上において損金算入がそもそも認められていなかったのではなく、租税特別措置法によってその算入が制限されているのにすぎない政策的措置であったのに対して、所得税法上は、そもそも家事費として必要経費に算入すべき金額に入らないものであったということであって、その取扱いには根本から大きな差異があるのである。

図表5－12　法人の損金と、個人の必要経費

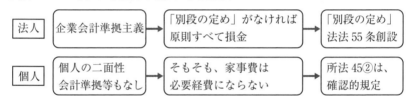

ウ　所得税法及び所得税法施行令の規定

所得税法37条1項は必要経費について次のように規定する。

> **所得税法37条《必要経費》**
> 　その年分の不動産所得の金額、事業所得の金額又は雑所得の金額…の計算上必要経費に算入すべき金額は、別段の定めがあるものを除き、これらの所得の総収入金額に係る売上原価その他当該総収入金額を得るため直接に要した費用の額及びその年における販売費、一般管理費その他これらの所得を生ずべき業務について生じた費用…の額とする。

また、所得税法45条1項は、上記で確認したとおり、「居住者が支出し又は納付する次に掲げるものの額は、その者の不動産所得の金額、事業所得の金額、山林所得の金額又は雑所得の金額の計算上、必要経費に算入し

ない。」とした上で、その１号において、「家事上の経費及びこれに関連する経費で政令で定めるもの」を必要経費に算入しないものとして規定している。

ところで、これまで定義を明確にせずに述べてきた「家事関連費」とは、はたしていかなる費用をいうのであろうか。この点につき、通説は、「必要経費と家事費の性質を併有している費用」と理解している（金子・租税法291頁）。

さらに、同法45条１項を受けて、所得税法施行令96条１号が規定されている。

> **所得税法施行令96条《家事関連費》**
> 　法第45条第１項第１号（必要経費とされない家事関連費）に規定する政令で定める経費は、次に掲げる経費以外の経費とする。
> 　一　家事上の経費に関連する経費の主たる部分が不動産所得、事業所得、山林所得又は雑所得を生ずべき業務の遂行上必要であり、かつ、その必要である部分を明らかに区分することができる場合における当該部分に相当する経費

すなわち、家事関連費については、家事上の経費に関連する経費の主たる部分が、事業所得を生ずべき業務の遂行上必要であり、かつ、その必要である部分を明らかに区分することができなければ、必要経費に算入することはできないという実定法があるのでる。

法人税法上の取扱いと大きく異なり、家事関連費の必要経費性が厄介な問題を孕んでいるのは、上述した小説家のたとえのように、個人が所得稼得活動と消費活動の二面性を有するにもかかわらず、課税主体を同一にしている点にある。

このように、所得税法上の必要経費についての思考は、法人税法上の損金に算入すべき金額とは、その性質上、根本から取扱いを異にしているものであって、そのことは、保険料についても同様に考えるべきであろう。

なお、国税不服審判所平成23年３月23日裁決（TAINS F0-1-401）は、「個人の支出に関する取扱いは、家事関連費という概念がなく特定の所得又は特定の業務との直接の関連を必要としない法人の支出に関する取扱い

とはおのずと異なるのであり、一般的に、法人税の取扱いを定めた通達や取扱いが所得税において準用されるものではなく、…必要経費と認められるか否かは、…当該支出が事業との直接の関連を持ち、事業の遂行上客観的一般的に通常必要な費用であることが必要とされるのである。」と論じている。

エ　養老保険に係る保険料

　前述の広島国税不服審判所の裁決にもあったように、「通常、生命保険の契約書等においては養老保険契約に係る保険料につき積立保険料部分と危険保険料部分とが区分して記載されていないため、保険契約者においてこれを区分して経理することは困難である」という点に注目をして、法人税法上は2分の1損金算入という簡便法が適用されている。

　所得税法上の取扱いとしては、上述した所得税法の必要経費に関する規定振りから、積立保険料部分と危険保険料部分とが区分して記載されていない限り、事業所得を生ずべき業務の遂行上、必要であることが明らかにされないことになり、かような場合には必要経費に算入すべき金額であると認定することは、法解釈上不可能であるといわざるを得ない。

オ　家事関連費としての福利厚生費勘定

　法人税基本通達9－3－4は、あくまでも法人税法上の取扱いである上、そもそもこれは通達であって法源性はないのであるから、課税根拠を論じるに当たっては、参考にならないというべきであろう。もっとも、それに加えて同通達の実質的内容の観点を考慮に入れたとしても、ここで論ずる問題には何ら積極的な素材とはなり得ないといわざるを得ない。

　そもそも、所得税法が所得税基本通達に同様の取扱いを設けていないのに対し、法人税法が法人税基本通達9－3－4を設けているのは、議論のあるところではあるが、法人税法が所得税法と異なり損金算入制限に必要性要件を明文化していないからであるとも考えられる。このことは、前述したように、平成18年の法人税法改正においては、不正行為等に係る費用

等の損金不算入規定が設けられたにもかかわらず、同年の所得税法改正においては同様の必要経費不算入規定が設けられなかったことからわかるとおり、必要性要件という点で、法人税法上の損金と所得税法上の必要経費とではその性質を異にしていることが判然とするところである。

そうすると、本件事案において、Xは、所得税法と法人税法の取扱いとはそもそも性質を異にしているのにもかかわらず、法的根拠のないまま2分の1を福利厚生費として事業所得計算上の必要経費に算入したことになる。

繰り返しになるが、上記の2分の1を基準とする概算計算の基礎となった法人税基本通達は、所得税法における必要経費の計算上の根拠としては何らの意味も有していないのである。

また仮に、そのような2分の1ずつの概算処理を行うことの会計慣行が成立していたとしても、少なくとも、所得税法には、法人税法22条4項のような企業会計準拠主義を採用していると認めるべき規定は存在していないのであるから、法人におけるかかる会計慣行の妥当性をもってしても、所得税法上の処理の法的根拠とすることは難しいというべきであろう。

4 業務関連性

所得税法37条1項は、売上原価等の額のほか、業務における直接的必要性を有するかどうかにかかわらず、業務関連費の額を必要経費に算入することを許容している。売上原価等に該当するか否かにおいては直接的必要性がメルクマールとなり、業務関連費については業務関連性がメルクマールとなる。業務関連費の存在を考慮すれば、必要経費を「収入金額を得るために直接必要な費用」とのみ理解することは誤りである。つまり、直接的必要性は、必ずしも必要経費算入の十分な要件ではないということである。

必要経費算入の要件として、「業務について生じた費用」という業務関連性が求められるということはどういう意味であろうか。前述の必要経費控除の趣旨からすれば、業務関連性を有する支出のみが投下資本の回収部

分として経費控除することが認められているということになる。換言すれば、業務に関連しない支出は何ら次なる再生産に寄与しないという理解を前提としているということであろう。

本件保険契約については、保険事故が起こった際の死亡保険金等の受取人は遺族ないし看護師本人とはなっているものの、解約返戻金は契約者であるXが受取人となっている。

このような契約関係であることを前提とした上で、本件保険契約に係る保険料の課税上の取扱いについて考えてみるに、本件保険契約の保険事故が発生した場合に、保険金を受け取るのは遺族ないし看護師であることがどれだけ重視されるべきであろうか。看護師の平均退職年齢からみても、その死亡リスクが極めて低いことは明らかであるため問題になる。

他方、本件保険契約に係る解約返戻金部分についてみると、Xによって出捐された保険料が、保険会社から解約返戻金としてXの元に戻ってくる形態の契約であるとみることができる（これは、いってみれば定期預金への預入れのようなものであることは上記で触れたとおりである。）。

すなわち、Xにとっては、自分で払い込んだ保険料が、極めて発生リスクの低いと思われる保険事故が発生しない限り、自己にリターンされることになるのである。そして、Xが受領した解約返戻金が従業員の退職金に充てられることを裏付ける退職金規程等は存在しないのであるから、受領した解約返戻金をいかに処分するかについての権利はXの下に留保されているのである。

退職金に充てられることの法的保証がないとすると、必要経費算入についての疑問が惹起される。個人所得課税の仕組みから素直に考えれば、個人が契約した保険契約に係る保険金を当該個人が受け取ったのであれば、かかる保険金は当然に個人の所得を構成し、その処分方法には拘泥する必要がないことになる。仮に、福利厚生のための支出をしたのであれば、実際に福利厚生のために従業員等に支給があった段階で支出された費用が必要経費に算入されると考えるべきであろう。もっとも、保険契約等において、従業員のための保険であるとみることに強い蓋然性が認められるので

あれば、必要経費算入の余地もあり得ないことはなく、この点を否定するものではない。

しかし、本件事案において、その点が肯定されないことは、上述のとおり、看護師の平均退職年齢からみても、その死亡リスクが極めて低いことが明らかである以上、かような保険を契約する目的が、従業員の福利厚生にあったとはいい難い。

家事関連費を必要経費に算入するには、業務に必要であり、かつ、その部分を「明確に」示せるものである必要があるが（所令96一）、上記のとおり、本件保険契約は、契約内容からみてもこの点が明確ではないのである。前述したとおり、明確ではないがゆえに、法人税法上は、法人税基本通達で2分の1という簡便法を採用していたのである。そうすると、明確に示せるような場合以外のときには、所得税法上は所得税法45条1項1号及び所得税法施行令96条1号に従い必要経費算入が否定されるべきということになろう。

5　まとめ

上記のとおり、本件事案において、法人税法と同様に所得税法上の取扱いを考えることには大きな問題が所在するといわざるを得ない。

本件では、「養老保険」という形態をとってはいるが、これまでの平均退職年齢（25歳）を考えると、これからも看護師が長期間にわたり勤務し続けることの蓋然性は極めて低い。定年制度こそ導入されていないものの、経験則からいって比較的早い段階で退職する者が多いといえるのではないだろうか。

若い段階での離職率が高いことが想定される中で、あえて「養老保険」を契約することの、当該事業における必要性はどこにあるのかという疑問も惹起される。所得税法37条1項にいう必要経費算入の必要性は客観的に認められる必要性であると考えられる。

✐　必要経費算入の必要性要件が客観的に認められるべきものである点について

は、通説の認めるところである（金子・租税法288頁）。

　職務上、注射針等の危険物や、人体に悪影響を及ぼす薬品を扱うこともあり得ることなどに鑑みれば、福利厚生としては、短期的な傷害保険などの保険契約を選択するのではなかろうか。そうではなく、養老保険の契約形態をあえて選択していることの意味が福利厚生目的にあったといえるのかという議論が待っているようにも思われる（なお、これは、節税目的ならば排斥されるべきであるという意味での議論ではなく、あくまでも所得税法37条1項の適用要件としての必要性の議論であることに注意が必要である。）。

　本節では、専ら必要経費算入に当たっての業務関連性の明確性を中心に論じたが、このように、必要経費算入要件である必要性の観点からの問題があることも最後に指摘しておきたい。

第5節　事前照会に対する文書回答手続をめぐる議論と展望

> **ポイント**
>
> 「事前照会に対する文書回答手続」は、納税者が適正な判断を行うための情報提供として有用であるが、法制化されていないため通達と同様の問題点が指摘されている。本節では、文書回答手続を概観した上で、かかる問題点について検討するとともに、諸外国の制度も踏まえ今後の展望を述べてみたい。

はじめに

　国税庁が実施する文書回答手続については、法制化への期待がさらに高まるところである[34]。

　従来から我が国の行政は、通達行政と揶揄されるように、通達に依拠しているところが大きい。特に税務行政においては多くの批判のとおり、事実上、通達をベースにした行政がなされているといい得る状況にある（金子・租税法110頁）[35]。

　もっとも、通達に利点があるのも事実であるが、それをいかに強調し得たとしても、租税法律主義の下、通達の内容が法令に抵触するものであってはならないのは当然である。

　これまでも多くの通達批判がなされてきているが、通達行政が租税法律主義に反するという点、すなわち、通達が法に要求されている以上の機能を担うこと、また、まるで法律のような扱いを受けることについての批判が大半であるといってよかろう。

　本節で触れる文書回答手続もまた、いわば個別の解釈通達に類似する性

---

[34] 筆者は、以前、文書回答手続の意義と展望、法制化への期待について論じたことがある（酒井克彦「事前照会に対する文書回答手続の在り方」税大論叢44号463頁以下）。

[35] 宇賀克也『行政手続・情報公開』149頁（弘文堂1999）は、「租税法律主義ならぬ租税通達主義ともいえるほど、通達が現実に果たしている機能は大きい。」と指摘される。

質のものであるから、通達に対するかかる一般的な議論を当てはめて考えることができる。つまり、文書回答手続による回答によって、納税者に対して法令に定められている以上の義務を課したり、軽減したりすることは許されないと解すべきことは当然である。

ここでは、文書回答手続のあり方についての若干の提案を示すこととしたい。とりわけ、文書回答手続の法制化の問題、適用対象外とすべき照会事項、濫用防止への対応、信頼保護のための措置、民業圧迫に係る問題、開かれた文書回答手続とするための方策などについて検討を加えることとする。

1　通達行政批判と文書回答手続

(1)　租税行政庁の公定解釈を示す制度に対する危惧

上記のとおり、通達行政批判は文書回答手続への批判と親和性を有する。

この点、米国アドバンス・ルーリング制度に対して、「単に、個別事案に対する回答文書としての役割のみならず、納税者一般にIRS〔筆者注：米国内国歳入庁〕の公定解釈を示す制度へと広がりを見せている」との指摘もある（石村耕治『アメリカ連邦税財政法の構造』70頁（法律文化社1995））。上記の通達行政批判と同一線上の問題であるとすれば、法律の枠内における解釈指針を示している限りは問題がないということであろうか。

しかしながら、問題点はそれだけにとどまらない。例えば、租税行政庁の公定解釈を示す制度が精緻になるということは、ひいては申告納税制度の根幹に関わる問題を生じさせ得るという指摘もできるであろう。

我が国における租税法律関係は、基本的には納税者と租税行政庁との権力関係ではなく債権債務関係にあるとの理解の下、租税行政庁に包括的な優位性が付与されているわけではないから、納税者の租税負担は租税行政庁によって一方的に決められるのではなく、納税者自身による申告を基礎とすることとされている。このような申告納税制度における第一義的な納税者の判断を強調すれば、「納税者が事前に租税行政庁の見解を知り得る制度を精緻化すればするほど、実際上納税者による自主的な判断を奪うこ

とになりかね」ず、「租税行政庁の意向を伺い、それに合わせた申告を行う風土が形成されてしまう可能性がある」として、「ひいては社会の共通経費を租税の形で能動的に負担し、社会に積極的に参加するという税務における民主主義の醸成の観点からは望ましいものとは考えられない」という指摘が導出されてくるのかもしれない（鈴木孝直「事前照会手続の整備の現状と今後の方向性」経営と経済83巻1号126頁）。

とはいえ、このような見解は、納税者が自らの判断を行うに当たって租税行政庁がその質問に答えることを一切合切否定する見解ではないと解しておきたい。納税者が租税行政庁の見解に縛られたり、自らの判断を放棄してしまうような状況を危惧する立場にあると理解すべきであろう。こうした見解からは、納税者の判断を結果的に拘束するような文書回答手続は肯定されず、また、納税者自身の判断を放棄せしめるほどの公権力を背景とした情報提供も否定されることになるであろう。

しかしながら、租税行政庁からの情報提供を強く要望する声が高いのもまた事実である。自らの判断を行うに当たって租税行政庁からの的確な情報提供がないと適正な判断をなし得ないという社会的要請を無視すべきではないと考える[36]。かかる意味において、むしろ、申告納税制度を維持するために、租税行政庁からの必要かつ十分な情報提供が求められているのである[37]。これら社会的要請の背景には、租税法や税務上の取扱いの困難性、社会経済の高度化・複雑化があることについては多言を要しないであろう。また、文書回答手続が予定している情報提供は、租税法で定められた範囲を超えるのものではなく、租税行政庁の公定解釈によって照会者や

---

[36] 宇賀・前掲注35、149頁は、「アメリカの連邦情報自由法においては、行政機関の解釈が公表されていない場合には、それに依拠して不利益処分を行ってはならない旨の規定が置かれている」ことを指摘される。行政機関の解釈を示すことは、納税者への不意打ち防止の観点からも重要性を有すると思われる。

[37] 水野忠恒＝中里実監修、日進会編『21世紀の税理士事務所〔改訂版〕』254頁（税務経理協会1999）は、税務相談等の整備に関して、「納税者の信頼を高めてゆくにはその税務相談のための事実や情報の提供の精度が高いものでなければならないのであり、一般的ないし抽象的な事実の提供では、納税者の依存しうるような税務相談の回答は得られにくいものと思われるのである。」とされる。

第5章　通達をめぐる重要論点

国民一般を拘束するようなものでも決してないのである。

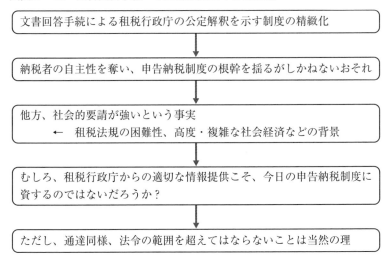

図表5－13　文書回答手続への反対意見と今日的意義

- 文書回答手続による租税行政庁の公定解釈を示す制度の精緻化
- 納税者の自主性を奪い、申告納税制度の根幹を揺るがしかねないおそれ
- 他方、社会的要請が強いという事実
  ← 租税法規の困難性、高度・複雑な社会経済などの背景
- むしろ、租税行政庁からの適切な情報提供こそ、今日の申告納税制度に資するのではないだろうか？
- ただし、通達同様、法令の範囲を超えてはならないことは当然の理

(2)　文書回答手続の法制化の検討

　文書回答手続は、納税者が適正な判断を行うための情報提供であると説明し得たとしても、このような措置を講ずることに国民の意思が反映されていないという批判も起こり得るだろう。この点は、法律による行政がなされていないとの問題に通じるところであり、同手続の法制化が強く望まれるところである。なお、諸外国においても法制度としてアドバンス・ルーリングを導入している国は多い。

　　🖉　英国、フランス、オーストラリア、スウェーデン、韓国、米国では、法律上の制度としてアドバンス・ルーリング制度を導入している（米国については組織法上の規定である。）。

　文書回答手続を法制化すべきではないとする理由として、文書回答手続が「行政サービス」であることを指摘する向きもあるが、「行政サービス」であることが法制化を阻む理由とはなり得ないと考える。

　文書回答手続を法制化することは、法治主義の原則に沿うこと、納税者

サービスを明確にできること、透明性のある行政を確保し得ることのほかに、法的拘束力を付与するための法的基礎となり得ることといった点からも是認されるだろう。さらには、文書回答手続の法制化の検討は、後述するように、手数料有料化の実現への途を開くことにも繋がり得ることから、濫用防止の観点からも重要性を有すると思われるのである。

関税法における事前教示制度の法制化の中心的理由が、申告納税制度の導入と相まって、迅速化を図ることにあるのとはやや異なり、文書回答手続の法制化の検討においては、法的拘束力の付与や濫用防止の観点からの問題意識が重視されるべきであると考える。

2　個別事例の照会と情報共有化

(1)　個別照会事例への拡大

平成13年３月27日付け閣議決定「行政機関による法令適用事前確認手続の導入について」では、個別の事情に係るものも日本版ノーアクションレター（法令適用事前確認手続）の照会対象とされていることと比べて、文書回答手続ではその対象範囲が限定されているという指摘があった。

> 日本版ノーアクションレターはIT関連の特定分野についての制度構築であることからすれば、そもそも同制度と文書回答手続とは別のものである。また、相談件数が１年間に300万件以上もある国税庁が、機構上の措置も講じずに早急に個別照会事例をも対象とする文書回答手続を構築することは不可能であったと思われる。

また、平成15年９月12日付け構造改革特別区域推進本部「構造改革特区の第３次提案に対する政府の対応方針」において、納税者の個別事情に係る照会への拡大が提唱された。

加えて、米国アドバンス・ルーリング制度[38]をはじめとして多くの国では、個別の事情に係る照会を受ける制度を構築しているのに対し、我が国における文書回答手続が制限的なものであるとの指摘がなされてきた。

これらの批判等を受け、文書回答手続の推移観察や機構上の整備を経

38　Reg.301.6110－2（d）.

て、平成16年に平成14年6月28日付け課審1－14ほか8課共同「事前照会に対する文書回答の事務処理手続等について（事務運営指針）」（以下「平成16年文書回答手続事務運営指針」という。）において、個別照会事例をも対象とする方向へ大きく拡張されたことは、大きな改善であると評価すべきであろう。

(2) 通達、Q&A情報等による情報の積極的共有化の重要性

　文書回答手続における照会事例については、照会者の承諾の下、原則として国税庁ホームページに掲載することとされている。このような照会事例のホームページへの掲載のほかにも、通達やQ&Aといった形で、多くの審理情報を積極的に公表することは、納税者にとっての予測可能性を確保し、コンプライアンスを高めることに繋がり得る。また、租税行政庁の内外に均一的に情報が共有されることによって、税務行政の透明性の確保に資する点や紛争の未然防止といったメリットが認められる（プライバシー等の問題については後述する。）。

　さらに、文書回答手続における照会事例の積極的共有化は、次のような観点からも重要な意義を有すると思われる。

　すなわち、第一に、平成16年文書回答手続事務運営指針に「取引等に係る税務上の取扱い等が、法令、法令解釈通達あるいは過去に公表された質疑事例等において明らかになっているものに係る事前照会でないこと」（1(7)）とされているとおり、コンフォート・ルーリング（Comfort ruling：いわば気休めにしかならないような回答）の排除に役立つと考えられる。コンフォート・ルーリングの増加は余計な行政経費が嵩むことを意味するが、質疑事例等をきめ細かく公表していくことで、その排除が期待できる。

　次に、通達発遣に関する点であるが、文書回答手続に内部拘束力をもたせるとしても、照会者のみに対する拘束力にすぎず、特定の回答情報を照会者のみが継続して活用し得るという状況は、やはり平等原則からすれば望ましいことではない。そうであるとすれば、照会事例のうち、他の納税

者にも共通すると思われる税務上の取扱いについては、できるだけ早期に通達化して内部拘束力を付与することにより、特定の者に対してのみ実質的な拘束力（信義則）を有するという状況を解消することが必要であると考える。なお、このことは、ホームページに掲載された事前照会事例がセーフハーバー・ルールであるとの誤解が生ずるおそれがあることに鑑みても、重要な意義を有すると思われる。

> 仮に、照会者に対して発出した回答に内部拘束力を帯有させるよう措置を講じたとしても、他の納税者に対しては、法的安定性を担保するものではないから、いかにホームページに掲載されたとしてもセーフハーバー・ルール（法的な確実性を担保する仕組み）にはなり得ない。

加えて、情報の積極的共有化は、租税行政庁部内における均一的課税処理に資するという点がある[39]。通達が頻繁に発遣されているところに通達行政の問題点があるわけではない。むしろ、全国での課税処理の均一性を担保し平等な取扱いを実現するためには、全国の租税行政部署が共通の理解の上で執務に当たらなければならないことはいうまでもないから、かかる意味において通達は重要な機能を有しているのである。したがって、個別の照会であっても、共通情報とすべき事例については、これまで以上に積極的に通達や質疑事例等として情報の共有化を図る努力を怠ってはならないと考える。

〔積極的に情報開示を行うべき理由〕
① 納税者にとっての予測可能性を確保し、コンプライアンスを高めるため
② コンフォート・ルーリングの排除のため
③ 情報公開により平等取扱いの原則を担保するため
④ 租税行政庁部内における均一的課税処理を図るため

(3) 解釈の付記

閣議決定による政府統一指針では明記されていないものの、例えば、経

---

[39] 首藤重幸教授は、個別相談の回答の公表は、税務行政の公平性確保に繋がると指摘される（首藤「租税行政手続（通達・指導）」日税研論集25号『租税行政手続』207頁（日本税務研究センター 1994））。

済産業省における法令適用事前確認手続では、必要に応じて可能な限り解釈を付記する運用を行っている（山崎琢矢＝溝口俊徳＝中原廣道「経済産業省におけるノーアクションレター制度とその実績」NBL734号33頁）。

文書回答手続も、その照会者の当該案件に係る適正な税務上の取扱いの実現のみを対象とすると限定的に解釈するのではなく、むしろ、あらゆる機会を捉えて納税者の税制への理解を深め、もってコンプライアンスの向上に役立てようと考えるのであれば、解釈の付記は重要な意味を有すると思われる。

(4) 手数料有料化と法制化

個別照会事例まで回答範囲を拡大したことが、同手続の濫用に繋がらないかという危惧もある。

アドバンス・ルーリング制度の濫用防止のために、米国では利用料金の引上げを図ることで対処したなどの諸外国の実態がある中、我が国における文書回答手続は無料である。したがって、その濫用を防ぐためには、適用対象範囲の制限という形で行わざるを得ないことを意味する。しかしながら、あらかじめ適用対象を制限することは、本来的に利用が許されるべき照会に対してその利用を制限することにも繋がりかねない。利用件数が少ないという現状をみたとき、適用対象の見直しを行うことが検討されるべきであると思われるし、その際には、手数料有料化まで踏み込んだ検討を行うべきではなかろうか。

また、平成16年の見直しにおいて照会者の個別事例に基づく文書回答手続へと拡張が図られたことは、個々の納税者のために行政経費を使用しているということでもある。そもそも、申告納税制度は自らの申告を自らの検討の上で行うという建前であるから、本来的には、自らの申告のための費用は自らが負担すべきである。かような考え方を基礎とすれば、事前照会者に、照会を受けるための相応の負担を強いることは何ら理論的に問題とはならないであろう。もっとも、経済的負担の程度によっては、利用料が高額であるがゆえに利用できないという問題も起こり得るが、それはあ

くまでも利用料設定上の問題や負担能力に応じた細かい制度設計の問題であろう。なにはともあれ、手数料有料化を阻む最大のネックは、文書回答手続が法制化されていないことにあるといえよう。

3 租税専門家と文書回答手続

(1) 税理士の民業圧迫と代理人制度

文書回答手続の導入に際しては、民業圧迫の問題がこれまでにもしばしば取り上げられてきた。例えば、「税理士が自らの判断により、納税者の申告を補助することは使命であると同時に権利でもある。個々の納税者に接し、必要ならば経営相談まで業務の対象としている実情に鑑みれば、事前照会制度を創設した場合は、こうした税理士の権利を奪う可能性があり、極端な場合には申告にかかる税理士業務を単なる申告書代書業務としてしまう惧れがある等、官による民業圧迫の可能性がないとは言い切れない。」との指摘もある（鈴木・前掲稿127頁）。

とはいえ、日本税理士会連合会等の税理士関係団体からアドバンス・ルーリング制度導入の要望が提出されていることからすれば[40]、税理士の民業を圧迫すると理解すべきか否かについては疑問も残る。しかしながら、上記の指摘も妥当性を有しないわけではない。少なくとも文書回答手続が充実すれば、一定レベルの税務相談を租税専門家に依頼する必要性がなくなることは十分に想定し得るからである。かかる意味においては、租税専門家の業務が圧迫されることにもなろう。

ただし、そのことをもって文書回答手続の導入を否定的に理解すべきではないと考える。例えば、文書回答手続の申請は税理士のみが行うことができるとすることも考えられるし[41]、それでは税理士に依頼できない小規模納税者を劣位に扱うことになるという批判があるのであれば、限定的に

---

[40] 平成２年11月付け日本税理士会連合会税制審議会『行政手続法制化の動きと税務行政手続のあり方について（第２次答申）―税務行政手続のあり方について―』では、アドバンス・ルーリングの導入が答申されている。

[41] 酒井克彦「節税商品取引における投資者保護と税理士の役割」第26回日税研究賞入選論文集所収29頁（日本税務研究センター 2003）の提案参照。

第5章　通達をめぐる重要論点

開放するということも考えられるところである。この点、平成16年文書回答手続事務運営指針における「『取引等に係る税務上の取扱い等に関する事前照会』の記載要領」では、「代理人は、税理士法第2条に規定する『税理士業務』を行うことができる方になります。」としており、妥当な取扱いであると思われる。

　これは、個別性の強い取引等に係る事前照会についても文書回答手続の対象とし、照会者の見解に関しても、より詳細なものを提出させることとしたことに伴い、代理人がかかる資料を作成する過程において、税理士法2条1項3号に定める税務相談に当たることになり、税理士法に抵触するおそれがあることから、代理人の範囲を税理士法に定める税理士業務を行うことができる者に限定したのである（インタビュー「上斗米明氏に聞く　拡充された文書回答手続の概要」速報税理23巻19号18頁）。文書回答手続において照会者は、照会者の求める見解となることの理由として、「具体的な根拠となる事例、裁判例、学説及び既に公表されている弁護士、税理士、公認会計士等の見解」などを示すこととされており（平成16年文書回答手続事務運営指針3(2)ハ）、民業圧迫というよりも、むしろその逆に、納税者から文書回答手続における照会業務の依頼を受けることにもなるのではなかろうか。

(2)　税理士の使命と文書回答手続

　上記のような検討を経て、結果的には民業圧迫の問題もクリアすることが可能となると思われるが、税理士が文書回答手続での代理人となることの意義はそのことにとどまらないと思われる。ここで、税理士法1条を確認したい。

税理士法1条《税理士の使命》
　税理士は、税務に関する専門家として、独立した公正な立場において、申告納税制度の理念にそって、納税義務者の信頼にこたえ、租税に関する法令に規定された納税義務の適正な実現を図ることを使命とする。

　すなわち、税理士にとって文書回答手続の整備は上記のような使命を果

たすための重要なツールになると思われる。換言すれば、税理士が自らの職責を果たすため、納税者の代理人として文書回答手続を利用することが、「納税義務の適正な実現」に資することに繋がると思われるのである。

このような点から、平成16年文書回答手続事務運営指針において、同手続の代理人を税理士業務を行うことができる者とした措置は評価されよう。

4 文書回答手続に対する信頼の保護と醸成
(1) 確定申告書への照会文書添付制度

文書による回答が社会的に要請されていることの根底には、「文書」が租税行政庁の回答として法的拘束力を担保するとの期待があると想像できる。しかしながら、現行の文書回答手続による回答には法的拘束力が担保されていない。すなわち、文書回答手続における回答は、法的拘束力の観点からみれば口頭回答と同程度の信頼保護しか意味を有していないのである。

もっとも、文書による回答は裁判における証拠能力などの面では有効性を発揮し得るものの、本来的に回答に対する信頼を覆す可能性は否定できない。

文書回答手続の趣旨が、予測可能性を担保し、納税者サービスを充実させることにあるとしても、法的拘束力が担保されていないのであれば、本当の意味で予測可能性が担保されているとはいえない。なぜなら、文書回答手続による回答に従って取引を行ったり又は申告をしたとしても、後に、この判断や申告の基礎となった回答が覆されてしまう可能性を排除しきれないこと自体、予測可能性を否定していることになるからである。

法的安定性を確保するためには、いくつかの方法が考えられるが、その1つに法律によって拘束性をもたせることが考えられる。

> 📝 法律によって文書回答手続による回答に拘束性をもたせるとすれば、これまで、照会に対する回答について、口頭による回答の場合と文書による回答とでは、基本的にその後の取扱いに差異は生じないとしてきた国税庁の考え方を見

直す必要性があろう。

　ここで、国税通則法上、国税不服審判所の裁決が関係行政庁を拘束すると法定化されていることを想起したい（通法102）。裁決に拘束力が認められるのは、裁決の後に、処分庁が裁決で取り消された処分と同様の処分を再度することができるとしてしまうと、権利救済の目的を達することができないからであると理解されている（荒井勇代表編『国税通則法精解〔第15版〕』1150頁以下（大蔵財務協会2016））。

　これは、文書回答手続においても同様の理屈であって、納税者が文書回答手続の回答に従ったにもかかわらず、回答の後に、租税行政庁が回答と異なる処分をすることになれば、納税環境の整備という文書回答手続の目的を達することができなくなる。このことを踏まえれば、文書回答手続を法定化した上で、裁決と同様に拘束力を付与することは検討に値すると思われるのである。

　まず、法制化に対する検討を展開することが望ましいと思われるところであるが、他の納税相談や個別通達との差異を設ける積極的理由を見出すことが可能かどうか[42]、あるいは回答が拘束力を有する期間の問題など解決すべき検討事項は山積しているともいえる。また、関税法では事前教示制度が法制化されているのであるが、そこでは法的拘束力が担保されていないことをみてもわかるとおり、制度の法制化が拘束力を確保することに直接に結び付くわけでもない。

　他方、執行上、採り得る方策としては、内部拘束力を付与することも考えられる。文書回答のすべてについて、逐一個別解釈通達を発遣することで解釈通達の有する内部拘束力を担保することが考えられるが、むしろ、事務運営上の執行通達において文書回答手続による回答を尊重し、回答に従った申告を照会者が行っている限りにおいては、原則として、これに反

42　首藤重幸教授は、米国アドバンス・ルーリング制度を参考としながら、租税行政庁の発出する回答に拘束力を付与することを検討され、「文書によらない回答については、原則として拘束力はないものとせざるをえない。」と論じられる（首藤・前掲注41、207頁）。

する課税処分を行わないこととするという取扱いをすべきではなかろうか。

その際、文書回答手続による回答に従った申告を納税者が行っていることを明らかにするために、1つの提案ではあるが、確定申告書に文書回答手続により発出された回答若しくは回答の写しを添付するという手続を踏むことが考えられる。

これは、関税法における事前教示制度が採用している手法である。関税法における事前教示制度においても法的拘束力は担保されていないものの、執行上の手当てとして、法令の改正及び通達解釈の変更により、照会者が不利となる場合には、申告書に添付された事前教示制度上の回答書どおりの申告が認められるように措置されている。また、公正取引委員会の事前相談制度においても同様の措置が採られている。ただし、関税法における事前教示制度や公正取引委員会における事前相談制度がそうであるように、照会内容や提出資料等に事実と異なる記載があった場合や照会内容と異なる事実が判明した場合には、この限りでないとして取り扱うべきであることはいうまでもないであろう。

特定分野の事前照会手続ではあるが、移転価格課税における独立企業間価格の事前確認制度（Advance Pricing Arrangement：APA）についてみれば、同制度の申出を受けて税務署長等が確認を行ったときは、原則として過去に遡って取り消すことはないとされている（平成13年6月1日付け査調7－1ほか3課共同「移転価格事務運営要領の制定について（事務運営指針）」第5章参照）。かかる取扱いは通達による内部拘束力に基づいて、遡及適用をしないこととしているものである。

> ✎ この事前確認制度は通達上の取扱いにすぎないため、「税務署長等が遡及的に見解を改めることがないとしてもこれが法的に保障されているものではない」との指摘もある（菅納敏恭「事前確認制度の整備・充実」税理44巻2号65頁）。

(2) 回答内容についての不服がある場合の手続

SEC（米国証券取引委員会）ノーアクションレター制度では、問題がある

旨の回答に対し、申請者は、当該スタッフ又はSECに対し、その見直しを求める場合がある。スタッフに対する見直し要請は、回答の作成に関与した複数のレベルの者に対して回答の再検討を求めることにより行われるものである。次に、スタッフに対する見直し要請が拒絶された場合、SECに対する見直し請求がある。

　SECノーアクションレターの場合には、学説上、SECにおいて見直し請求を受理するか否かはSECの裁量に委ねられているとされており、また、見直し請求が受理された場合でも、その検討には少なくとも数か月を要するとされている（藤田浩「米国SECのノーアクション・レター手続の概要」商事法務1574号49頁参照）。しかしながら、申請者の出席は許されないものの、これらの検討は公開の会議においてなされることとされており、見直しの機会が一応は確保されているといえよう（他方、日本版ノーアクションレターでは、不服申立制度が確立していない。）。

　この点は、米国アドバンス・ルーリング制度に類似している。レター・ルーリングには不服申立手続の規定はないが、実務上、重要性の高い照会であって納税者の意向に反するルーリングが発出されることが予想される場合には、照会者はIRSに対して、通常1回行われる協議に加えて、再度の協議の開催を要求することができるとされているのである。また、関税法の事前教示制度においても、不服審査の機会が用意されている。

　駐日欧州委員会代表部の「日本の規制改革に関するEU優先提案」は、「企業が受け取った回答に関して、自らが提示した事例の事実に適合していないと感じたとしても、申立ての手続が存在しない」と指摘する。その上で、文書回答手続による回答の内容について、「企業が…自らの事例にかかる事実を適切に反映していないと判断した際、異議を申し立てることができるよう明確なガイドラインを策定すること」が、EUから日本政府へ要請されている。

　しかしながら、文書回答手続に係る不服申立制度は用意されていない。また、あくまでも納税者サービスの一環として行うものであることから、通常の不服申立ての対象にもならない（平成16年文書回答手続事務運営指針

6(1)(注2))。

　照会者が回答に不服がある場合に、照会者からの意見を汲み取る機会を設けることも検討に値すると考える。例えば、文書回答手続による回答を受けてから30日以内[43]に再度の照会をすることができるというような再照会手続を提案したい。一度照会の回答が発出され公表されると、再度類似の照会を行うことができないという制度設計を維持することの反射的措置としても、再照会手続の途を確保することが必要であると思われるのである。その際には、発出された回答に対する税理士、弁護士、公認会計士などの専門家の見解とその見解の根拠となる資料を添えて照会書に添付する必要があると考える。これによって、すでに提出された意見などについての重複した検討を避けつつ不服を聴取する機会を設けることができるとともに、租税行政庁が取りこぼしたかもしれない検討事項を専門家が指摘する機会を用意することによって、誤回答を防止することができる機能も期待し得ると考える。したがって、あくまでも法律解釈上の再照会とし、新たな事実関係の提示や事実関係についての誤解を基礎とする再照会は予定しない。さらに、再照会手続を、当初の照会時に提出すべきであった情報を遅れて追加的に提出することができる手続として位置付けるべきではなく、濫用も考えられることから、これに対する回答は租税行政庁側が回答を変更又は修正する必要がある場合にのみ発出するとして、裁量の余地を残す必要があろう。

　なお、この再照会に対する検討については、当初回答を発出した担当部署とは別の第三者的機関による検討も考慮すべきであろう。そこで、次に第三者的機関による検討の必要性とあわせて考察を加えることとする。

(3)　第三者的機関による検討

　スウェーデンにおいては、リッツ・ネムンデンという制度が採用されている。リッツ・ネムンデンとは、いわば「法律解釈委員会」というような

---

[43] どの程度の日数が適当であるかについてはさらに検討を要するが、ホームページ等への公表前である必要がある。

国税庁（Swedish National Tax Board）とは別の組織として独立した法律に関する委員会のことを指す。1951年から制定されているアドバンス・ルーリング制度を担当する同委員会には、産業界や学界などからの代表者のほか、国税庁からの代表者も入る第三者機関であり、裁判制度に類似している。例えば、大企業が合併を行うといったような場合に、リッツ・ネムンデンにかければ、そこで課税上の取扱いについての検討が行われる。リッツ・ネムンデンの示した判断については、一般には拘束力があると理解されているが、国税当局が法的に拘束されているわけではない。さりとて、国税庁の代表者もリッツ・ネムンデンに参加をしており、ここが調査の必要性を認めれば、委員会から国税庁が調査を要請されることもあるというように、同委員会の決定に相当の国税庁の関与があることからすれば、リッツ・ネムンデンの判断を国税当局が覆すことは考えられないと思われる。国税当局としては、リッツ・ネムンデンの決定を尊重しないことが国民に対する信頼を裏切ることになると理解しているようであり[44]、実質的には拘束力を有するといっても過言ではなさそうである。

他方、アメリカでは、主席法律顧問局に所属する次席法律顧問がルーリング制度の運用を統括するなど（望月爾「アメリカのアドバンス・ルーリング制度の再検討—わが国制度導入に向けて—」政経研究72号126頁参照）、いくつかの国におけるアドバンス・ルーリング制度では、照会に対する回答を検討する特別の機構が用意されている。なお、関税法の事前教示制度においても、中央分析センターによる関与があり、専門的スタッフがこれを担っている。

文書回答手続も様々なレベルのものがあるが、その解決に困難性が認められる事案[45]や再照会に係る事案については、現在の審理担当者が通常の事務処理と並行してこれに当たるということには相当の困難が予想される。事務の簡煩にもよると思われるが、一定レベル以上の事案について

44　Stockholmsregionenにおけるヒアリングより。
45　当初回答を発出した担当部署において解決し得るような再照会を除く。

は、別の部署で専担的に携わらせるという方策もあり得よう[46]。

具体的には、想定される回答がこれまでの解釈や課税実務上の取扱いと齟齬をきたすおそれがあると見込まれる事案、すなわち、これまでの法令や通達上の取扱いの変更を余儀なくされるおそれがある事案や、審判所裁決に反する結論が想定される事案などについては、ルーチン的な審理を行う部署とは別の部署において、より慎重かつ高度な検討がなされる必要がある。

> 平成16年文書回答手続事務運営指針では、国税局における審査事務を行うもののうち、重要な先例となるような事案として、次のような事例を、国税庁の審理室又は酒税課へ上申することと通達している（2(3)）。
> すなわち、①新たに創設された税制に関連した取引等に関する照会で、その取扱いが明らかにされていないもの、②新たな金融商品に関する課税関係の照会で、多数の法律関係が絡む等のため、局における判断が困難と認められるものが例示されている。このように、一定の複雑困難事案については、国税庁への上申が予定されているが、筆者の提案は、さらに、そのうち複雑性や困難性が高いものについては、第三者的部署における検討を行うとするものである。

担当部署としては、公表前であることや国税職員の守秘義務を前提とすれば、一義的には国税庁内の部署が考えられよう。つまり、国税庁内部に新たに研究専担の部署を設けるか、すでに設置されている国税庁内部の研究部署を活用することが考えられる（阿部徳幸「わが国の税務行政手続における今日的課題」日本法学69巻3号150頁も参照）。その際、従来の通達の取扱いや法令解釈の変更があり得ることを前提とすれば、客観的な判断を下し得る機構である必要があるだろう。また、かかる研究部署においては、事案の特定がなされないような工夫を施した上で、積極的に学者等の専門家を交えた議論を行うなどして、高度の検討を加えることとすべきであろう。

> 阿部・前掲稿150頁は、税理士、弁護士、公認会計士等の民間専門家の参加を主張される。

46　米国レター・ルーリングは、500～600名の法律専門家が担当しているといわれている。

5 開かれた文書回答手続に向けて

(1) 行政資源の適正配分の問題

照会事例については、これまで原則公表するものと取り扱われてきたが、それはそもそも照会をすることができる質問が他の納税者に共通の事例としての性質を有するものであったということもあろう。見直し後においては、個人的な事情に基づく照会も考えられるところであるから、原則公表とはせず、共通の情報と認められるものについてのみ公表するという考え方を採用することもできると思われる。

もっとも、公表することの意義の1つに、ある一定の照会者に行政経費の独占を許さないという考え方があるとすれば、共通の情報と認められるものについてのみ公表するという考え方は妥当ではないであろう。

そもそも、個別照会事例を受け付けてこなかった理由の1つに、「行政経費の独占」という考え方があったのであるが、個別の照会に行政上のコストを投入するとしても、そこで得られる情報が社会一般の共通の情報とされるのであれば、行政経費の独占ということにはならないであろう。かような意味においても回答事例の公表は重要な意義を有すると考えることができるのである。したがって、現行制度が採用する原則公表という考え方は適当であると考える。なお、事例の公表に当たっては、照会者名公表の問題があるが、この点についてはどのように考えるべきであろうか。

(2) 回答事例の公表に伴う問題

現行の文書回答手続では、「事前照会者名、照会内容及び回答内容」について、「事前照会者から申出があった場合は事前照会者名を公表することができる」としており、事前照会者名は原則非公表とされている。従来は紹介者に承諾を受けた上で公表するという取扱いであったが、このような照会者の公表は、文書回答手続を利用しづらくしているという指摘があったため平成20年3月付けの2本の事務運営指針により改正がなされたところである。

第5節　事前照会に対する文書回答手続をめぐる議論と展望

🖉　平成20年3月7日付け課審1－1ほか「『事前照会に対する文書回答の事務処理手続等について』の一部改正について（事務運営指針）」、同日付け課審1－2ほか「『同業者団体等からの照会に対する文書回答の事務処理手続等について』の一部改正について（事務運営指針）」。なお、平成20年改正については、酒井克彦「これまでの文書回答手続の問題点と新たな見直し」税理51巻10号16頁参照。

　照会者名の公表については、プライバシー保護の問題が惹起されていたり、また、照会者が個人の場合のプライバシー保護の問題に加えて、企業秘密保持の問題も惹起されていたところであるから、納税者に有利な改正であるとして支持されるべきであろう。

　そもそも、文書回答手続では、新種の商品や取引についての照会が中心となると思われるが、その際に照会者名を明らかにすることはどの程度の重要性を有していたといえるのであろうか。たしかに、照会者名を示しこれを公表することは、照会者の意思を明確にし、責任ある照会を受けるという点からは意義を有するであろう。また、このことは、文書回答手続の濫用防止という意味においてもスクリーン機能があった。

　しかしながら、広く一般の納税者の予測可能性を高めるということに文書回答手続における回答を公表する趣旨があるとすれば、誰がそれを照会したかという情報が必要であるとは思えない。上記のとおり、公表に当たっては、プライバシー保護や企業秘密保持の問題を看過できないということのほか、公表について照会者と取引等関係者との間における紛争が生じた場合に、租税当局に対してシステム管理者責任に類似する責任問題が惹起されないとも限らないことをあわせて考えると、照会者を特定させるような事項の公表は行わないこととした判断は正しいものと思われる。

　他方、照会者名を原則として公表しないこととなった以上、濫用防止については有料化など別の方策を採ることによる何らかの対応が今後一層求められるのではなかろうか。

6　まとめ

　近代租税制度は申告納税制度に大きく依存しているのであるが、それは

あくまでも納税者の自発的かつ適正な申告に委ねられている制度である。担税力に応じた租税負担は納税者が自由な社会生活を送るという民主主義的権利に当然に付随する義務である。納税者保護という文言には多元的な意味合いが包摂されているが、少なくとも納税者の民主的権利保障の前提である申告義務を適正になすために納税者に与えられる権利というものもあるはずである。

すなわち、申告納税制度下において適正な申告を行うための権利があるのではないだろうか。かかる権利は十分に保護されなければならないし、租税行政庁はこの種の権利保護を通じて、適正公平な課税の実現を確保することができるのである。

また、租税回避事例をめぐって租税法律主義及び租税公平主義のそれぞれの観点から危惧が呈されている状況下、納税者にとっても、租税行政庁にとっても、租税回避否認のための法的根拠となる明確な立法が必要なのではなかろうか。客観的基準による明確性を有する租税回避否認規定の導入が検討され得るところであるが、そのことは他方で租税行政庁に新たな裁量権を認めることにもなろう。

こうした否認規定を創設するのであれば、かかる規定の具体的適用についての事前照会制度として、現在行われている文書回答手続の法的拡張と適用領域の拡張が必須なのではないかとの試案を有している（この点については、英国における租税回避否認規定廃案の経緯や、フランスにおける照会制度の実態なども参考になると思われる。）。

さらに、税理士はじめ租税専門家にとってのインフラ整備という意味でも文書回答手続は重要である。税理士は適正公平な課税の実現を使命としており、期待される社会的役割は大きい。こうした使命を負った税理士が、その業務執行上問題となった事案を租税行政庁に照会することができる権利を付与すべきであり、そのことが申告納税制度の適正な運営に不可欠なのではないかと考える。文書回答手続は税理士制度のためにも、かかる職務遂行に寄与させる制度とし、もって適正公平な課税の実現に役立たせることができる制度であるべきと考えるところである。

また、文書回答手続の充実は納税者と租税行政庁との間のコンフリクトの発生を防止する機能を有することを忘れてはならない[47]。これには、租税行政庁における人的資源の問題などについても思いをいたさねばならないが、十分な手当てがなされるべきであることも付言しておきたい。

　文書回答手続には、上記のように、適切な申告納税制度の発展に資するためより利便性の高い制度設計が要請されているといえよう。なお、平成23年の改正により、照会文書の提出からおおむね１月以内に、文書回答の可能性及び処理の時期の見通し等の説明がなされることになったことや、納税者プライバシー、機密事項保持の観点から、一定の場合には最長１年まで照会内容等の公表の延長が可能となったことなど（平成23年３月31日付課審１－２ほか「『事前照会に対する文書回答の事務処理手続等について』の一部改正について（事務運営指針）」）、利便性は着実に向上していると思われ、納税者保護の観点からも望ましい方向性に歩みつつあるといえる。ただし、こうした改正は喜ばしいことであるが、本節で述べたとおり、いずれこの文書回答手続が法制度として昇華される日を願ってやまない。

47　この点についての指摘は、酒井克彦「行政事件訴訟法改正と税務訴訟（下）」税大論叢50号447頁参照。

参考資料

参考資料1

昭和51年税務運営方針
第一　総論
1　税務運営の基本的考え方

　租税は、国民が生活を営んでいく上で必要な公共的経費に充てるため、各自が負担するものである。

　税務行政の使命は、税法を適正に執行し、租税収入を円滑に確保することにあるが、申告納税制度の下における税務行政運営の課題は、納税者のすべてがこのような租税の意義を認識し、適正な申告と納税を行うことにより、自主的に納税義務を遂行するようにすることである。税務運営においては、この課題の達成を究極の目標として、その基盤を着実に築き上げていくことを、その基本としなければならない。

　このような理念に立って、税務運営の基本的考え方を示すと、次の通りである。

(1)　納税者が自ら進んで適正な申告と納税を行うような態勢にすること

　……近づきやすい税務署にすること……

　納税者が自ら進んで適正な申告と納税を行うようになるには、納税者が租税の意義を理解し、その義務を自覚するとともに、税法を理解し、正しい計算のために記帳方法などの知識を持つことが必要である。このため、広報、説明会、税務相談などを通じて、納税についての理解を深め、税法等の知識を普及するとともに、記帳習慣を育成することに努める。特に課税標準の調査に当っては、事実関係を的確に把握し、納税者の誤りを是正しなければならないことはもちろんであるが、単にそれにとどまらないで、それを契機に、納税者が税務知識を深め、更に進んで納税意識をも高めるように努めなければならない。

　このように、申告納税制度の下では、納税者自らが積極的に納税義務を遂行することが必要であるが、そのためには、税務当局が納税者を援助し、指導することが必要であり、我々は、常に納税者と一体となって税務を運営していく心掛けを持たなければならない。

　また、納税者と一体となって税務を運営していくには、税務官庁を納税者にとって近づきやすいところにしなければならない。そのためには、納税者に対して親切な態度で接し、不便を掛けないように努めるとともに、納税者の苦情あるいは不満は積極的に解決するよう努めなければならない。また、納税者の主張に十分耳を傾け、いやしくも一方的であるという批判を受けることがない

参考資料

よう、細心の注意を払わなければならない。
(2) 適正な課税の実現に努力すること

　国税の納税道義を高め、適正な自主申告と納税を期待するには、同じような立場にある納税者はすべて同じように適正に納税義務を果たすということの保証が必要である。このため、申告が適正でない納税者については、的確な調査を行って確実にその誤りを是正することに努め、特に悪質な脱税に対しては、厳正な措置をとるものとする。

　なお、このようにして適正な課税を実現することが、また、法の期待する負担の公平を図り、円滑に租税収入を確保するゆえんのものであることを忘れてはならない。

(3) 綱紀を正し、明るく、能率的な職場をつくること

　国民の納税道義を高め、税務に対する納税者の信頼と協力をかち得るため、税務における職務の執行は、最も公正でなければならないし、職場における執務態勢は、規律正しく、明るくかつ能率的でなければならない。職員は、各自が国家財政を担っているということを自覚し、職場に誇りを持ち、厳正な態度で自らを律しなければならない。そのことがまた、納税者にとって近づきやすい税務官庁にするゆえんでもある。

　また、すべての職員が自発的かつ積極的に、それぞれの能力を十分に発揮しながら、打ち解けて明るい気持で勤務できる職場をつくるよう、管理者はもちろん、職場の一人一人が努力しなければならない。

2　事務運営に当っての共通の重要事項

(1) 調査と指導の一本化

　イ　申告納税制度の下における税務調査の目的は、すべての納税者が自主的に適正な申告と納税を行うようにするための担保としての役割を果たすことにある。すなわち、適正でないと認められる申告については、充実した調査を行ってその誤りを確実に是正し、その誠実な納税者との課税の公平を計らなければならない。

　　更に、調査は、その調査によってその後は調査をしないまでも自主的に適正な申告と納税が期待できるような指導的効果を持つものでなければならない。このためには、事実関係を正しくは握し、申告の誤りを是正することに努めるのはもちろんであるが、それにとどまることなく、調査内容を納税者が納得するように説明し、これを契機に納税者が税務知識を深め、更に進んで将来にわたり適正な申告と納税を続けるように指導していくことに努めなければならない。調査が非違事項の摘出に終始し、このような

指導の理念を欠く場合には、納税者の税務に対する姿勢を正すことも、また、将来にわたって適正な自主申告を期待することも困難となり、納税者の不適正な申告、税務調査の必要という悪循環に陥る結果となるであろう。

ロ　他方、現状においては、記帳に習熟していないことなどから、自らの力では正しい申告を行うことが困難な納税者が多く、また、問題点を指摘し、又は助言することによって適正な申告が期待できる納税者も少なくない。このような納税者について、何らの指導もしないでその申告を待つことは、自主的に適正な申告ができる納税者を育成していくためにも、また、調査事務を重点的、効率的に運営していく見地からも適当でない。従って、このような納税者については、必要に応じて、記帳、決算、課税標準の計算などについて、個別的又は集団的に指導を行う。この場合においても、その納税者の実態を的確には握していないと、効果的な指導をすることは難しい。また、同業者など類似の納税者の経営諸指標との対比で説明しなければ説得力を欠く場合が多い。従って、このような指導を行うに当っても、その納税者の実態をは握し、あるいは、業種別の経営の実態を知るために、必要な調査を的確に行っておくことが肝要である。

(2) 広報活動の積極化

省略

(3) 納税相談活動の充実

納税者が自ら積極的に納税義務を遂行するためには、納税者が気軽に相談できるような税務相談体制を整備することによって、納税者を援助することが大切である。このため、テレホンサービスの拡充、地区派遣相談官制度の増設等国税局税務相談室の機能を一層充実し、併せて税の相談日による面接相談の活用を図るとともに、税理士会等関係民間団体が行う税務相談との緊密な連携に配意する。

　　イ　税務相談に当っては、正確で適切な回答をするとともに、納税者の有利となる点を進んで説明し、納税者に信頼感と親近感を持たれるように努める。また、苦情事案については、納税者が苦情を申立てざるを得ないこととなった事情を考え、迅速、適切に処理する。

　　ロ　税務相談室においては、それぞれの実情に応じて最も効果的な方法で相談事務の一層の充実を図るとともに、苦情事案については、特に優先的に処理するように配慮する。

　　ハ　税務署における税務相談については、「税の相談日」のあり方に更に一段と工夫を凝らし、納税者の利用の便に配慮する。また、苦情事案について

は、幹部職員がこれに当り、積極的に解決に努める。
(4) 納税者に対する応接
　イ　税務という仕事の性質上、納税者は、税務官庁をともすれば敷居の高いところと考えがちであるから、税務に従事する者としては、納税者のこのような心理をよく理解して、納税者に接することが必要である。このため、税務署の案内や面接の施設の改善に努め、納税者が気楽に税務相談に来ることができるよう配慮するとともに、窓口事務については、納税者を迎えるという気持になって、一層の改善に努める。また、国税局の税務相談室及び税の相談日がより一層利用されるようにする。
　　なお、納税者に来署を求めたり、資料の提出を求めたり、資料の提出を求めたりする場合においても、できるだけ納税者に迷惑を掛けないように注意する。
　ロ　納税者の主張には十分耳を傾けるとともに、法令や通達の内容等はわかりやすく説明し、また、納税者の利益となる事項を進んで知らせる心構えが大切である。
　ハ　税務行政に対する苦情あるいは批判については、職員のすべてが常に注意を払い、改めるべきものは速やかに改めるとともに、説明や回答を必要とする場合には、直ちに適切な説明や回答を行うよう配慮する。
(5) 不服申立事案の適正かつ迅速な処理
　省略
(6) 部内相互の連絡の緊密化
　省略
(7) 地方公共団体及び関係民間団体との協調
　省略
(8) 電子計算組織の利用と事務合理化の推進
　省略
3　組織管理と職場のあり方
　省略

第二　各論
1　直税関係
(1) 直税事務運営の目標と共通の重点施策
　直税事務は、社会の各層にわたる極めて多数の納税者を対象とし、加えて、納税者の生活や業務に直接影響するところが大きい所得又は資産などを課税の

対象としていることから、その運営の適否は、単に直税事務にとどまらず、広く税務行政全般に対する信頼感、ひいては国民一般の納税道義に影響を持つものである。従って、直接事務を適正に運営し、もって納税者間の負担の公平を図ることは、税務行政全体にとって極めて重要なことである。

　申告納税制度の下における直税事務の目標は、すべての納税者が自ら正しい申告を行うようにすることにある。

　このため、事務の運営に当っては、納税者の税歴、所得又は資産の規模、税額などに応じて、それぞれの納税者に即した調査と指導を一体的に行うことが必要である。このため、事務の運営に当っては、納税者の税歴、所得又は資産の規模、税額などに応じて、それぞれの納税者に即した調査と指導を一体的に行うことが必要である。

　このような見地から、直税事務の運営に当っては、次の諸点に施策の重点を置く。

　イ　青色申告者の育成

　　　自主的に正しい申告のできる納税者を育成するについて、その中核をなすものは青色申告であるから、青色申告者の増加と育成に一層努力する。このため税理士会との協調を図りつつ、商工会議所、商工会、青色申告会、法人会等の関係民間団体との連携強化を更に進め、これらの団体の指導を通じて、納税者の記帳慣行の醸成と自主的な申告納税の向上が行われるようにする。

　ロ　調査の重点化

　　　限られたか働量で最も効率的な事務運営を行うため、調査は納税者の質的要素を加味した上、高額な者から優先的に、また、悪質な脱漏所得を有すると認められる者及び好況業種等重点業種に属する者から優先的に行うこととする。このため、調査の件数、増差割合等にとらわれることなく、納税者の実態に応じた調査日数を配分するなど、機動的、弾力的業務管理を行うよう留意する。

　ハ　調査方法等の改善

　　　税務調査は、その公益的必要性と納税者の私的利益の保護との衡量において社会通念上相当と認められる範囲内で、納税者等の理解と協力を得て行うものであることに照らし、一般の調査においては、事前通知の励行に努め、また、現況調査は必要最小限度にとどめ、反面調査は客観的にみてやむを得ないと認められる場合に限って行うこととする。

　　　なお、納税者との接触に当っては、納税者に当局の考え方を的確に伝達

し、無用の心理的負担を掛けないようにするため、納税者に送付する文書の形式、文章等をできるだけ平易、親切なものとする。

また、納税者に対する来署依頼は、納税者に経済的、心理的な負担を掛けることになるので、みだりに来署を依頼しないよう留意する。

ニ 有効な資料・情報の収集とその活用

資料・情報は、調査対象の選定、調査ポイントの抽出などに役立つことにより、調査事務を効率化するとともに、各税事務を有機的に結び付け、調査の内容を充実するものであるので、その収集に当っては、活用効果が特に大きいと認められるものに重点を置き、調査に当っては、収集した資料・情報を十分活用することに努める。また、この趣旨を生かすよう、その事績についても的確な管理を行う。

ホ 納税秩序の維持

税務調査は、納税者相互間の負担の公平を図るため、国民からの信託を受けてこれを実施するものであり、すべての納税者は、本来その申告の適否について調査を受ける立場にある。従って、各種の妨害行為をもって税務調査を阻む者に対しては、納税秩序を維持し、かつ、課税の適正を期するため、これらの妨害行為に屈することなく、的確な調査を行い、一般納税者との間に、不均衡が生ずることのないよう特段の配意をする。

ヘ 各事務系統の連携の強化

直税各税の事務は、経済活動の高度化とともに、ますます密接な関連をもってきていることに加え、部門制の採用による事務の専門化と統括官の増加により、直税事務を一体的に運営することの必要性がますます高くなってきている。従って、事務の運営に当っては、資料の効率的収集及び活用、同時調査、同行調査、連鎖調査の効果的な実施などにより、所得税、法人税及び資産税の各税事務が、有機的連携の下に行われるよう配意する。

なお、必要に応じ局署間、事務系統間の応援を積極的に行う。また、直税職員は、納税者の転出入に伴う処理その他徴収部門に対する所要の連絡を迅速確実に行うことはもちろん、徴収部門から賦課交渉があった場合などには、速やかに見直しなど所要の処理を行い、あるいは調査等で知り得た徴収上参考となる事項を確実に徴収部門に連携するなど、徴収事務との連絡協調に努める。

ト 事務管理のあり方

省略

(2) 各事務の重点事項

イ　資料関係
　(イ)　資料の収集については、調査事務との関連において、収集すべき資料の種類及びその収集先に工夫を凝らし、いたずらに収集枚数にとらわれることなく、調査に直結する有効な資料の収集に努める。特に、調査の過程でなければ得られない資料について、収集の徹底を図る。
　　　また、管理者は、重点調査対象業種の選定に役立つ資料・情報の収集についても、特段の配意をする。
　(ロ)　資料の活用については、一枚の資料であっても関連する税目の調査にそれぞれ使用するなど、その多角的な活用に努めるものとする。また、調査は資料を十分に活用することによって深められるものであるから、管理者は、資料が確実に活用されているかどうかについて、徹底した管理を行う。
　(ハ)　資料源の開発については、担当者が当るほか、一般の調査、法定資料の監査等の機会を通じて、積極的に有効資料源の開発に努める。
　(ニ)　個々の資料・情報が関連して相互にその内容を補完し合い、納税者の実態は握に十分にその効果を発揮するよう、資料・情報を長期にわたって蓄積し、継続して管理することに努める。
　(ホ)　資料事務の運営に当っては、収集された資料の活用結果をは握し、どのような資料が有効か、また、どのような収集方法が効率かについて分析を行い、事後における資料収集事務の改善を図る。
ロ　所得税関係
　　申告納税制度の趣旨に沿った事務運営を行うため、次の点に配意しつつ事後調査体系の一層の定着に努める。
　(イ)　納税者が、自ら課税標準について、正しい計算を行い、また、その経営を合理化していくためには、日々の取引を正確に記録する慣習がその前提となる。
　　　この記帳慣習を育成していくため、青色申告制度はその中核をなすものであるから、今後も引き続き、青色申告者の増加に積極的に努力するとともに、適切な指導又は調査を通じて、青色申告者の質的水準の向上を図る。
　　　なお、その普及及び指導については、地方公共団体及び関係民間団体の協力を積極的に求め、また、これらの団体の指導の対象となった事案については、それぞれの実用に応じ、その指導の効果が生かされるよう配慮する。

(ロ) 確定申告期における納税相談は、そのための来署依頼を原則として行わず、申告書の作成に必要な事項について相談を行うとし、納税者自身による自発的な申告の慣行を定着させるように努める。

(ハ) 調査は、事後調査を主体として実施するが、調査対象選定のための申告審理事務は、細かいものを省略して効率的な処理を図るなど合理的運営に努める。

　また、事後処理についても高額中心に行うとともに、適正申告を行う納税者を長期的に育成していく見地から運営する。

(ニ) 営庶業所得者については、白色申告者と青色申告者の別及び所得者層の別に応じて適切な指導及び調査を行うこととし、白色申告者に対しては青色申告者より高い調査割合を確保するとともに、高額所得者を中心として調査内容の充実に努める。

(ホ) その他の所得者については、所得のは握が困難であるので、その管理及び調査について相当の努力をする必要がある。従って、調査技法の開発に努めるとともに都会署におけるその他所得の調査事務量を増加し、適切な調査対象を選定し、充実した調査を行う。

(ヘ) 一般農家に対する標準課税の事務及び農外所得のは握については、地方公共団体及び農業団体の積極的協力を求めることとし、特殊経営農家については、個別調査・指導方式による。

ハ　法人税関係

(イ) 申告納税制度の下での法人税事務は、自主的に適正な申告を行う法人を着実に育成することを目標としなければならない。このため、個々の法人の申告内容を的確には握し、その内容に応じて質的な区分を行い、指導によって適正な申告が期待できる法人に対しては、きめ細かな指導を根気よく行うとともに、他方、大口、悪質な不正を行っている法人又は不正計算を繰返している法人に対しては、常に徹底した調査を行い、調査を通じてその是正を図るなど、その実態に即した指導又は調査を行う。

(ロ) 法人の質的区分に応じた事務運営の体制は、年々の法人税事務の着実な積重ねの上にはじめて可能となるものであるから、法人に対する指導又は調査の際にはは握したその人的構成、帳票組織、内部けん制の状況等の情報は、申告内容の検討結果とともに、その都度着実に記録保存し、法人の長期的管理に資することに努める。

(ハ) 法人数が年々増加し、取引が大型化かつ複雑化している現状において、

法人の実態を的確には握するためには、職員一人一人の創意工夫によって、事務処理の効率化を図る必要がる。このため、事務分担の方式については、あらかじめ業種又は地域等により分担を定め、同一職員に調査・指導対象の選定から調査・指導及びその事後措置に至る一連の事務を担当させることを原則とし、個々の職員の責任を明確にし、その能力を最大限に発揮できる体制を確立することに努める。

ニ　源泉所得税関係

源泉所得税の運営の適否は、源泉徴収義務者のこの制度に対する理解と認識のいかんによって影響されるところが大きいことを顧み、指導をその事務運営の基本として、優良な源泉徴収義務者の育成に努める。また、管理が多元化している現状に対処し、源泉徴収事務に関する責任体制を明確にして、その事務処理の的確化が図られる管理体制を確立する。このため、源泉所得税事務における施策の重点を次の諸点に置く。

(イ)　源泉徴収義務者のは握は、源泉所得税事務の基盤となるものであるから、あらゆる機会を通じて源泉徴収義務者を確実には握することに努める。また、業種、業態、規模等に応じて適切な指導を行い、関係法令、通達等その制度の周知徹底を図り、優良な源泉徴収義務者の育成に努める。

(ロ)　法源同時調査及び所源同時調査の体制は、調査事務の効率的な運営、納税者感情などの見地から設けられたことに顧み、一層これを推進する。源泉単独調査をはじめとするその他の事務については、専担制による事務運営の体制を確立し、これを中軸として源泉所得税事務に従事する職員の源泉徴収制度に対する認識を高め、事務処理の的確化に資する。

(ハ)　源泉所得税に関する事務を所掌する所得税及び法人税に関する部門並びに管理・徴収部門の各職員は、他の事務系統で所掌している事務との関連性を十分認識し、それぞれの事務が一体として運営されるよう、各事務系統間の連絡協調について特段の努力を払う。

ホ　資産税関係

国民の生活水準の向上、資産の蓄積の増大等に伴い、資産税の課税の適正化に対する社会的要請がますます大きくなっている。

従って、資産税事務の運営に当っては、次の諸点に配意して適正な課税の実現に努める。

(イ)　資産税事務について、限られた人員で適正かつ効率的な運営を行うため、事務又は事案の重要度に応じてか働量の重点的配分を行い、合理的

な運営の徹底に努める。
　　　この場合、例えば譲渡多発署にあっては譲渡所得事務に重点を置くなど、各署の実情に応じて各事務への適切な事務量の配分を行うほか、必要に応じ局員又は他署職員による応援を適切に実施し、局署を通ずる機動的な事務運営に努める。
　(ロ)　資産税関係の納税者は、関係法令などになじみが薄い場合が多いので、地方公共団体及び税理士会、農業協同組合等の関係民間団体を通じて積極的な広報活動を行い、関係法令等の周知を図る。
　　　また、税の相談日、譲渡所得の集合説明会等の機会を活用して、自主的に適正な申告がなされるよう適切な指導を行うとともに、納付方法についても必要な説明をする。なお、来署依頼による納税相談を実施する場合、その対象の選定に当っては、少額事案を極力省略して高額重点の考え方を徹底するとともに、その後の事務処理が効率的にできるように十分配意する。
　(ハ)　調査事務量を確実的に確保するため、納税相談事務の合理化、内部事務の簡素化など事務処理の一層の効率化に努める。
　　　実地調査は、資産税の各税目を通じて脱漏税額の大きいと認められるものに重点を置き、各事案の内容に応じ必要かつ十分な調査日数を投下してこれを処理する。
　　　特に譲渡所得事案については、事務年度内の処理の完結にこだわることなく、他事務系統との連携調査等又は動向調査を積極的に展開するよう配意する。
　(ニ)　財産評価の適否は、相続税、贈与税の適正・公平な課税に極めて大きな影響を及ぼすものであるから、評価基準の作成に当っては、その精度の向上に努め、評価基準の適用に当っては、評価財産の個別事情に即応した的確な運用に配意する。

2 調査査察関係

(1) 調査課事務運営の目標と重点事項

　調査課所管法人及びその役職員は、我が国経済界を主導する重要な役割を果たしており、その社会的、経済的影響力はきわめて大きく、それらの納税義務履行の動向が全納税者の納税道義に心理的効果を及ぼすという面からも、また、取引全体の公正明朗化を左右するという面からも、全納税者に与える影響は、極めて大きいといわなければならない。
　従って、所管法人の実態を的確には握し、その法人に対し適正な課税を行い、

また、必要に応じ役職員の当該法人と関連のある所得についても実態を明らかにし、その正しい課税の実現を資することは、全納税者の納税道義を高めるという税務行政の究極の目標を達成するために不可欠の課題である。

　このような見地から、調査課の事務運営においては、所管法人の申告水準の向上を通じて、所管法人を含めた全納税者が自主的にその納税義務を履行する基盤を形成することをその究極の目的とし、次の事項を基本とする。

　イ　不正所得等の把握

　　　調査の基本目的は、取引の内容を解明してその実態をは握することにある。従って、調査に当っては、単なる基本損益の修正に意を用いすぎることなく、この目的に従って取引の実態を把握し、特に、大口、悪質な不正所得の発見に重点を置くこととする。

　ロ　申告水準向上策の積極化

　　　所管法人に対する充実した調査を基として、申告に対する姿勢の改善を図るよう十分な指導を行い、申告が優良な法人の育成に努める。

　　　また、この指導の効果をその法人の所属業界、系列企業等に浸透させていくための施策を計画的かつ積極的に実施する。

　ハ　不正取引に係る資料源開発

　　　不正取引の多くが取引当事者相互間の通謀によっている現状を顧み、こうした不正取引を徹底的に解明し、その一連の資料を収集することは、調査の充実のため不可欠の要件である。所管法人は、取引範囲も広いので、全税務的見地から、これを資料源として積極的に開発するよう努める。

(2)　査察事務運営の目標と重点事項

　省略

3　間税関係

　省略

4　徴収関係

　省略

5　不服申立て関係

　省略

参考資料

参考資料２

平成27年5月29日
国　税　庁

「所得税基本通達の制定について」（法令解釈通達）の一部改正（案）
（競馬の馬券の払戻金に係る所得区分）に対する意見公募の結果について

「所得税基本通達の制定について」（法令解釈通達）の一部改正（案）については、平成27年3月25日から同年4月24日までホームページ等を通じて意見公募を行ったところ、120通の御意見をいただきました。御意見をお寄せいただきました方々の御協力に厚く御礼申し上げます。

1　御意見の提出状況
　　○　郵便等によるもの　　　　　　3　通
　　○　ＦＡＸによるもの　　　　　　1　通
　　○　インターネットによるもの　116　通
　　　　　　　　　　　　　　合　計　120　通

2　御意見の概要及び御意見に対する国税庁の考え方
　　お寄せいただいた御意見の概要及び御意見に対する国税庁の考え方は別紙のとおりです。
　（注）御意見については、財務省地下1階（東京都千代田区霞が関3－1－1）の閲覧窓口において閲覧することができます。

3　今後の予定
　　平成27年5月29日に改正通達を公表する予定です。

（別紙）

区　分	御意見の概要	御意見に対する国税庁の考え方
最高裁判決の趣旨	・本件改正後34－1(2)（注）2は、同（注）1に当たる場合以外は、一時所得に当たるとしている。しかし、本件の最高裁の判例は、これ以外の場	・今回の最高裁判決においては、「所得税法上、営利を目的とする継続的行為から生じた所得は、一時所得ではなく雑所得に区分されるところ、

- 合は、全て一時所得に当たると判示したものではないのではないか。
- 今回の通達改正の内容は、裁判で負けたのとほとんど同じ事例以外は全て一時所得にすると言っているようにしか見えない。
- 最高裁判決では、「営利を目的とする継続的行為から生じた所得であるか否かは、文理に照らし、行為の期間、回数、頻度その他の態様、利益発生の規模、期間その他の状況等の事情を総合考慮して判断するのが相当である。」という規範を定立して、この規範に基づき適切な課税を行うことを国に求めているにもかかわらず、今回の通達改正案では全くその点が考慮されていない。
- 今回の通達改正案は、最高裁の判決によるものであるが、現在、競馬の馬券の払戻金の課税に関する訴訟が複数提起されており、(注)1の条件のみが雑所得であると限定的に改正するのは早すぎるのではないか。判決に沿った弾力性のある内容にすべきである。
- (注)2において「上記(注)1以外の場合の競馬の馬券の払戻金に係る所得は、一時所得に該当することに留意する。」

営利を目的とする継続的行為から生じた所得であるか否かは、文理に照らし、行為の期間、回数、頻度その他の態様、利益発生の規模、期間その他の状況等の事情を総合考慮して判断するのが相当である。」とした上で、「被告人が馬券を自動的に購入するソフトを使用して独自の条件設定と計算式に基づいてインターネットを介して長期間にわたり多数回かつ頻繁に個々の馬券の的中に着目しない網羅的な購入をして当たり馬券の払戻金を得ることにより多額の利益を恒常的に上げ、一連の馬券の購入が一体の経済活動の実態を有するといえるなどの本件事実関係の下では、払戻金は営利を目的とする継続的行為から生じた所得として所得税法上の一時所得ではなく雑所得に当たるとした原判断は正当である。」と判示しています。
- 今回の通達改正案は、最高裁判決を踏まえ、競馬の馬券の払戻金に係る所得であっても、営利を目的とする継続的行為から生じたものについては、一時所得に該当しないことを明らかにするとともに、本件判決と同様の馬券購入行為の態様や規模等により得ら

		とあることを考えると(注)1と同様の事例にのみ雑所得、それ以外は一時所得になると解釈され、要件が限定され過ぎているだけでなく、最高裁判決の趣旨が全く反映されていない。	れた馬券の払戻金については、営利を目的とする継続的行為から生じた所得として雑所得に該当することを明らかにしたものであり、最高裁判決の内容に沿ったものと考えます。
他の公営競技の取扱い		・通達案(2)の本書の括弧書は、競馬及び競輪の両方にかかるものであるが、注書は、競馬しか記載されていない。 ・改正案に、「上記(注)1は、車券を自動的に購入するソフトウエアを使用して独自の条件設定と計算式に基づいてインターネットを介して長期間にわたり多数回かつ頻繁に個々の車券の的中に着目しない網羅的な購入をして当たり車券の払戻金を得ることにより多額の利益を恒常的に上げ、一連の車券の購入が一体の経済活動の実態を有することが客観的に明らかである場合の競輪の車券の払戻金に係る所得についても適用される。」を追加する。	・今回の通達改正案は、最高裁判決を踏まえ、競馬の馬券の払戻金に係る所得であっても、営利を目的とする継続的行為から生じたものについては、一時所得に該当しないことを明らかにするとともに、本件判決と同様の馬券購入行為の態様や規模等により得られた馬券の払戻金については、営利を目的とする継続的行為から生じた所得として雑所得に該当することを明らかにしたものです。 ・競輪の車券の払戻金等の所得区分につきましても、最高裁判決の内容を踏まえて適切に判断することとしています。
所得区分②		・所得区分については、今回の最高裁では雑所得という判断をしているが、規模でいうと事業規模に該当していることから事業所得でも良いと思われる。 ・最高裁判決の事案は、給与所	・所得税法上、事業所得とは、「農業、漁業、製造業、卸売業、小売業、サービス業その他の事業で政令で定めるものから生ずる所得」とされており、競馬の馬券の払戻金は、このような事業から生じた所

参考資料2

	得者の事案であり、給与所得者以外の者については、本判決と同様に解釈をすることはできないことから、「営利を目的とする継続的行為から生ずる所得として雑所得に該当する」を削除すべき。	得と認められないことから、事業所得に該当しないと考えます。
区分の基準	（全体） ・改正案の「独自」「長期間」「多数回」「頻繁」「多額」などについて、どの程度であるならば「客観的に明らか」になるのかが不明。 ・「一連の馬券の購入が一体の経済活動の実態を有することが客観的に明らかである場合」の「客観的に明らかである場合」とは具体的にどのようなことを指すか明確でない。 ・一時所得と雑所得の区分について、年間の購入回数と購入金額で区分することとしてはどうか。 ・「独自の条件設定と計算式に基づいて馬券を網羅的継続的に自動購入する」場合のみを雑所得としているが、馬券等の購入という行為はすべからく利益を得ることを目的としてなされるものであり、その方法論や思考プロセス、購入規模の差異によって税法上の取扱いを異にするのは公平性	・今回の最高裁判決においては、「所得税法上、営利を目的とする継続の行為から生じた所得は、一時所得ではなく雑所得に区分されるところ、営利を目的とする継続的行為から生じた所得であるか否かは、文理に照らし、行為の期間、回数、頻度その他の態様、利益発生の規模、期間その他の状況等の事情を総合考慮して判断するのが相当である。」とした上で、「被告人が馬券を自動的に購入するソフトを使用して独自の条件設定と計算式に基づいてインターネットを介して長期間にわたり多数回かつ頻繁に個々の馬券の的中に着目しない網羅的な購入をして当たり馬券の払戻金を得ることにより多額の利益を恒常的に上げ、一連の馬券の購入が一体の経済活動の実態を有するといえるなどの本件事実関係の下では、払戻金は営利を目的とする継続的行為から生じた所得として

289

を欠くのではないか。
- ソフトウエアやインターネットを使用しているか否かは課税要件に全く関係のないことである。また「長期間にわたり」「網羅的に」「多数回かつ頻繁に」「多額の利益を」「恒常的に」といった不明確な要素が多く、これでは納税者が自らの所得区分の判定を行うことが困難である。

（ソフトウエア）
- 競馬、競輪に関しては全て営利を目的に資金を投じるものであり、ソフトウエアを駆使しようが、競馬新聞で予想しようが同じである。ソフトウエアを駆使した場合のみ営利行為とする本案は不適格である。
- 雑所得に該当するのは、ソフトウエアを使用していることが前提である文面ととれる。ソフトウエアの使用による買い目の抽出はあくまで一例にすぎないことから、修正すべきである。
- ソフトを使用して馬券を大量に購入した結果得られる所得が雑所得で、ソフトを使わずに状況に応じて馬券を購入したり競馬場やWINSで馬券を購入する場合が一時所得になり外れ馬券が経費にならない

所得税法上の一時所得ではなく雑所得に当たるとした原判断は正当である。」と判示しています。
- 今回の通達改正案は、最高裁判決を踏まえ、競馬の馬券の払戻金に係る所得であっても、営利を目的とする継続的行為から生じたものについては、一時所得に該当しないことを明らかにするとともに、本件判決と同様の馬券購入行為の態様や規模等により得られた馬券の払戻金については、営利を目的とする継続的行為から生じた所得として雑所得に該当することを明らかにしたものであり、最高裁判決の内容に沿ったものと考えます。
- なお、本件判決と同様の馬券購入行為の態様や規模等と認められるかどうかにつきましては、最高裁判決を踏まえ、その馬券購入行為の態様や規模等を総合考慮して判断することとしています。

参考資料3

| | というのは常識的に考えれば、おかしい。 | |

(参考)　今回の意見公募手続に付した「『所得税基本通達の制定について』（法令解釈通達）の一部改正（案）（競馬の馬券の払戻金に係る所得区分）に対する意見公募手続の実施について」の改正内容に関する御意見のみ掲載しております。
　　　なお、「御意見の概要」欄は、重複した御意見を取りまとめた上で、要約したものを掲載しております。

参考資料3　パブリック・コメントの適用はないとの結果公示

「所得税基本通達の制定について」の一部改正について（法令解釈通達）に対する意見公募について

案件番号	410270051
定めようとする命令等の題名	平成27年11月27日付課法10－16ほか1課共同「所得税基本通達の制定について」の一部改正について（法令解釈通達）
根拠法令項	所得税法（昭和49年法律第33号）等
行政手続法に基づく手続であるか否か	行政手続法に基づく手続 （第39条第4項該当による結果の公示等）
問合せ先 （所管府省・部局名等）	国税庁課税部法人課税課
命令等の公布日	2015年12月07日
結果の公示日	2015年12月07日
行政手続法39条第4項各号のいずれかに該当することにより意見公募手続を実施しないで命令等を定めた場合にはその旨及びその理由	本件は、行政手続における特定の個人を識別するための番号の利用等に関する法律の施行に伴う関係法律の整備等に関する法律（平成25年法律第28号）等の施行に伴い、法令解釈通達の所要の改正を伴うものであり、行政手続法第39条第4項第2号及び第8号に該当することから、意見公募手続を実施しませんでした。

参考資料4

課審1－14
課総2－16
課個1－11
課資1－ 6
課法1－23
課酒1－33
課評1－10
課消1－25
査調1－10
平成14年6月28日

（最終改正）平成23年3月31日課審1－2外
国税局長　殿
沖縄国税事務所長　殿

国税庁長官

事前照会に対する文書回答の事務処理手続等について（事務運営指針）

　標題のことについて、下記のとおり定めたから、平成14年7月10日以降は、これにより適切に実施されたい。
　なお、平成13年6月22日付課総1－19ほか8課共同「事前照会に対する文書回答の実施について（事務運営指針）」は、平成14年7月9日をもって廃止する。

（趣旨）
　事前照会に対する文書回答は、納税者サービスの一環として、個別の取引、事実等（以下「取引等」という。）に係る税務上の取扱い等に関する事前照会に対する回答を文書により行うとともに、その内容を公表することにより、同様の取引等を行う他の納税者に対しても国税（関税、とん税及び特別とん税を除く。以下同じ。）に関する法令の適用等について予測可能性を与えることを目的として実施している。
　今般、東京国税局及び大阪国税局の課税第一部に審理課、その他の国税局の課税（第一）部に審理官が設置されることに伴い、平成14事務年度以後の事前照会に対する文書回答に係る事務処理手続等を定めたものである。

記

1　文書回答を行う対象となる事前照会の範囲

　文書回答の趣旨を踏まえ、次の要件のすべてを満たす事前照会に対して、事前照会者の求める見解への回答を文書により行うこととする。

　ただし、国税に関する法令に定める承認申請等に係るもの、譲渡所得等の課税の特例に係る事前協議、国等に対する寄附金の事前確認、独立企業間価格の算定方法等の確認、同業者団体等からの照会に対する文書回答など、それぞれの趣旨・目的に基づいて別途事務運営指針等により手続が定められているものについては、当該事務運営指針等によることに留意する。

(1) 事前照会者が行う取引等に係る国税に関する法令の解釈・適用その他税務上の取扱いに関する事前照会であること
(2) 申告期限前（源泉徴収等の場合は納期限前）の事前照会であること
(3) 仮定の事実関係や複数の選択肢がある事実関係に基づくものではなく、実際に行われた取引等又は将来行う予定の取引等で個別具体的な資料の提出が可能なものに係る事前照会であること
(4) 事前照会者が、事前照会の申出の際に、一定の事項を記載した書面並びに一定の書類を提出するとともに、照会内容の審査の際に、審査に必要な追加的な資料の提出に応じること
(5) 照会内容及び回答内容が公表されること、公表に関して取引等関係者の了解を得ること、並びに仮に公表について取引等関係者間で紛争が起こった場合には、事前照会者の責任において処理することについて、事前照会者が同意していること
(6) 調査等の手続、徴収手続、酒類等の製造免許若しくは酒類の販売業免許又は酒類行政に関係する事前照会でないこと
(7) 取引等に係る税務上の取扱い等が、法令、法令解釈通達あるいは過去に公表された質疑事例等において明らかになっているものに係る事前照会でないこと
(8) 個々の財産の評価や取引等価額の算定に関する事前照会でないこと
(9) 以上のほか、事前照会の内容が次に掲げるような性質を有しないものであること
　　イ　実地確認や取引等関係者等への照会等による事実関係の認定を必要とするもの
　　ロ　国税に関する法令以外の法令等に係る解釈等を必要とするもの

ハ　事前照会に係る取引等が、法令等に抵触し、又は抵触するおそれがあるもの
　ニ　事前照会に係る取引等と同様の事案について、税務調査中・不服申立て中・税務訴訟中である等、税務上の紛争等が生じているもの
　ホ　事前照会に係る取引等について、取引等関係者間で紛争中又は紛争のおそれが極めて高いもの
　ヘ　同族会社等の行為又は計算の否認等に関わる取引等、通常の経済取引としては不合理と認められるもの
　ト　税の軽減を主要な目的とするもの
　チ　一連の組み合わされた取引等の一部のみを照会しているもの
　リ　事前照会者や事前照会に係る取引等関係者が、租税条約における明確な情報交換協定がない等、我が国の国税当局による情報収集や事実確認が困難な国や地域の居住者等（当該国、地域に住所又は居所を有する個人及び当該国、地域に本店又は主たる事務所を有する法人をいう。）であるもの
　ヌ　上記イからリまでのほか、本手続による文書回答が適切でないと認められるもの
（例示）
① 回答内容が歪曲して宣伝される等、文書回答が、国税に関する法令の適用等についての予測可能性を与えるという本来の目的に反する形で利用されるおそれがある場合
② 事前照会の前提となる国税に関する法令以外の法令等により決定されるべき事項が未解決である場合
③ 法令の改正過程にあるものであり、現状における文書回答が困難である場合

2　事務処理体制の概要
　事前照会に対する文書回答に係る事務処理体制の概要については、次のとおりとする。

3　事前照会時の対応及び提出書類等
　国税に関する法令の適用等に関して、事前照会者から文書による回答を求める照会があった場合には、次のように対応する。

4　受理時の形式審査事務等
…

参考資料4

5 局における審査事務等
(1) 形式審査事務及び補正要求事務
(2) 実質審査事務
　イ　実質審査の担当
　ロ　留意事項
　　(イ) 文書回答は、照会文書上明らかにされた事実関係に基づいて行うのであるから、実質審査に当たっては、当該照会文書上明らかにされた事実関係のみでは文書回答の前提となる事実関係が不十分で判断が困難となるような場合には、文書回答担当者は、事前照会者に対して書面等の方法による補足資料の提出を確実に求めるなど可能な限り適否の判定を行うことに努める。また、その事実関係の確認のために、事前照会者以外の取引等関係者への照会等は行わないこととする。
　　　なお、文書回答担当者は、速やかな事務処理に心掛け、審査に必要な資料…が必要な場合には、照会文書が受付窓口に到達した日から原則1か月以内に当該提出等がなされるよう努める。
　　(ロ) 文書回答担当者は、照会文書が受付窓口に到達した日からおおむね1か月以内（補足資料の提出等を要する場合には、その提出等に要した期間を除く。）に、それまでの検討状況から見た文書回答の可能性及び処理の時期の見通し等について、事前照会者に対し口頭で示すこととする。
　　(ハ) 文書回答が行われる前に事前照会に係る取引等の申告期限等が到来した場合には、文書回答は行わず、申告審理又は調査審理において処理することに留意する。
(3) 取下書処理事務
(4) 庁への上申又は進達
　重要な先例となるような事案で、庁の判断が必要と認められるものについては、庁の審理室又は酒税課へ連絡の上、局の回答案を付して庁へ上申を行うこととする。
　ただし、重要な先例となるような事案のうち、照会内容からみて、庁において審査すべきと判断されるものは、局の審理課又は酒税課に進達又は回付された後速やかに庁へ進達することとする。

6 回答及び公表
(1) 回答
…文書回答は、照会文書が受付窓口に到達した日から原則3か月以内の極力早

期に行うよう努める。ただし、補足資料の提出等を求めた日から当該提出等がなされた日までの期間は、当該3か月の期間に算入しない。

　おって、次に掲げるような場合には、3か月以内にとらわれず、十分に審査を行った上で回答することに留意する。この場合、3か月以内に回答することができないと見込まれるものについては、事前照会者に対し審査の進行状況及び回答時期の目途を連絡するなど配慮した上で、できる限り速やかに回答するよう努める。

　① 複雑な経済取引等に係る照会で審査に時間を要する場合
　② 他省庁との協議等、審査に時間を要する場合
　③ 担当部署の事務処理能力を超える多数の照会があったことにより、業務に著しい支障が生じるおそれがある場合

（注）
1　文書回答は、あくまで納税者サービスの一環として行うものであることから、不服申立ての対象とはならないこと、及び照会文書に対する回答がないことを理由に申告期限や納期限が延長されるようなことはないことに留意する。
2　省略

イ　文書回答の対象として回答を行う場合
　(イ)　照会事項について、事前照会者の求める見解の内容が相当と認められる場合
　　「貴見のとおりで差し支えない」旨を回答する文書…を作成し、事前照会者に対して送付する。
　　なお、この場合、「回答内容は、あくまで照会に係る事実関係を前提としたものであり、具体的な事例において異なる事実がある場合や新たな事実が生じた場合には、回答内容と異なる課税関係が生ずることがある」旨及び「回答内容は、国税局としての見解であり、事前照会者の申告内容等を拘束するものではない」旨を必ず記載する。
　(ロ)　照会事項について、事前照会者の求める見解の内容が相当と認められない場合
　　事前照会者の求める見解の内容が相当と認められない理由を記載した「貴見のとおり取り扱われるとは限らない」旨を回答する文書…を作成し、事前照会者に対して送付する。
　　なお、この場合、「回答内容は、国税局としての見解であり、事前照会者の申告内容等を拘束するものではない」旨を必ず記載する。

(ハ) 照会文書の提出後、文書回答が行われる前に同様の照会に対する税務上の取扱いが明らかになり、当該取扱いを示すことにより、新たな見解を示すことなく、事前照会に対する回答となる場合

(ニ) 留意事項

　文書回答を行うに当たっては、あらかじめ事前照会者に対して、照会内容及び回答内容の公表に関して取引等関係者の了解が得られており、仮に、取引等関係者間で紛争が起こった場合には、事前照会者の責任において処理することについての再確認を行う。

ロ　文書回答の対象とならない場合

照会文書に係る照会が、文書回答の対象とならない事前照会に該当するときは、その理由を記載した「文書回答の対象となる事前照会に当たらない旨のお知らせ」…を作成し、事前照会者に対して送付する。

ハ　審査中に文書回答の対象とならなくなった場合

…審査中の事前照会が、申告期限等の到来等により、文書回答の対象とならなくなったときは、その理由を記載した「事前照会に対する文書回答の対象とならなくなった旨のお知らせ」…を作成し、事前照会者に対して送付する。

(2) 公表

(略)

7　関係部署への連絡等

(略)

(4) 留意事項

回答内容は、あくまで事前照会に係る事実関係を前提としたものであり、実際の事実関係が事前照会に係る事実関係と異なるなどの理由により、事前照会に係る申告等に対して回答内容と異なる課税処理を行おうとする場合等には、当該異なる課税処理を行おうとする部署は、事前に局の審理課及び主務課等と協議を行うこととする。

参考資料

参考資料5

県の津波対策施設等の整備に対して企業等が支出する寄附金に係る税務上の取扱いについて

照会

事前照会者	①（フリガナ） 氏名・名称	（シズオカケン） 静岡県	
	②（フリガナ） 総代又は法人の代表者	（シズオカケンチジ　カワカツヘイタ） 静岡県知事　川勝平太	
照会の内容	③事前照会の趣旨（法令解釈・適用上の疑義の要約及び事前照会者の求める見解の内容）	別紙1のとおり	
	④事前照会に係る取引等の事実関係（取引等関係者の名称、取引等における権利・義務関係等）	別紙2のとおり	
	⑤④の事実関係に対して事前照会者の求める見解となることの理由	別紙3のとおり	
⑥関係する法令条項等		法人税法第37条第3項、所得税法第78条第2項	
⑦添付書類			

回答

⑧回答年月日	平成25年2月28日	⑨回答者	名古屋国税局審理課長
⑩回答内容	標題のことについては、ご照会に係る事実関係を前提とする限り、貴見のとおりで差し支えありません。 　ただし、次のことを申し添えます。 (1)　ご照会に係る事実関係が異なる場合又は新たな事実が生じた場合は、この回答内容と異なる課税関係が生ずることがあります。 (2)　この回答内容は名古屋国税局としての見解であり、事前照会者の申告内容等を拘束するものではありません。		

参考資料5

別紙　県の津波対策施設等の整備に対して企業等が支出する寄附金に係る税務上の取扱いについて

別紙1　事前照会の趣旨

1　事前照会の趣旨

　本県においては、津波対策を継続して実施してきましたが、東日本大震災を踏まえた新たな知見に基づいた津波対策を進めるに当たり、静岡県津波対策施設等整備基金（平成24年10月23日施行、県条例第50号に基づく基金。以下「基金」といいます。）を設置し、静岡県内外の個人及び法人（以下「県民等」といいます。）からの寄附を広く募集することといたしました（この県民等からの寄附金を以下「本件寄附金」といいます。）。

　本件の基金は、静岡県津波対策施設等整備基金管理事務処理要領に基づき管理し、津波による災害を防止し、又は軽減するための施設（以下「津波対策施設等」といいます。）の整備に要する費用に充てます。

　また、本件寄附金は当面、県内全域を対象とした津波対策施設等の整備に活用するものですが、今後、寄附をする県民等において寄附金の活用先として整備計画のある市町を希望できるようにすることを検討しています。

　ところで、同県沿岸部の個人又は法人が寄附した場合において、その寄附をした個人又は法人の近隣の津波対策施設等が整備されたときに、法人税法第37条第3項第1号又は所得税法第78条第2項第1号の括弧書にある「その寄附をした者がその寄附によって設けられた設備を専属的に利用することその他特別の利益がその寄附をした者に及ぶと認められるものを除く。」の「特別の利益がその寄附をした者に及ぶと認められるもの」に当たるのではないかという疑問が生ずることも考えられます。

　つきましては、本件寄附金が「特別の利益がその寄附をした者に及ぶと認められるもの」には該当せず、法人税法第37条第3項第1号又は所得税法第78条第2項第1号の「国又は地方公共団体に対する寄附金」として取り扱われるものと解して差し支えないか照会申し上げます。

別紙2　事前照会に係る取引等の事実関係

2　本件寄附金の概要
(1)　寄附募集の趣旨
　ふるさとを守るために県民の力を結集し、津波対策を強力に推進するため、

県民等から広く寄附を募集し、着実かつ迅速に津波対策施設等の整備を進めていきます。
 (2) 津波対策施設等の整備
　県では、津波を防ぎ、備え、逃げる対策が有機的に連携した津波に強いまちづくりの構築に向けて、津波対策に関する計画を見直しており、新たな計画に基づき津波対策施設等の整備を進めていきます。
　なお、当該整備は、平成25年6月までに「静岡県第4次地震被害想定」と併せて新しい「地震対策・津波対策アクションプログラム」により整備計画を策定し、当該整備計画に基づき実施することとしています。
※　津波対策施設等とは、津波対策施設と津波防護施設をいいます。
　　また、津波対策施設とは、海岸や河川、港湾、漁港において、津波を防ぐための施設（防潮堤や河川堤防、水門、閘門等）をいい、津波防護施設とは、内陸部において後背市街地への津波による浸水の拡大を防ぐための施設（盛土構造物や閘門等）をいいます。
 (3) 本件寄附金の活用方法
　本件寄附金は、県において受納後、基金へ積み立てられ、津波対策施設等の整備に要する費用に充てられます。
 (4) 基金の造成
　本件寄附金を原資として基金を造成します。
　本件寄附金については、必要とする年度に、必要な額を活用できるように基金として管理することとしました。
　また、基金の造成前に県において一般会計に受納した寄附金については、基金設置後に一般会計から基金への積立てを行います。
 (5) 基金の処分
　津波対策施設等の整備に要する費用の額は、毎年度の県の一般会計歳入歳出予算で定め、当該費用については、国庫補助金及び県の予算を充てるほか、その年度の事業実績見込みに応じて、基金を取り崩し充当することとなります。
　具体的には、毎年度の県の一般会計歳入歳出予算において、整備計画の内容に応じて「A地区の液状化対策費×××円（うち基金からの充当額×××円）」、「B地区の築堤工事費×××円（うち基金からの充当額×××円）」といった積算から工事の歳出の予算額を要求し、県議会の承認を受けて工事費の歳出及び基金の取崩しを行うこととなります。
 (6) 寄附の方法

寄附をする県民等は寄附申出書に、津波対策への活用を希望する旨、具体的には「津波対策の推進（静岡県全域）」と記載した上で寄附を行います。
　なお、個人からの寄附は「ふじのくに応援寄附金（ふるさと納税）の制度」（平成20年度から実施。）を活用して行います。
(7)　本件寄附金の活用先に関する希望について
　当面、本件寄附金の活用先は県内全域として寄附募集を行いますが、新たな整備計画策定後は、寄附金の活用を希望する地域（市町単位）を選択することができるよう検討しています。この場合であっても、これまでどおり整備箇所及びその内容までは希望することはできません。
　この寄附をする者の活用先の選択（希望）は、基金の処分において配慮されるものの、整備の進捗状況等により必ずしも希望のあった地域に活用されるとは限らないことをあらかじめ周知します。

別紙3　事前照会者の求める見解となることの理由

3　国等に対する寄附金について
(1)　国又は地方公共団体（以下「国等」といいます。）に対する寄附金について、法人が支出した場合には、その全額が損金の額に算入され（法法37③一）、個人が支出した場合には、寄附金控除として所得から控除されます（所法78②一）。
(2)　国等に対する寄附金とは、国等において採納されるものをいいます（法基通9－4－3、所基通78－4）が、国等において採納される寄附金であっても、その寄附をした者がその寄附によって設けられた設備を専属的に利用することその他特別の利益がその寄附をした者に及ぶと認められるものは国等に対する寄附金には該当しないとされています（法法37③一括弧書、所法78②一括弧書）。
4　本件への当てはめ
　次の理由から、本件寄附金は上記3(2)の「特別の利益がその寄附をした者に及ぶと認められるもの」には該当せず、国等に対する寄附金として取り扱われるものと考えます。
①　本件寄附金は、県において受納されるものであり、基金として管理され、毎年度の事業実績見込みに応じて取り崩され、津波対策施設等の整備に用いられること。
②　津波対策施設等の整備は、社会資本の整備という県の責務によるもので

あり、寄附の有無に関わらず、県が整備計画に基づき実施し、整備箇所は県がその裁量で定めるものであること。
③　寄附をする県民等は整備箇所やその内容を指定することができないため、必ずしも便益を受けるものではないこと。また、整備計画策定後、本件寄附金の活用を希望する地域（市町単位）を選択（希望）する場合であっても、整備箇所やその内容を指定できない点は従前と同様であるほか、あくまで基金の処分において配慮されるものに留まり、その希望のあった地域に活用されるとも限らないことから、寄附をした県民等が必ずしも便益を受けるものではないこと。
④　仮に、寄附をした個人又は法人の近隣の津波対策施設等が整備された場合であっても、その便益は寄附をした個人又は法人のみならず、周辺住民や企業などに幅広く及ぼされるものであることからすれば、当該寄附をした個人又は法人における便益も周辺住民等と同程度の便益を受けるに過ぎず、また、その便益は間接的、反射的な便益に過ぎないことから特別の利益を受けるとまではいえないこと。

参考資料6

参考資料6　通達の基本構成についての解説

略語と数字の意味は下記のとおり。
・課所 4-16 ➡ 国税庁課税部所得税課（現 個人課税課）内の建制順にみて4番目の係が今事務年度16番目に発遣した通達
・課資 ➡ 国税庁課税部資産課税課
・課料 ➡ 国税庁課税部資料調査課
・査察 ➡ 国税庁調査査察部査察課

当初平成12年に発遣された通達が平成24年10月19日に改正されたことを表す。

課所 4 - 16
課資 3 - 5
課料 3 - 9
査察 1 - 25

平成 12 年 7 月 3 日
改正　平成 24 年 10 月 19 日

国税局長　殿
沖縄国税事務所長　殿

通達発遣日

国税庁長官

国税庁長官から各国税局長宛てへの命令であるという意味。

申告所得税及び復興特別所得税の過少申告加算税及び無申告加算税の取扱いについて（事務運営指針）

　標題のことについて、国税通則法（以下「通則法」という。）第65条及び第66条の規定の適用に関し留意すべき事項等を下記のとおり定めたから、今後処理するものからこれにより取り扱われたい。

（趣旨）
　申告所得税及び復興特別所得税の過少申告加算税及び無申告加算税の賦課に関する取扱基準の整備等を図ったものである。

記

本件通達の趣旨が簡記されている。

本件通達が事務運営指針である旨の表示。
通達にはそのほか、法令解釈通達がある。

あとがき

　租税法律主義の下、法律に基づく課税・徴収がなされるべきことはいうまでもない。他方、租税法律関係において通達が租税実務に影響を及ぼしているということを否定する者はいないであろう。通達は、行政庁内部における上意下達の命令手段であり、通達という命令の行政庁内部における拘束力を背景に事実上行政職員の事務運営や法令解釈の基礎となっている。そうであるから、国家権力が通達に反する形で行使されることは考え難く、国家権力の作用を考える際に、通達の存在を意識せざるを得ないのである。

　通達には法源性がないことから、裁判官は通達に拘束されることなく判決を下すことになる。これは極めて当然のことのように思われる。しかしながら、個々の裁判例をつぶさに観察すると、しばしば、通達を含めた行政判断に対するいわば司法敬譲ともいえるような態度を見て取ることができる。

　また、租税専門家である税理士などにおいても、通達の取扱いに従って処理を行うケースが非常に多いのではないかと思われる。上記のとおり、通達が国家権力の判断基準となっていることから、通達の取扱いをセーフハーバー（安全地帯）と考える傾向にあるのであろう。とりわけ、いわゆる緩和的取扱いを示す通達が、法律上の根拠が稀薄であるにもかかわらず、表立った批判にさらされることなく実務上のベンチマークとして定着していき、ある種の慣習とされることもあろう。かような慣習がタックス・イロージョン（租税浸食）を意味することは明らかであるが、住民監査請求制度を有しない国税においては、かような浸食が浄化される機会を失っているともいえる（特に、納税者に有利な通達の取扱いの違法性については裁判において否定される機会が少ない。）。

　このようなことから、租税専門家にとっては、法律の解釈適用論に加えて、通達の内容について十分通暁しておくことが極めて重要であり、ま

た、通達に対して常に厳しい目で法的根拠の有無を確認し、時には批判的見地から通達を眺めることも大切であることはいうまでもない。

　本書の「はしがき」にも書いたとおり、本書では、通達に対する租税専門家の関心の高さを背景に、租税法律主義の下で実務家がどのように通達と向き合うべきなのかという点について、実務的問題関心を持ちつつ検討を加えた。租税法律主義の下、租税法律関係を支配するのは、当然ながら法源性が認められる規範だけである。この法源性への関心は本書で取り上げた通達のみならず、判例や裁決についても同様である。具体的には、裁判例や国税不服審判所の裁決には法源性が認められるのかという問題がある。また、それに限らず、法源性の議論においては、行政先例法や慣習法についても大いに関心が寄せられる。税理士を、租税法律主義の番人であると位置付けることが許されるとすれば、税理士は、租税法律関係において法源性が認められるものは何かという基本問題について当然に関心を持つべきであると考える。

　もっとも、何が法源で何が法源でないかという抽象的な問題の前に、より重要なのは、法源とされるものについての十分な理解がなされなければならないという問題である。平たく言えば、法律自体を正しく読むことができるかという疑問が厳しく租税専門家には問われなければならない。

　そこで、本書を読まれた方々には、次なるテーマとして『条文の読み方』、『判例の読み方』、『裁決の読み方』といった、いわば租税法の法源へのアクセスを素材としたシリーズを用意したいと考えている。いずれのテーマも多くの法律上の論点を抱えているが、かかる論点につき実務家が知らないでは済まされない視点や考え方など理解への道しるべを提示していくつもりである。本書へのアクセスが読者の皆様の租税法への関心の扉をたたき、実務的問題に対する法律的解決の一助となれば幸いである。

平成28年9月

酒井　克彦

事項索引

あ
旭川市国民健康保険料事件……………50
アドバンス・ルーリング……… 252, 264
荒川民商事件……………………… 168

い
意見公募手続……………………… 186
移送……………………………… 169
一時所得……………………………99
一般原則……………………………51
一般に公正妥当と認められる
　　会計処理の基準………………28
移転価格課税…………………… 263
違法な通達………………… 63, 85, 89
医療費…………………………… 137
医療費控除………………… 105, 136
医療費の範囲………………… 105
隠ぺい…………………………… 243

う
売上原価………………………… 247

お
大嶋訴訟……………………………57
オデコ大陸棚事件…………………97
親会社ストック・オプション
　　訴訟………………… 23, 45, 66, 99

か
会計慣行………………………… 223
介護保険法……………………… 106
解釈基準定立権……………………11
解釈通達………………………… 177
解説通達………………………… 177
回送……………………………… 169
回答……………………………… 168
回答事例の公表………………… 268
回報……………………………… 168
確認的規定…………………………12
加算税通達…………………………37
加算税免除要件……………………39
家事関連費………………… 242, 245
貸倒損失………………………… 198
貸倒れ………………………………31
過剰規制の禁止……………………52
過少申告加算税……………………37
課税上の弊害…………… 226, 228
課税要件……………………………57
課税要件法定主義………… 57, 136
課税要件明確主義…………………59
仮装……………………………… 243
株式会社の会計………………… 222
借入金利子の取扱い…………… 156
緩和通達………………… 102, 103, 177

き
企画係…………………………… 170
企業会計準拠主義………… 28, 219
規程……………………………… 169
規定……………………………… 169
基本通達………………………… 174
基本通達前文…………………… 133
逆基準性……………………………28
給与所得……………………………99

狭義の職務命令 …… 5
教職員国旗国歌訴訟 …… 13
行政規則 …… 75
行政執行通達 …… 177
行政上の措置 …… 101
行政職員に対する拘束力 …… 84
行政先例法 …… 61, 87, 207, 216
行政手続法 …… 53, 93, 96, 186
行政の透明性 …… 77
共同通達 …… 170
業務関連性 …… 247
居住の用に供されていた宅地等 …… 145
均一的行政の担保 …… 21
金銭債権の貸倒れ …… 30

く

組合課税通達 …… 226
訓令 …… 4, 5

け

源泉徴収義務 …… 151
権利金 …… 119
権利能力なき社団 …… 152
権力留保説 …… 51

こ

広義の職務命令 …… 5
興銀事件 …… 29, 221
航空機リース事件 …… 73
交際費 …… 104, 243, 244
公正処理基準 …… 219, 221, 222
公正なる会計慣行 …… 224
合法性の原則 …… 59, 102, 210
公務員の注意義務 …… 85
合理的な理由 …… 135

国税審議会 …… 124
国税庁 …… 122
国税庁課税部 …… 170
国税庁審理室 …… 175
国税庁長官通達 …… 76
国税庁の行動規範 …… 17
国税通則法99条事案 …… 124, 143
国税不服審判所 …… 122
個人課税課 …… 170
個人事業主の2つの側面 …… 242
個人タクシー …… 129
個人タクシー事件 …… 18, 77
国家行政組織法 …… 122
国家公務員法 …… 12
国家公務員法による内部的拘束力 …… 84
固定資産税 …… 171
コンフォート・ルーリング …… 256

さ

裁決の拘束力 …… 123
債権償却特別勘定 …… 117
財産評価基本通達 …… 64, 70, 207
在ブラジル被爆者健康管理手当不支給事件 …… 44
財務省設置法 …… 122
債務免除益 …… 150, 152
裁量基準 …… 75
裁量基準の設定 …… 77
裁量権の逸脱 …… 81
裁量権の範囲内 …… 81
裁量権の濫用 …… 80
裁量通達 …… 177
三層構造 …… 219

307

事項索引

し

時価 …………………………………… 21, 207
時価説 …………………………………… 210
指揮監督権 ……………………………… 4, 11
指揮権 …………………………………… 4, 11
自己決定権 ……………………………… 204
自己同意 ………………………………… 3
事実たる慣習 ………………………… 65, 224
事前確認制度 …………………………… 263
事前教示制度 ……………………… 255, 263
事前照会の範囲 ………………………… 192
事前相談制度 …………………………… 263
執行通達 ………………………………… 177
執行的解釈通達 ………………………… 177
支払保険料の総額 ……………………… 24
事務運営指針 ……………… 177, 178, 181
事務運営指針の例 ……………………… 181
事務的取扱通達 ………………………… 177
事務連絡 ………………………………… 177
社会保険診療報酬 ……………………… 147
取得費 ……………………………… 155, 156
主婦連ジュース事件 …………………… 116
酒類販売業免許取扱要領 ……………… 79
純粋的解釈通達 ………………………… 177
照会 ……………………………………… 167
使用開始の日 …………………………… 156
少額不追及 ……………………………… 104
商慣習 …………………………………… 222
小規模宅地の特例 ……………………… 144
上申 ……………………………………… 167
商人の会計 ……………………………… 222
情報 ……………………………………… 177
賞与 ……………………………………… 152
条理 ……………………………………… 68
職務命令 ………………………………… 5, 14

助産師 …………………………………… 110
所得税基本通達 ………………………… 174
書面添付要件 …………………………… 139
侵害留保説 ……………………………… 51
信義則 ………………………………… 44, 85
申告 ……………………………………… 167
申告納税制度 …………………………… 252
審査基準の公表 ………………………… 92
審査基準の設定 ………………………… 78
申請 ……………………………………… 168
申請に対する処分 ……………………… 54
進達 ……………………………………… 167
申報 ……………………………………… 169
審理課 …………………………………… 175
審理係 …………………………………… 170
審理室 …………………………………… 175

す

スコッチライト事件 ………………… 68, 86
ストック・オプション ……………… 23, 66

せ

正当な理由 …………………………… 37, 98
税務運営方針 …………………………… 184
生命保険契約等に基づく一時金 ……… 27
税理士の業務 …………………………… 168
税理士の使命 …………………………… 260
税理士の説明義務 ……………………… 197
セーフハーバー ………………… 34, 90, 257
施行地 …………………………………… 98
節税過誤訴訟 …………………………… 203
全部留保説 ……………………………… 51

そ

相当期間	134
相当の地代	119
総務係	170
総務省通達	76
遡及立法禁止原則	60, 154
租税慣習法	62
租税公平主義	57, 68
租税平等主義	57
租税法律関係	252
租税法律主義	3, 56, 136
損害保険契約等に基づく満期返戻金	27
損金	240

た

退去強制令書	54
タックス・ヘイブン対策税制	139
他の者	171

ち

地方公務員法	12
注意義務違反	201
中央省庁等改革基本法	76, 94, 96
長銀配当損害賠償事件	223
直接的必要	247

つ

通達	4, 6, 11, 75
通達準用説	210
通達制定の背景	173
通達に反する税理士の指導	197
通達の意義	36, 160
通達の違法性	8
通達の記号	170
通達の機能	21
通達の逆基準性	28
通達の拘束力	84
通達の硬直的運用	129
通達の公表	23, 92, 96
通達の実質的支配力	44, 159
通達の遡及適用	154
通達の適用開始時期	161
通達の廃止	161
通達の分類	177
通達の法的根拠	11
通達廃止の背景	143
通知	167, 177
通牒	169
通報	167
積立保険料	233

て

ディスティングィッシュ	79
適正公平な課税	228
適正手続の原則	52
適用除外	53
手続通達	117, 177
デュープロセス	52
デリバティブ関連法令	144
転送	169

と

透明性	93, 95
徳島県議会野球大会旅費事件	14
特別の機関	122
匿名組合契約	41
匿名組合通達の解釈変更	42
取扱通達	177

な

内部審査基準……………………22
成田新法事件……………………52

に

二重控除………………………138
日本版ノーアクションレター………255

の

納税地……………………………98
ノーアクションレター……………263

は

廃止通達………………………143
廃止手続………………………150
馬券訴訟…………………………19
パチンコ球遊器事件……………7, 62
パブリック・コメント……………186
パブリック・コメントの例………188

ひ

必要経費………………………240
必要経費算入の要件……………247
必要性の原則……………………52
平等原則……………15, 68, 85, 208
比例原則…………………………51

ふ

ファイナイト事件………………235
福利厚生費………………………236
藤沢メガネ訴訟………………116, 138
不正行為………………………242
不利益処分………………………54
文書回答手続…………………191, 251
文書回答手続通達………………193

文書回答手続の意義……………191
文書回答手続の概要……………192

へ

米国証券取引委員会……………263

ほ

法源………………………………6
報告……………………………169
法治主義………………………3, 49
法人税基本通達…………………174
法人税基本通達整備審議会………174
法的確信………………………207
法の一般原則……………………49
法の空白…………………………27
法の欠如…………………………27
法の欠缺…………………………27
法の支配…………………………56
法律による行政の原理…………3, 49
法律の法規創造力………………50
法律の優位………………………50
法律の留保………………………50
法令解釈…………………………39
法令解釈通達…………………177, 178
法令解釈通達の例………………178
法令適用事前確認………………255
法令の空白………………………23
保険料……………………………23
補充通達………………………177

ま

マクリーン事件…………………89
丸山ワクチン…………………114

み
みなし贈与…………………………71

む
無償返還届出書………………… 119

め
命令………………………… 4, 5, 11
命令等…………………………… 187
命令等制定機関………………… 187

も
持分会社の会計………………… 222

よ
養老保険………………… 232, 235

養老保険事件……………………23
預貯金の評価…………………… 125

り
リッツ・ネムンデン…………… 265
立法者の意思……………………25
留意通達………………………… 177
療養上の世話…………………… 105

れ
レター・ルーリング…………… 264

わ
賄賂……………………………… 243

判例・裁決索引

年月日	裁判所等	出　典	頁
昭和30年3月23日	最高裁	民集9巻3号336頁	58
昭和32年2月4日	福岡地裁	税資39号219頁	36, 169
昭和33年3月28日	最高裁	民集12巻4号624頁	7, 62
昭和36年5月19日	長崎地裁	行裁例集12巻5号1017頁	63, 87, 216
昭和37年2月21日	最高裁	刑集16巻2号107頁	58
昭和37年4月19日	福岡高裁	税資36号473頁	87, 216
昭和37年6月29日	大阪地裁	行裁例集13巻6号1133頁	103
昭和38年12月24日	最高裁	集民70号513頁	61
昭和38年12月26日	大阪高裁	行裁例集14巻12号2174頁	103
昭和41年4月28日	東京高裁	判タ194号148頁	85
昭和42年12月20日	東京地裁	行裁例集18巻12号1713頁	129
昭和43年2月26日	大阪高裁	訟月14巻5号509頁	81
昭和43年7月20日	東京地裁	行裁例集19巻7号1278頁	82
昭和43年12月24日	最高裁	民集22巻13号3147頁	9
昭和44年9月30日	大阪高裁	判時606号19頁	68
昭和45年3月9日	東京地裁	行裁例集21巻3号469頁	131
昭和45年4月27日	東京高裁	行裁例集21巻4号741頁	82
昭和46年9月27日	国税不服審判所	裁決事例集2号26頁	124
昭和46年10月28日	最高裁	民集25巻7号1037頁	18, 77
昭和47年11月16日	国税不服審判所	裁決事例集5号1頁	124
昭和48年7月10日	最高裁	刑集27巻7号1205頁	168
昭和49年3月12日	国税不服審判所	裁決事例集8号1頁	124
昭和49年6月28日	最高裁	税資75号1123頁	208, 216
昭和52年8月10日	東京地裁	行裁例集30巻6号1180頁	157
昭和53年3月14日	最高裁	民集32巻2号211頁	116
昭和53年9月27日	東京地裁	行裁例集32巻1号118頁	213
昭和53年10月4日	最高裁	民集32巻7号1223頁	89
昭和54年6月26日	東京高裁	行裁例集30巻6号1167頁	157
昭和54年8月31日	大阪地裁	訟月25巻12号3054頁	117
昭和54年9月20日	国税不服審判所	裁決事例集17号17頁	125

判例・裁決索引

年月日	裁判所等	出典	頁
昭和54年9月27日	国税不服審判所	裁決事例集17号27頁	125
昭和55年1月25日	大阪高裁	税資110号90頁	118
昭和55年5月21日	東京高裁	訟月26巻8号1444頁	214
昭和55年10月24日	京都地裁	行裁例集31巻10号2084頁	160
昭和55年12月12日	国税不服審判所	裁決事例集20号206頁	125
昭和56年1月28日	東京高裁	行裁例集32巻1号106頁	213
昭和57年8月26日	大阪高裁	行裁例集33巻8号1697頁	161
昭和57年8月27日	名古屋地裁	行裁例集33巻8号1725頁	155
昭和59年3月14日	東京高裁	行裁例集35巻3号231頁	98
昭和60年3月27日	最高裁	民集39巻2号247頁	57
昭和61年12月5日	最高裁	訟月33巻8号2149頁	213
平成元年6月28日	横浜地裁	行裁例集40巻7号814頁	116, 138
平成2年6月25日	国税不服審判所	裁決事例集39号505頁	125
平成2年8月31日	東京地裁	判タ751号148頁	203
平成3年4月30日	国税不服審判所	裁決事例集41号302頁	125
平成3年7月9日	最高裁	民集45巻6号1049頁	32
平成3年7月25日	福岡地裁	判タ783号99頁	78
平成4年3月11日	東京地裁	判時1416号73頁	201, 202
平成4年7月1日	最高裁	民集46巻5号437頁	52
平成4年7月15日	宇都宮地裁	訟月39巻4号708頁	79
平成4年7月29日	東京地裁	行裁例集43巻6=7号999頁	65, 201, 210
平成5年1月26日	東京高裁	税資194号75頁	202
平成5年2月16日	東京地裁	判タ845号240頁	65, 201, 217
平成5年3月15日	東京高裁	行裁例集44巻3号213頁	65, 201, 210
平成5年7月30日	札幌地裁	判タ835号165頁	80
平成5年10月28日	最高裁	税資199号670頁	202
平成5年12月21日	東京高裁	税資199号1302頁	65, 217
平成7年4月27日	東京地裁	判タ921号178頁	21, 70, 211
平成7年7月20日	東京地裁	行裁例集46巻6=7号701頁	201
平成7年11月28日	東京高裁	行裁例集46巻10=11号1046頁	58

年月日	裁判所等	出　典	頁
平成7年12月13日	東京高裁	行裁例集46巻12号1143頁	201
平成8年7月4日	広島国税不服審判所	TAINS　F0-2-054	237
平成9年4月15日	大阪高裁	訟月44巻8号1461頁	37
平成9年5月20日	大阪地裁	判時1633号113頁	199
平成9年11月28日	東京地裁	税資229号898頁	210
平成10年3月13日	大阪高裁	判時1654号54頁	197, 199
平成11年1月29日	大阪地裁	税資240号522頁	119
平成13年4月27日	国税不服審判所	裁決事例集61号533頁	210
平成13年6月14日	東京高裁	判時1757号51頁	93
平成14年3月14日	東京高裁	民集58巻9号2768頁	29, 221
平成15年1月17日	最高裁	民集57巻1号1頁	14
平成15年1月31日	神戸地裁姫路支部	交民36巻5号1174頁	83
平成15年6月19日	国税不服審判所	裁決事例集65号576頁	210
平成15年9月19日	東京地裁	判時1836号46頁	54
平成15年9月30日	大阪高裁	民集59巻5号919頁	83
平成16年1月15日	最高裁	民集58巻1号226頁	32
平成16年10月28日	名古屋地裁	判夕1204号224頁	73
平成16年12月24日	最高裁	民集58巻9号2637頁	31, 221
平成17年1月12日	さいたま地裁	税資255号順号9885	210
平成17年5月19日	東京地裁	判時1900号3頁	223
平成17年5月31日	東京高裁	税資255号順号10044	66
平成17年10月12日	東京地裁	税資255号順号10156	211
平成18年3月1日	最高裁	民集60巻2号587頁	50
平成18年10月24日	最高裁	民集60巻8号3128頁	45, 99
平成18年11月16日	最高裁	税資256号順号10574	23
平成19年1月31日	東京地裁	税資257号順号10622	211
平成19年2月6日	最高裁	民集61巻1号122頁	44
平成19年4月17日	東京地裁	金判1274号43頁	87
平成20年5月1日	佐賀地裁	税資258号順号10956	144
平成20年9月10日	東京地裁	税資258号順号11018	147
平成21年2月4日	福岡高裁	税資259号順号11137	147
平成22年5月27日	東京高裁	判時2037号22頁	235

年月日	裁判所等	出　典	頁
平成22年12月21日	福岡高裁	税資260号順号11578	23
平成22年5月27日	東京高裁	判時2037号22頁	235
平成23年2月4日	東京地裁	判タ1392号111頁	227
平成23年8月4日	東京高裁	税資261号順号11728	227
平成24年2月9日	最高裁	民集66巻2号183頁	13
平成24年2月28日	大阪地裁	税資262号順号11893	151
平成24年6月1日	国税不服審判所	裁決事例集87号	140
平成24年7月19日	東京高裁	税資262号順号12004	42
平成24年12月25日	東京地裁	税資262号順号12122	104
平成25年1月15日	広島地裁	裁判所HP	171
平成25年3月27日	岡山地裁	税資263号順号12184	69, 150
平成25年5月30日	東京高裁	税資263号順号12222	104
平成26年4月9日	東京高裁	訟月60巻11号2448頁	172
平成27年6月12日	最高裁	裁時1629号16頁	40, 42
平成27年10月8日	最高裁	裁時1637号1頁	152

酒井克彦(さかい　かつひこ)

1963年2月東京都生まれ。
中央大学大学院法学研究科博士課程修了。法学博士(中央大学)。
中央大学商学部教授。㈳アコード租税総合研究所(At-I)所長。㈳ファルクラム代表理事。
著書に、『レクチャー租税法解釈入門』(弘文堂2015)、『「正当な理由」をめぐる認定判断と税務解釈』(2015)、『「相当性」をめぐる認定判断と税務解釈』(2013)(以上、清文社)、『プログレッシブ税務会計論Ⅰ』(2016)、『同Ⅱ』(2016)(以上、中央経済社)、『クローズアップ租税行政法〔第2版〕』(2016)、『クローズアップ課税要件事実論〔第4版〕』(2015)、『スタートアップ租税法〔第3版〕』(2015)、『ブラッシュアップ租税法』(2011)、『所得税法の論点研究』(2011)、『ステップアップ租税法』(2010)、『フォローアップ租税法』(2010)(以上、財経詳報社)、『附帯税の理論と実務』(ぎょうせい2011)、『裁判例からみる所得税法』(2016)、『裁判例からみる法人税法』(2012)、『行政事件訴訟法と租税争訟』(2010)、『裁判例からみる相続税・贈与税〔3訂版〕』(共著、2013)(以上、大蔵財務協会)などがある。その他、論文多数。

サービス・インフォメーション
―――通話無料―――
①商品に関するご照会・お申込みのご依頼
　　　TEL 0120(203)694／FAX 0120(302)640
②ご住所・ご名義等各種変更のご連絡
　　　TEL 0120(203)696／FAX 0120(202)974
③請求・お支払いに関するご照会・ご要望
　　　TEL 0120(203)695／FAX 0120(202)973

●フリーダイヤル(TEL)の受付時間は、土・日・祝日を除く9:00～17:30です。
●FAXは24時間受け付けておりますので、あわせてご利用ください。

アクセス　税務通達の読み方

平成28年10月25日　初版発行

著　者　　酒　井　克　彦
発行者　　田　中　英　弥
発行所　　第一法規株式会社
　　　　　〒107-8560　東京都港区南青山2-11-17
　　　　　ホームページ　http://www.daiichihoki.co.jp/

通達の読み方・税　ISBN978-4-474-03985-8　C2034　(9)

© 2016 Katsuhiko Sakai Printed in Japan